번아웃
키즈

BURNOUT-KIDS : WIE DAS PRINZIP LEISTUNG UNSERE KINDER ÜBERFORDERT
by Michael Schulte-Markwort

웃지 않는 아이들

번아웃 키즈

미하엘 슐테-마르크보르트 지음

정지현 옮김　**이승욱** 해제

문학동네

일러두기

1. 인명과 지명 등 외래어는 국립국어원 기준 외래어표기법을 따랐으나, 일반적으로 통용되는 표기가 있을 경우에는 이에 따라 표기했다.

2. 단행본, 잡지는 『 』로 표기했다.

3. 현재 독일의 의무교육은 12학년제로 구성되어 있으며, 초등학교 과정 4년을 마치면 중고등학교 과정인 김나지움(9년, 대학 진학을 준비하는 인문계 학교), 레알슐레(6년, 실업계 학교), 하웁트슐레(5년, 기본적인 중등 의무교육을 시키는 실업계 학교)를 선택하여 진학한다. 독일 학교의 성적은 1~6점으로 평가되며 1점이 가장 높고, 5~6점은 낙제 점수다. 지난 10년간 교육경쟁력 강화를 목표로 12학년제로 이루어지던 독일의 학제는 2015년 이후 학생들의 삶의 질 우선 정책을 이유로 13학년제로 전환되고 있다.

안나, 펠릭스, 샤를로테, 데니제, 에밀리아
그리고 다른 모든 아이들에게

묘한 안도감과 함께,
심한 불안감을 느낀다

이승욱 _ 정신분석학자, 『대한민국 부모』 저자

    4년 전, 『대한민국 부모』가 출간되고 나서 독자들의 반응은 크게 두 가지로 나뉘었다. 첫째는 "설마 한국사회에서 이런 일들이 일어나나요?"라며 너무 극단적인 경우만 모아놓은 것은 아니냐는 얘기였다. 그들은 대체로 입시 경쟁과 직접적인 관련이 없는 이들이었고, 예상 가능한 반응이었다. 그러나 정작 책을 쓴 우리들이 예상하지 못했던 것은 자녀를 입시 경쟁에 내몰고 있던 학부모들의 반응이었다. 책을 읽고 난 뒤 그들은 책의 내용이 모두 자신의 이야기라고 순순히 인정했다. 그들이 그렇게 쉽게 고백하는 것은, 그리고 책의 내용이 극단적인 케이스가 아니라는 사실을 확인하는 것은 우리에게도 놀라운 일이었다.

부유한 서유럽국가이자 EU를 지탱하는 가장 강력한 축이며, 70년대 한국사회가 가장 모범적인 선진국가로 떠받들어마지않던 독일의 현 상황을 보는 것은 여러모로 착잡한 일이다. 한국과 비슷한 모습을 보는 것도, 또다른 모습을 보는 것도 모두 섬뜩하기까지 하다. 그 이유는 두 가지다.

첫째, 자본가들이 지배하는 세상, 즉 신자유주의라 불리는 경제 체제에 굴복한 국가들은 그곳이 어디든 아이들까지도 성과주의의 제물이 된다는 사실이다. 독일에서 '번아웃 키즈'라 는 신조어를 만들어낸 저자가 병인의 주요 축 또는 토대로 꼽은 것이 바로 과도한 경쟁과 상업화 그리고 성과주의였다.

둘째, 경쟁적인 사회에서 다양한 문화적 자원을 갖춘 아이로 키우기 위해 아이들이 어릴 때부터 각종 예체능 과외에 내몰린다는 점은 독일도 한국과 다를 바가 없다. 하지만 새벽 2시까지 학원과 숙제, 각종 학습지에 시달리는 한국의 아이들에 비해 독일의 상황은 낭만적으로까지 보인다. 일주일에 고작(?) 두어 개의 예체능 과외와 클럽활동과 학교 숙제 정도가 독일 아이들에게 번아웃 증후군을 갖게 했다니 말이다(물론 책에서 분석한 원인은 더 다양하다). 그런데 문제는 바로 여기에 있다. 그 정도의 낭만적인 상황에서도 아이들은 쉽게 지치는데, 우리나라의 살인적인 학습 일정하에서는 어떠할까. 우리 아이들이 깊이깊이 병들어가고 있다. 부모들은 더 극악해지고, 더 지독해지고 있다. 아이들에게 강요된 살인적인 일정과 과제를 우리는 당연하고도 의무적인 일이라고 믿어 의심치 않는다. 그러한 우리 자신이 섬뜩하다.

문제는 아이들의 발병률이다

어느 시기이건 '요즘 사람'들은 점점 더 많이 더 심각하게 병들어간다고 생각한다. 사실 심리적 증상과 병리는 신체의 문제와 마찬가지로 인류 역사에서 언제나 어느 시대에나 존재했다. 하지만 사람들은 대체로 자신들의 시대에 살고 있는 사람들이 역사상 가장 심각한 정신적 질병을 겪고 있다고 느낀다. 그것은 실제 인간의 정신 상태가 점점 더 악화되기 때문은 아닐 것이다. 사회, 경제, 정치 상황이 바뀌면서 예전에는 경험할 수 없었던 새로운 형태의 심리적, 신체적 질병이 등장하기도 하고 시대 상황과 맞물리면서 기존의 오래된 증상들 중 특정한 한두 개의 증상들이 역병처럼 확산되기도 한다. 인류가 오랫동안 씨름해왔던 바이러스의 문제와 별반 다를 바 없다.

그러나, 그럼에도 현재 우리의 상황은 심리적 질병에 대한 일반론을 위협한다. 우리는 지금껏 인류가 겪어본 적 없는 새로운 삶의 조건으로 내몰리고 있고, 그로 인해 새로운 심리적 증상과 정신적 질병을 겪고 있다.

예를 들면 한 세대 이전에 비해 부쩍 늘어난 주의력결핍 과잉행동장애나 섭식장애, 그리고 이 책의 저자가 새롭게 제기한 아이들의 번아웃 증후군 같은 것들이다. 이것은 인류가 오랫동안 경험했던 우울이나 불안, 조현병과는 전혀 다른 문제다. 게다가 더 큰 문제는 아이들의 정신적 질병의 발병률이 인류사에서 유례없이 급격한 속도로 심각하게 높아지고 있다는 것이다.

이 책의 저자가 밝힌 바와 같이 독일 청소년 아동의 25%는 전문적인 심리치료와 정신의학의 도움을 받아야 한다. 몇 년 전 실시된 한국의 청소년 자살위험군 전수 조사에서 우울과 자살 충동이 위험수준인 아이들이 50%를 넘나든다는 결과가 나왔다. 이 엄청난 결과에 대한 후폭풍을 감당할 수 없어서, 교육부는 이를 발표하지 않았다. 우리의 미래에 대해, 아이들의 장래에 대해 우리는 무엇을 해야만 하는가. 강한 책임감을 느껴야 하는 상황이다.

전문가들의 역할은 현재의 상황을 적나라하게 밝혀내고 그저 비판만 하는 데 있지 않다. 상황을 호전시킬 수 있는 전망을 이야기하고, 더 나은 미래를 만들기 위한 해법을 제시해야 한다. 그런 면에서 이 책은 다면적, 다각적 관점에서 문제에 접근했고, 여러 가지 훌륭한 해결책을 함께 제안하고 있다.

개인의 문제는 가족, 사회, 역사에서 기인한다

저자는 문화인류학자와도 같이 사회문제를 최전방에서 조망하려 한다는 점에서 신뢰감을 준다. 예를 들면 '갭이어gap year'를 산업화의 관점에서 비판하는 시각이다.

이 세계는 뭔가를 기대한다. 성공과 성과, 뚜렷한 계획, 만족을 원한다. (…) 아비투어를 치른 학생들은 '오리엔테이션'이나 외국어 습득을 위해 잘 조직되고 확실하게 보증된 외국 여행을 한다.

전 산업이 세계적으로 갭이어 상품을 내놓고, 오늘날의 대학들은 아무 것도 모르고 뛰어드는 아비투어 합격자들을 위해 전공 탐색과정을 제공하는 형편이다.

아직 갭이어라는 말보다는 '스펙쌓기 휴학'이라는 전략적 시간 벌기가 대세인 한국에서, 그리고 피해갈 수 없는 국방의 의무 때문에 갭이어라는 '간지나는' 시간을 가질 수 없는 한국의 젊은 남성들에게는 먼 곳의 얘기 같지만 말이다. 하지만 어떤 것이든 산업화되고 상업화되어, 유행과 대세라는 형태로 젊은이들과 청소년들을 압박하고 있다는 지적은 저자가 독일과 유럽사회가 보이는 가장 전위적 현상에까지 천착하고 있다는 인상을 준다.

또한 한 개인의 문제를 단선적이고 증상 중심적인 관점이 아니라 가족과 사회, 국가의 역사와 함께 풀어내려 한다는 점에서 전적으로 저자에게 신뢰감을 가질 수 있다.

개별적인 가족사 안에 깊숙이 숨어 있는 죄와 트라우마가 세대를 거쳐 건네진다. (…) 역사적 퍼즐조각은 가족이라는 미시적 차원에서 보충된다. 우리 사회가 빠진 집단적 경제화의 덫이 가족이라는 내적 구조에까지 반영되어 나타나기 때문이다.

독일의 과거사와 그 속에 삼켜진 개인의 경험이 어떤 접점에서 만나고 후대에 어떻게 병리로 나타나는지를 보여주는 과정은 감동적이다. 사실 우리도 일제강점기(강제징용, 성범죄, 강제동원)와 한국전쟁이라는 비극적 폭력을 경험함으로써 인구의 대부분이 가족 내 비극을 간직하며 살고 있기에 그의 분석과정에 더 쉽게 공감이 간다.

나아가 저자는 현대 독일의 선대가 저지른 정신적, 물질적 부채가 아직 전액 상환되지 않았으며, 이것은 아직 채 성인도 안 된 아이들의 책임으로 예비되어 있다고 전망한다. 그리고 이것이 여러 가지 경로를 통해 아이들을 지레 지치게 만들었다고 진단한다. 갈 길이 너무 멀면 출발도 못 하고 무릎이 꺾이는 것처럼 말이다.

기시감이 아니라 현실적으로 비슷하다. 이제 한국사회도 1—2—4사회가 되어간다. 한 명의 자녀가 두 명의 부모와 네 명의 조부모를 돌봐야 하는 시대 말이다. 두 쌍의 부부가 각각 한 명의 아이를 낳으면 결국 삼대째에는 이런 일이 벌어지기 마련이다. 아이들은 태어나자마자 과도한 부담을 지게 된다. 아이는 부모와 조부모의 어쩔 수 없는 과도한 관심과 간섭, 그리고 그들의 보상심리를 충족해야 한다는 무언의 압력들을 감당해야 한다. 게다가 우리 역시 일제강점기와 한국전쟁이 남긴 극도의 폐허 위에서, 고도의 양적 성장 압박을 국민적 캠페인으로 반세기 동안 수행해야 했다. 그래서인지 아직 어른도 되지 못한 한국의 아이들은 벌써 무기력에 빠져버렸다.

저자는 이 상황을 해결하기 위해 정신의학자로서 여러 가지 통합적 해결책을 제시하고 있다. 그중에 나를 가장 자극한 문구는 이것이다. "가족은 대안이 없다."

"가족은 대안이 없다"

한국사회에서도 가족을 대신할 다양한 공동체에 대한 요구들이 점점 더 많고 있다. 가족이 아닌 이들과 집을 함께 쓰거나(셰어하우스), 또는 종교가 공동체의 역할을 떠맡으려 하고, 대안학교, 공동육아, 심지어 동호회도 공동체로 기능한다. 이를 통해 구성원들은 유사가족을 경험하려 하고, 가족이 해주지 못하는 정서적 교감과 관계 경험을 대체가족을 통해 얻기 위해 노력한다.

나 역시 이런 노력에 대해 지지하는 입장이었다. 하지만 "가족은 대안이 없다"라는 말은 원칙을 일깨우는 죽비 같은 말이었다. 사실 우리에게 근본적으로 필요한 것은 생물학적 유전자로 연결된 혈육과 나누는 정서적 교감이다. 그것으로부터 모든 것이 출발하기 때문이다.

그의 말을 인출부호 삼아, 아이들이 겪고 있는 병리에 대한 내 입장을 정리해보았다. 나는 특히, 아이들에게 내려지는 진단명이 그 자체로 해결책을 가지고 있다고 생각한다. 예를 들어 주의력결핍 과잉행동장애라는 긴 이름의 진단명이 대표적이다. 주의력이 결핍된 것은 아이들이 아니라 아이들에 대한 어른들의 (올바른)주의가 결핍된 것이고, 아이들이 과잉행동을 하는 것이 아니라 어른들의 과잉된 욕망이 행위로 옮겨진 것이 아닐까 짐작한다.

이 책의 저자가 번아웃 증후군이라고 명명한 것에 동의하면서, 그렇다면 번아웃, 즉 '다 타버림'이라는 이 증상은 어쩌면 적절한 에너지가 아이들에게 계속 제공되지 못했다는 뜻일 수도 있지 않을까 싶었다. 에너지를 불태우는 외부 요인에 비해 긍정적인 에너지의 충족이 부족한 것이다. 에너지를 불태우게 하는 외적 요인이 너무 많다는 저자의 의견에 동의하면서도, 아이들의 생명력을 유지할 수 있는 환경과 조건은 어떤 것일까를 고민하게 된다.

부모의 증상, 사회의 그림자인 아이들

자녀는 부모의 증상이다. 더 나아가 아이들의 병리는 그 사회의 그림자다. 왜냐하면 어떤 사회이건 약자들이 그 사회의 어두운 면에 가장 쉽게 노출되고 그것에 가장 취약하기 때문이다. 소진되어버린 아이들은 어쩌면 어른들이 만든 과도한 사회적 요구 때문에 발생하는 것은 아닐까? 아이들이 자신의 생명력을 더 조밀하게 더 풍성하게 더 강력하게 더 섬세하게 기를 수 있는 환경은 어떻게 가능할까? 그것이 바로 아이들이 소진되지 않고 계속 자신을 성장시킬 수 있는 방법이기 때문이다. 그런 면에서 저자가 제시한 여러 가지 의학적이며 전문적인 처방은 훌륭하다. 귀담아들을 만하며, 참고할 가치가 충분하다.

하지만 한 가지 아쉬움이 남는 것은 어쩔 수 없다. 나는 정신의학자, 심리치료사 등 일반 대중의 정신건강을 위해 일하는 사람들을 종종 야전병원 의사에 비유한다. 우리는 계속 전장에서 부상병을 치료하고 있는 것 같다. 그런데 부상에서 회복된 이들은 집으로 돌아가는 것이 아니라 다시 전쟁터(경쟁으로 충만한 세상)로 나간다.

괜찮은 의사라면 병사의 부상을 치료한 뒤, 살아남을 수 있는 민첩한 몸을 기르라고 조언하고, 그동안 쌓은 경험을 이용하여 전장에서 유용한 육체적 능력을 향상시킬 방법을 처방할 수 있다. 심리치료사들이나 정신의학자들이 다양한 정신적 질병의 처방을 하고, 예방법을 교육하는 것처럼 말이다.

그보다 좀더 나은 의사라면 부상병들이 주로 다치는 부위와 상태를 살펴본 뒤, 예를 들어 철모의 내구성을 개선하고 방탄조끼의 성능을 향상시키라고 정부에 건의할 수도 있다. 정신의학자들과 심리치료사들이 국가를 상대로 의료체계와 전문가 양성 방식을 개선하고 예산을 더 투여하라고 요구할 수 있는 것처럼 말이다.

하지만 훌륭한 의사라면, 윤리적인 정신의학자나 심리치료사라면 전쟁을 멈추라고 해야 하지 않을까? 우리는 너무나 비극적인 증거들을 매일 만나고 있다. 수많은 환자와 내담자들이 전쟁 같은 경쟁사회에서 매일 피 흘리며 싸우다 병들어 상담실과 병원을 찾는다. 자본가들이 직조해놓고 조정하는 이 세상에서 우리는 그들이 만든 소비재를 더 많이 더 손쉽게 구입하기 위해, 매일 백병전을 벌이며 살고 있는 것은 아닌가? 현재 어떤 종류의 전쟁이 벌어지고 있는지를 알고 있는, 그것을 멈추라고 말할 수 있는 증거를 가장 많이 확보하고 있는 정신의학자와 심리학자들이야말로 사회의 변혁을 이야기할 수 있는 가장 적절한 전문가들이 아닌가 싶다.

책을 읽으며 독일과 우리가 가히 다르지 않다는 데에서 묘한 안도감과 함께, 심한 불안감이 엄습한다.

"더는 못 견디겠어요!"

열네 살 소녀인 베아가 부모와 함께 진료실에 찾아와 놀라울 정도로 또박또박 자신의 상태를 털어놓았다. 1년 전부터 피로가 심해지고 있다는 것이다. 베아는 사소한 일에도 힘들고 지친 기분이 드는데, 그러고 나면 침울하고 종종 까닭 없이 슬퍼졌다. 몇 달 전부터는 입맛까지 잃었고 푹 자는 일은 생각도 할 수 없었다. 학교에서는 수업에 집중하지 못하고, 친구들과도 점점 거리를 두게 되었다. 부모는 걱정과 혼란에 빠져 있었다. 내가 정신적으로 상태가 어떤지 더 자세히 묻자 베아는 금세 울음을 터뜨렸다. 언제나 훌륭한 학생이었는데, 이제는 괴롭기만 할 뿐 어떻게 해나가야 할지 알 수가 없다는 것이었다.

베아는 검고 긴 머리에 수수하고 세련된 옷차림을 한 키 큰 소녀다. 다정한 부모와 두 명의 동생과 함께 산다. 부모는 무척 다정하고 두 동생도 베아를 걱정하고 있다. 가족 병력도 없고 진단과정에서 특정 형태의 우울증이나 신체적인 질병이 나타난 것도 아니다.

내가 내릴 진단은 이렇다. 베아는 탈진우울증에 걸린 것이다. 베아는 '번아웃 키드burnout kid'에 해당한다.

번아웃이 우리 아이들에게까지 당도했다. 지난 몇 년 동안 탈진하고 우울한 아이들과 청소년들을 접하면서 나는 이 아동 집단을 주목하게 되었다. 이제 번아웃 키드가 우리의 주의를 필요로 한다는 것이 이 책을 쓰게 된 이유다.

아이들에게 번아웃이라니? 우리 아이들이 병들었다고 하면서 관심 좀 끌어보려는 거 아닐까? 의사들은 왜 자꾸 우리를 불안하게 만들지? 이게 다 그저 환자를 늘리려고 과장하는 건 아닐까?

나는 과장하는 것을 좋아하지 않는다. 우리 아이들을 기술하는 문제에 대해서는 특히 그렇다. 아이들을 탓하는 문제에 대해서도 마찬가지다. 아동청소년정신과 의사와 심리치료사로 일한 27년 동안 나의 중심 과제는 아이들을 이해하는 것이었지 아이들이 병들었다고 말하는 것이 아니었다. 게다가 나는 환자를 애써 구해야 하는 처지도 아니고, 우리 아동청소년정신과 의사들은 이미 몰려드는 환자들을 감당하기도 벅차다. 아이들을 이해한다는 것은 내게 다음과 같은 사실을 뜻한다. 아이들을 억지로 끼워맞춰 해석하지 않는 것. 섣부른 판단을 신중하게 배제하는 것. 이것이 늘 쉬운 것은 아니다. 우리가 하는 일이 어쩔 수 없이 주로 이론에 근거한 것이기 때문이다. 또한 아동기가 변하기 때문이다.

한 가지 예를 들어보자. 발달심리학 이론에 따르면 사춘기는 자율성이 발달하고 정체성이 형성되는 기간으로서, 청소년이 이 질풍노도 시기에 단호하고 격렬하게 부모들의 세계와 경계를 그을 때에만 성공적으로 성장할 수 있다고 오랫동안 생각되었다. 오늘날의 부모들은 종종 어리둥절해하면서 청소년이 그런 일을 겪는 대신 평온하고 우호적으로 자란다면 부모 자신들이 잘못한 것인지 내게 묻곤 한다. 이런 상황이 벌어지는 것은 오늘날의 부모들이 아이들에 대한 이해심이 많고, 아이들의 욕구에 더 관심을 기울이기 때문이다. 또 오늘날에는 자율이라는 주제가 사춘기에 처음으로 대두되는 문제가 아니기 때문이다.

확실히 오늘날의 아이들은 이전 세대에 비해 더 많이 이해받으며 자란다. 나는 내게 오는 아이들뿐 아니라 부모들에게도 깊은 감명을 받는다. 그들은 진심을 다해 아이들을 이해하고 후원하려 애쓴다. 그래서 나는 이제 진료소견서를 직접 아이를 향해 작성하고 부모는 참고만 하는 쪽으로 바꾸었다. 이러한 태도는 아이들과 우리 어른들 사이에 형성한 관계의 질을 잘 보여주는 예다.

아이를 키우는 것은 자신의 삶으로 아이에게 모범을 보이는 것을 뜻한다. 아이와 눈높이를 맞추고 후원하고 보호하며, 요구하고 사랑하는 것을 뜻한다. 많은 부모들이 이것을 탁월하게 해내고 있으며, 아이들은 이에 잘 부응해 발달하고 있다. 이것은 하나의 좋은 측면이다.

또다른 측면은, 부모와 주변 세계가 이처럼 깊이 이해해주며 곁을 따라가줘도 오늘날 우리 아이들이 번아웃에 빠지는 것을 막을 수 없다는 것이다. 의심과 비판 섞인 과장을 일삼으며 아이들을 끊임없이 중상하는 우리 시대의 현상에 나 또한 일조할지 모른다는 우려를 무릅쓰고라도 나는 이 점을 언급하지 않을 수 없다.

이 일을 하면서 나는 기자들에게 수없이 질문받았다. 어째서 우리 아이들이 갈수록 공격적으로 변하는지, 어째서 점점 병들어가는지, 대체 어째서 갈수록 상태가 나빠지는지. 아이들을 폭군으로 묘사하거나, 바보가 되고 치매에 걸렸다고 기술하는 책들도 끊임없이 나오고 있다. 중상모략 목록은 끝도 없다. 나는 반박하는 책을 쓸까 숱하게 고민했다. 이런 식으로 아이들을 탓하는 것이 내게는 모두 거짓으로 보였기 때문이다. 실제 우리 아이들은 사랑스럽고 다정하며, 사회성 있고 생각 깊고 성취 지향적이다.

당신들은 이렇게 물을 것이다. 아이들을 그토록 낭만적으로 미화해 바라보더니, 번아웃에 대해 책을 쓴다고? 그렇다면 내가 함정에 빠진 것은 아닐까? 이미 '폭군'이라고, 또는 '디지털 치매'에 걸렸다고 분류된 아이들을 내가 똑같은 서랍에 다시 처박아넣는 것은 아닐까?

나는 공개적으로 발언권을 신청할까 몇 해 동안 고민했지만 쉽게 결정을 내리지 못했다. 하지만 늘 그렇듯이 결국에는 아이들을 통해 확신을 얻었다. 되도록 가까이, 주의깊게, 성실하게 아이들 '곁을 지키려' 애쓰던 중에 5년 전부터 새로운 현상이 눈에 띈 것이다.

나는 전형적인 우울증 증상을 보이지만 자세히 보면, 진단법을 자세히 적용해보면, 통상적인 범주에 포함되지 않는 청소년들을 만났다. 대개는 여자아이들이었다. 처음에는 자꾸만 뇌리에 파고드는 생각을 마음속으로 거부했다. 근본적으로 번아웃이라는 진단에 회의적인 입장이었기 때문이다. 성인정신의학 쪽에서는 여러 번아웃 사례를 접했지만, 나로서는 그들이 그저 작전타임을 원한 것뿐이라는 결론밖에 내릴 수 없었다. 한마디로 나는 의심이 들었다. 하지만 그때까지는 번아웃에 대해 전문적으로 아는 것이 없었기에 제대로 연구해보기로 했다. 나는 번아웃이라는 현상 속으로 본격적인 탐험여행을 떠났고, 그 결과 내 환자들만이 아니라 이들을 넘어서 사회 전체적인 연관성을 바라보게 되었다.

그리고 더는 사실을 외면할 수 없었다. 외래진료소에서 번아웃을 겪는 청소년들을 만난 것이다. 그리고 번아웃의 원인을 반사적으로 부모나 학교 탓으로 돌리는 것은 섣부르다는 것을 깨달았다.

얼마 동안은 내가 특별히 예민하고 부담이 과중한 청소년늘을 대하고 있는 것은 아닐까 생각했지만 점점 더 분명해졌다. 실제로 하나의 병증이 어른 세계에서 아이들에게로 자리를 옮기고 있었다. 나는 초조해졌다.

처음에는 나도 우리 분야의 동료들 사이에서 의심받았다. 하지만 아동청소년정신과 의사들이 아이들을 최대한 올바르게 판단하려면, 그러한 본연의 책무에 충실하려면 변화에 민감해야 한다. 새로운 성장 여건뿐 아니라 변화된 질병과 증상, 심리적 반응 등에도 안테나가 작동해야 한다. 나는 기자들을 단번에 진정시키기 위해 괜히 아이들을 의심하며 물고 늘어진다고 질책할 것이 아니라, 그들에게 새로운 병증에 대해 가르쳐줄 필요가 있다고 생각했다.

의학적이고 객관적으로 언급하는 것과 인기를 노리고 과장하는 것 사이에서 균형을 잡기란 쉬운 일이 아니다. 게다가 짧은 신문기사나 인터뷰로는 생각거리를 던져줄 수는 있겠지만, 내가 관찰하고 가정한 바들을 펼치기에는 충분치 않았다. 결국 한 가지 결론만이 남았다. 나는 책을 쓰기로 했다. 우리 아이들이 지속적으로, 어른들의 이해를 점점 더 많이 받을 수 있도록 뭔가 하고 싶었다. 우리가 아이들을 도울 수 있도록 말이다. 하지만 어떻게 해야 인기에 영합한 아동비관론자들 틈에 끼는 것을 피할 수 있을까.

결국 나는 아이들을 위해 애쓰는 것이 중요하다고 생각했다. 아이들을 정당하게 대하려면 내가 갖고 있는 걱정과 우려를 공개해야 했다. 왜냐하면 나는 우리 모두가, 부모든 의사든, 교사든 정치가든 번아웃 키드들이 존재한다는 것을 알아야 하고, 또 이런 번아웃이 어디에서 기인했는지 심사숙고해야 한다고 확신했기 때문이다. 아이들이 어떤 세상을 살고 있는지, 또 아이들에게 어떤 세상을 만들어주고 싶은지, 우리는 논쟁을 벌여야 한다. 아이들에게 어떤 가치를 전달해야 하는가, 어떤 교육론을 펼치고 싶은가, 아이들이 무엇을 배워야 하는가. 우리는 어떤 아이들을 원하는가 하는 토론을 위해 이 책이 하나의 계기가 되어주었으면 한다. 우리는 아이들의 정신적 상태와 미래에 대해 숙고해야 한다. 아이들에게는 그럴 만한 가치가 있다.

이 책에서 나는 친애하는 여성 독자들을 나에게 왔던 아이들이 나를 초대했던 탐험여행으로 데려가고자 한다(나는 어머니, 할머니, 고모나 이모, 여성 교육가들이 남성 쪽보다 더 이 주제에 관심이 많으리라 생각한다. 책을 읽는 아버지들께서는 양해해주시길!). 그래서 함부르크 소재 병원의 외래진료소에서 겪는 극히 평범한 일상에서부터 이야기를 시작하려 한다. 이 책에 모아놓은 사례들은 외래진료소의 일상을 그대로 보여준다. 나는 이곳에서 일주일에 두 번, 오전에 1차 면담을 갖는다. 이 외래진료소는 내게 큰 의미가 있다. 병원 업무와 학술 업무, 대학 강의를 하는 와중에도 현실과 유리되지 않고 우리 분야의 핵심으로 반복해서 되돌아가도록 해주기 때문이다. 핵심은 4세에서 24세 사이의 '아이들'을 직접 만나는 일이다.

내가 직접 외래치료로 담당하는 환자 집단은 대개 25명 선에서 유지되는데, 이들은 단순한 치료 외에도 인간 정신 발달의 진행과정을 이해하도록 해준다. 때로는 8년까지 걸리는 장기 치료를 진행하며 어린이가 성년으로 넘어가는 이행과정을 내가 동행할 수 있는 것이다. 아이들이 보여주는 신뢰와 가족들에게서 번번이 드러나는 통찰은 매우 감동적이고, 그 관계에서 얻어지는 가치는 물질적으로 값을 매길 수 없을 만큼 소중하다.

아이들과 부모들은 자신들의 이야기를 이곳에 인용해도 좋다고 동의해주었다. 물론 이름을 비롯해 개인의 신상 정보는 아무도 알아보지 못하도록 바꾸었다. 하지만 각 질환이나 가족들의 이야기는 사실 그대로다.

초반에 상세하게 기술된 사례들은 이 탐험여행의 핵심 부분이다. 몇 년 전 나는 내 앞에 앉아 있는 아이들과 청소년들의 증상을 통상적인 질병 진단에 어떻게 분류해넣어야 할까 고민하는 과정에서 문득 확신을 잃었고, 이 모든 여정은 그때부터 시작되었다. 이 아이들이 들려주는 이야기는 우리의 일상을 반영한다. 틀림없이 독자들은 각 사례들에서 자기 자신과 닮은 점 혹은 다른 점을 발견할 것이다. 그러나 책에 쓰인 것처럼 소견은 명백하다. 증상들은 번아웃과 탈진우울증 말고 다른 진단을 허락하지 않는다. 의사가 소견을 내면 이어서 정밀 검진을 하는데 나의 진단은 오로지 하나의 결론밖에 없었다. 아이들에게서 번아웃이 증가하고 있다는 것이다.

두번째 단계에서 나는 다시 한번 더욱 상세하게 증상들을 다룰 것이다. 내가 결론에 이르는 과정을, 그러니까 번아웃이라는 진단에 이르는 과정을 여러분도 이해하는 것이 중요하기 때문이다. 나는 책에서 감별진단법(증세가 유사한 질병들을 비교 검토해 처음 내린 진단을 확인하는 진단법—옮긴이)을 동원해 내가 내린 결론이 얼마나 만전을 기한 것인지 명확히 밝히고 있다. 이것은 물론 부모와 주변 사람들이 자기 아이의 경우에도 혹시 번아웃이라는 진단이 들어맞을지 깊이 생각해볼 수 있게끔 도움을 주려는 것이기도 하다.

진단이 확인되자, 나는 그 원인이 무엇인지 의문이 일었다. 우리 아이들이 왜 번아웃에 빠지는 것일까? 나는 역사를 되돌아보고 거기에서 현재의 동향을 도출하려 시도했다. 그 결과 우리 사회를 관통하는 성과 지향적인 경제화 논리가 필연적으로 눈에 들어왔다. 거기에서 생산되는 구조와 가치와 과정 들이 상당한 비율로 아이들과 청소년들을 주변인으로 내몰고 있었다. 보조를 맞추지 못하는 아이들, 지적으로나 정서적으로 잠재력은 있지만 과도한 내적, 외적 요구에 대처할 보호 메커니즘을 갖추지 못한 아이들을 말이다. 원인은 복잡하지만 아이들에게 번아웃이 계속 퍼지지 않도록 막아야 한다. 우리는 그렇게 할 수 있다. 그리고 이미 번아웃 증후군에 걸린 아이들이 신속하고 효과적으로 진단과 치료를 받을 수 있도록 신경써야 한다.

'사회'를 탓하는 것만으로는 충분하지 않기에 마지막 장에서는 '치료'를 구체적으로 다룰 것이다. 결국 내 관심사는 성과라는 우리 사회의 중요 원칙을 악마 취급하며 철폐하려는 것이 아니기 때문이다. 그래도 우리는 사고를 전환할 필요가 있다. 내가 생각하는 해결의 첫 단추는 먼저 우리가 전달하는 가치들부터 꼼꼼히 따져보는 것이다. 번아웃 같은 탈진질환을 억제하기 위해서는 우리 사회의 중점重點을 새로이 잡아야 한다. 그런 다음 중요한 문제는 어떻게 하면 각자가 자신과 아이들을 위해 실제로 발생했거나 눈앞에 닥친 번아웃을 저지할 수 있을까 하는 것이다. 여기서는 일단 전문의 차원의 치료를 말하는 것이 아니다. 나는 각 개인과 가족이 아이들에게, 그리고 부모들에게 탈진우울증이 일어나는 것을 막기 위해 스스로 할 수 있는 것들을 기술하려 한다.

글을 쓰면서 자꾸만 자책감이 일었다. 짧은 인터뷰로 쉽게 떠벌리던 것들을 여기서 철저히 검토하고자 했지만 나는 그저 실마리밖에 제시할 수 없었다. 이런 방법으로는 아이들의 정신에 영향을 끼치는 요소를 빠짐없이 폭넓게 고려해넣을 수 없었다. 내가 건드리지 못한 여러 측면들은 독자 여러분이 채워넣어야 할 것이다. 마음속으로 대화를 하면서, 무엇보다 전 사회적으로 토론을 하면서 말이다.

나는 마음이 놓이지 않았다. 아무리 흐뭇하고 행복한 눈길로 다수의 아이들을 바라보아도 우리에게서 배제된 아이들 때문에 불안했다. 우리는 아이들에게 어떤 가치를 전달하고 있는가? 그것은 옳은 것인가? 우리가 바라는 가치는 순전히 이론에만 머물고, 실제로는 완전히 다른 가치가 아이들 손에 쥐여지는 건 아닐까?

나는 우리가 해야 할 토론이 무척 기대된다. 아이들의 행복을 위한 건설적인 논쟁이 기대된다. 아이들을 번아웃에 빠뜨리지 않고 건강하게 더 잘 성장시키기 위한 분투가 기대된다.

오늘날의 아이들은 훌륭하다. 개방적이고 호의적이며, 사회성 있고 생각도 깊다. 장점은 얼마든지 더 댈 수 있다. 내가 아이들 문제에 관여해야 한다는 것을 깨달은 뒤로, 아이들은 지금까지 아동청소년정신과 전문의인 내 손을 잡아주었다. 그렇게 아이들은 자신의 삶 속으로 나를 데려가주었고, 그 탐험여행에서 나는 예나 지금이나 매일같이 새로운 깨달음과 새로운 이해와 놀라움을 발견한다. 긍정적인 호기심과 열의가 아이들에 대한 존중과 만나면 만족스럽고 희망찬 길이 열린다. 그 결과가 늘 대단할 수는 없더라도 말이다.

하지만 아이들이 그렇게 뛰어나다면 어째서 아이들을 향한 비판이 끊이지 않는 걸까? 우리 사회는 비판을 거듭 반복함으로써 요즘 아이들은 불량하다는 사회적 믿음을 굳건히 다지고 있다. 미디어나 동료나 교사나 친한 부모들이나 모두 이 같은 의견을 보일

지라도 그것이 결코 사실일 리는 없다. 그런데도 별안간 한 세대가 싸잡아 비판의 대상이 된 것이다. 나는 이 책에서 그런 비판을 의식적으로 삼갈 것이다. 반대로 내가 중요하게 생각한 것은 어째서 더 나아진 세계에서 점점 많은 아이들이 압박감에 허물어지는 것일까 하는 우려다. 주변의 요구에, 그 요구가 애매한 것이든 명료한 것이든 따르기 위해 스스로 만들어낸 압박감에 말이다.

날마다 아이들과 맺는 깊고 감동적인 만남에서 감사와 겸허를 배운다. 감사는 아이들이 우리에게 보여주는 솔직함과 신뢰에 대한 감사다. 겸허는 우리가 조금만 인내심을 가지고 귀를 열면 아이들에게 어떤 변화를 가져올 수 있는지 아이들이 뚜렷이 보여주는 데서 온다. 또한 때로는 변화시킬 수 없는 여건에서 자라는 아이들이 있다는 한계를 인정하면서 겸허를 배운다. 변화는 하루아침에 일어나지 않는다. 그렇지만 때로는 실마리만으로도 충분하다. '나의 아이들'이 겪고 또 견디는 불행을 내가 어쩌지 못할지라도 내게는 아이들을 보호하고 바람직한 생활 여건을 만들어주기 위해 힘써야 할 사명이 있다. 아직 갈 길이 멀다. 우리에게는 더 해야 할 일이 있다. 우리 아이들을 위해. 우리 공동의 미래를 위해.

병들거나 외롭거나 타버리거나

: 아이들이 말하는 자신들의 삶

번아웃이라고 하면 직장생활 후반기로 접어든, 소진되고 탈진되고 우울하여 도움을 구하는 사람이 떠오른다. 번아웃은 우리 시대의 화급한 진단이다. 누구나 걸릴 수 있기 때문에, 번아웃에 빠진 유명 인사나 스타에 관한 소식도 간간이 들려온다. 사무실 동료가 문득 작전타임을 요구하는 경우도 있다. 어쨌든 일반적으로 번아웃을 겪으려면 여러 해를 일하며 고생한 어른이어야 한다. 우리 모두는 이제까지 그렇게 생각했고 아이와 청소년은 관계없는 일이라고 믿어왔다. 아이들에게는 비축된 힘이 남아 있고 유년과 청춘은 그 자체로써 이미 번아웃을 막아준다고 생각했으니까.

끝나지 않을 것 같던 6주간의 여름방학을 떠올려보라. 즐겁게 뛰놀던 기억들과 자유. 유년 시절은 다름아닌 행복의 시기다. 우리 아이들은 분명 힘이 넘치며 근심 따위는 저 멀리 떨어져 있을 것이다.

아이들이 정신질환에 걸릴 수도 있다는 것은 아동청소년정신과 전문의로 일해온 나로서는 27년간 익히 알던 사실이었다. 약 20%는 정신질환에 걸릴 위험성을 안고 있다. 하지만 나 또한 몇 년 전까지만 해도 아동들은 물론이고 청소년기 아이들에게도 번아웃은 없다고 생각했다. 당시에는 내가 일하는 외래진료소에서도 종합병원에서도 그런 환자를 보지 못했다. 나는 번아웃 진단에 신경쓰지 않았다. 치매와 마찬가지로 유년기에는 나타나지 않는 질병이라 추정했던 것이다.

그러다가 5년 전부터 아이들에게서 비슷한 증상들이 나타나기 시작했다. 처음에는 그럴 리가 없다고 생각했다. 그래서 이전처럼 대부분 우울증으로 진단했다. 물론 지금은 당시의 내 진단이 일부 잘못되었다는 걸 알고 있다.

그 때문에 나는 불안하다. 처음에 나는 아이들의 증상이 번아웃이라는 생각들을 떨쳐버리려 했고 개별 사례들을 보면서도 큰 연관성을 찾아내지 못했다. 하지만 책임감을 가지고 아이들을 존중하며 일하는 사람이라면 아이들에게 나타나는 변화를 알아차리고 알맞게 분류할 의무가 있다. 그런 까닭에 우리는 아이들이 보여주는 이러한 증후를 깊이 검토해야 한다. 아이들과 청소년들에게 나타나는 번아웃이라는 현상을 직시해야 한다. 진상을 밝히고 신속하고 효과적으로 치료할 수 있도록 신경써야 한다. 그리고 아이들의 탈진을 줄이는 한편, 번아웃 증후군을 예방하기 위해 우리가 무엇을 할 수 있을까 시급히 고민해야 한다.

하지만 이것은 뒤에서 논할 이야기다. 우선 아이들이 직접 들려주고 보여주는 하소연과 증상으로 내가 중요한 변화를 깨달았던 순간으로 돌아갈 것이다. 내가 일하는 외래진료소의 어느 평범한 오전의 일과만 살펴봐도 상황이 뚜렷이 보일 것이다. 각기 다른 나이의 다섯 명의 아동과 청소년이 나를 찾아왔다. 그애들 모두를 차례차례 알게 되면, 아마도 우리 아동청소년정신과 의사들이 다루는 일의 범위를 짐작할 수 있을 것이다.

성과 지향형의 안나

 안나가 어머니와 함께 진료실로 들어왔다. 안나는 긴 금발머리에 키가 크고 예쁘장한 아이로, 옷을 맵시 있게 잘 입었지만 지나치게 유행을 따르지는 않았고 다소 진하게 화장을 했다. 한편으로는 적당히 호기심을 보이면서도 동시에 수줍고 조심스러운 모습이다. 여기 어떻게 오게 되었는지, 아동청소년정신과 의사를 찾아온 게 맞는 일 같은지 내가 묻자, 안나는 머뭇거리며 당황한 눈으로 어머니를 바라보았다. 그리고 자신도 정확히 잘 모르겠다고 대답했다. 사실은 지금 이게 다 무슨 일인지 스스로도 의아했기 때문이다. 어머니가 진료 약속을 잡을 때 동의하기는 했지만, 막상 내 앞에 앉아 있으니 다시금 괜한 일을 부풀렸다는 기분이 든 것이다.

부풀렸다고? 무엇을 부풀렸단 말인가? 나는 질문을 바꿔 다시 물어보았다. "몇 주 전에 약속을 잡을 때는 지금이랑 어떻게 달랐지?"

걸으로 보기에 안나는 더없이 평범해 보였다. 거리나 학교에서 안나를 본다면 아동청소년정신과 의사에게 찾아갈 만한 막중한 문제들이 있으리라곤 생각지 못할 것이다. 물론 대부분의 아이들과 청소년들은 어떤 심리적인 문제나 특이점이 있어도 겉으로 쉽게 드러내지 않는다는 점을 잘 알고 있었지만, 안나는 표면적인 평범함 때문에 한층 눈에 띄었다. 나를 찾아오게 된 어떤 이유도 결코 밖으로 새어나와서는 안 된다는 인상마저 주었다. 마치 평범함과 정상이 안나에게 내적 엄명이라도 되는 것 같았다. 안나의 화장은 내게 가면처럼 보였는데, 그것이 내가 받은 첫인상을 뒷받침해주었다.

안나와의 첫 대면에서 나는 묘하게도 과로라는 감정을 같이 느꼈다. 이는 내가 안나를 진료하는 과정에서 생겨난 것이 아니라 역전이(피상담자의 감정이 상담자에게 전이되는 현상—옮긴이) 감정에 기인한 것임을, 즉 안나가 내 마음에 자신의 감정을 불러일으키고 있다는 것을 나는 금세 확신할 수 있었다. 이것은 진단하는 내게 중요한 문제다. 나는 정상적이고 평범해 보이려 애쓰는 한 아이를 만나고 있으며, 첫 만남에서부터 아이는 내게 과로라는 감정을 전달하고 있는 것이다.

안나의 눈에 눈물이 차올랐다. 내가 간단히 말을 건넨 것만으로도 낙담과 절망이 드러날 만큼 절망적인 모습이었다. 안나는 불안

번아웃 키즈

해하며 도와달라는 눈으로 어머니를 바라보았다. 나는 창피를 주려는 것이 아니며, 여기 오게 된 이유를 안나의 입으로 직접 듣는 일이 무척 중요하다고 안나에게 설명해주었다. 여유 있게 천천히 말해도 되며, 내 질문에 어디까지 대답할지 스스로 결정해도 좋다는 말도 덧붙였다. 또 나는 내가 이야기를 듣고서 안나가 있는 자리에서 어머니에게 질문을 할 것이며, 만약 어머니 없이 혼자 의논하고 싶은 일이 있으면 그렇게 이야기해도 된다고 안나에게 일러주었다.

이런 식의 사전 대화가 내게는 중요하다. 모든 아이와 청소년이 그렇듯 안나도 결국 내가 '문제를 억지로 들이댔'고 느껴서는 안 되기 때문이다. 나는 아이들이 조작당했다고 느끼지 않도록 만전을 기한다. 아이들은 내 앞에서 되도록 진짜 모습을 보여줄 수 있어야 한다. 최선의 경우에는 아이들 본인이 있는 자리로 내가 마중 나온다는 느낌을 받아야 한다. 지금 중요한 것은 오로지 아이들 자신이지 남의 눈에 비친 모습이 아니다.

내 말을 듣고 나서 안나는 긴장을 조금 풀고 사정을 이야기했다. 안나는 김나지움 11학년(고등과정) 1학기에 다니고 있었다. 학교 다니는 내내 성적에 대해 몹시 걱정해왔는데, 사실 그럴 이유는 없었다. 안나는 줄곧 뛰어난 학생이었고 지금도 그렇기 때문이다. 그래서 초등학교 때까지는 재미도 있고 학교에 다닐 의욕도 났다. 중등과정이 끝날 무렵이나 고등과정에서도 성적은 나빠지지 않았고 오히려 그 반대지만, 1년 전부터 안나는 점수와 결과에 대한 걱정이 늘었을 뿐 아니라 학습량도 한층 더 늘렸다. 안나는 이렇게 설명했다. 평점 1.5 이하의 아비투어Abitur(독일 대학입학 자격시험 — 옮긴이) 성적은 '아무 쓸모가 없으며' 그런 성적으로는 대학 선택 폭이 좁아지기 때문에 온 힘을 다해 노력해야 한다고.

안나는 아주 열심히, 앞을 멀리 내다보며 공부하고 있었다. 예정된 필기시험 일정을 달력에 표시해놓고 언제나 때맞춰 공부를 시작했다. 안나의 부모도 안나의 노력을 지지해주고는 있지만, 최근 들어서는 너무 무리하지 말라며 말리기도 했다. 하지만 안나는 그런 만류도 다 소용없다고 생각했다. 부모님이야 이제 대학에 다닐 일이 없지 않은가. 안나는 자신이 지나치다고 생각하지 않는다. 애쓰지 않아도 다 알아서 잘될 만큼 똑똑하지 않으니까 말이다. 성공을 노력으로 일구어야 하는 것이다.

몇 달 전부터 안나는 심각한 수면장애와 집중력장애를 겪고 있으며, 그 때문에 상황은 더욱 나빠졌다. 때로는 본격적으로 울음이 '발작'해서 안나를 괴롭혔다. 그러고 나면 극도의 절망과 슬픔과 분노가 동시에 밀려왔다. 매일 밤 침대에 누우면 몸은 충분히 피로를 느꼈다. 어쨌든 탈진한 기분이 들었다. 하지만 곧 잡념이 머리를 어지럽히기 시작했다. 안나는 공부를 충분히 했는지 곰곰이 따져보았고, 대개 충분치 못했다는 두려움에 사로잡혔다. 마음속에서 암울한 미래를 그린 시나리오가 펼쳐졌다. 그렇게 이리저리 뒤척이다보면 시곗바늘이 어느덧 새벽 한시 반을 가리켰다. 여섯시

반에 자명종이 울리기 한참 전에 안나는 잠에서 깨어 기진맥진 누워 있다가, 마침내 잠들 때와 똑같이 탈진한 기분으로 일어났다. 아침 기분이 영 나쁘기만 했다. 잔뜩 언짢은 모습이라 가족들이 안나에게 차마 말을 걸기도 어려웠다. 안나는 거울 앞에 한참 동안 서서 꼼꼼히 화장을 했다. 그러면 약간이나마 마음이 풀렸다.

부모가 진정시키려 해보아도 소용없었다. 그럴 때면 안나는 화가 나면서 세상에 나를 이해해주는 사람이 아무도 없다는 기분이 들었다. 안나는 자신이 마음에 들지 않았다. 자신은 그저 멍청할 뿐이며 모든 것을 스스로 해내야 한다는 생각이 머릿속에서 떠나지 않았다. 몇 주 전부터는 친구들 사이에서도 완전히 떨어져나왔다. 친구들도 이제는 안나의 기운을 북돋워주거나 자기들의 모임이나 파티에 안나를 데려갈 생각조차 하지 않았다. 대인관계는 완전히 뒷전으로 밀려났다. 남자친구를 사귈 '시간'도 없었다. 연애를 하면 공부를 더 못하게 되리라는 생각 때문에 남학생이 다가와도 겁을 집어먹고 물리쳤다. 안나는 뼛속 깊이 절망했다. 자신이 너무 우둔하고 게으르다고 생각했다. 그저 가끔씩 반짝 정신을 차리고, 자신이 공부라는 회전목마에 사로잡혀 있음을 깨달았을 뿐이다. 쳇바퀴 속의 햄스터처럼 달리고 있었다. 전력을 다해 애쓸수록 상황은 점점 악화되었다.

게다가 이제는 식욕문제까지 더해져 엄마와 또다른 다툼이 벌어졌다. 엄마는 안나가 거식증에 걸릴까봐 두려웠다. 거식증은 모든 어머니들에게 공포의 대상으로, 이미 소문을 들은 바 있었다. 그래서 안나가 배고프지 않다고 말해도 엄마는 잘 믿지 못했다. 더 먹으라는 엄마의 성화는 과로와 탈진으로 얼룩진 안나의 삶에 또 하나의 '돌덩이'가 되었다.

안나의 생활 환경

나는 종종 아이들과 청소년들에게 어떻게 살고 있는지 아주 자세히 이야기해보라고 한다. 덕분에 때로는 내가 마치 가족의 일원으로 그들의 집에 있었던 것처럼 느껴진다. 안나의 설명은 이렇다. 안나는 도심 부근에 자리한 방 네 개짜리 집에서 가족과 함께 살고 있다. 안나는 방을 다소 소녀 취향으로, 분홍색으로 꾸며놓았다. 침대에는 분홍색 침대보가 덮여 있고, 벽에는 동물 그림이 걸려 있고, 분홍색 커버를 씌운 작은 안락의자와 작은 책상이 있다. 모든 것이 잘 정돈되어 있는데 그 점에서 안나는 확실하다. 침대 위에 놓인 봉제인형들도 아침마다 새로 정리한다. 책상 앞에 앉아 있지 않을 때는 주로 침대에 누워 음악을 듣거나 휴대전화를 만진다.

안나는 화장하지 않은 얼굴을 보이고 싶어하지 않는다. 뭔가 숨겨야 할 것 같고, 게다가 화장을 안 하면 자신이 못생기고 볼품없다는 기분마저 든다. 자신에게서 정말 마음에 드는 구석이 하나도 없다. 안나는 번번이 자기비난과 슬픔의 급류에 휩쓸리고 걸핏하면 운다. 내심 엄마 아빠를 탓하며 그쪽에서 원인을 찾으려 해보지만 그것은 즉각 자기비난으로 돌아온다.

안나의 삶은 학교를 중심으로 돌아간다. 집에 오면 허겁지겁 간단히 요기를 하고, 당장 책상 앞으로 간다. 잠깐씩 끼어 있는 발레나 피아노 수업은 대개 성가신 방해로 여겨지고, 되도록 빨리 책상으로 돌아가려 서두른다. 저녁이 되면 공부를 충분히 못했다는 기분이 규칙적으로 밀려오고, 그러면 자주 어머니와 '히스테리성' 싸움을 벌인다. 진정되고 나면 안나 스스로도 시인하는 바다.

안나는 사춘기에 있다. 하지만 안나의 증상은 사춘기의 일반적인 감정 기복을 훨씬 넘어선다. 안나는 주저앉지 않고 우울의 소용돌이에서 빠져나오려 애쓰고 있다. 하지만 그럴수록 악순환만 더욱 강화될 뿐이다.

안나의 가족

안나 어머니는 아버지와 마찬가지로 변호사이고, 아이들을 김나지움에 보낸 뒤로는 작은 법률사무소에서 반나절 동안만 근무하고 있었다. 가정을 이루는 것이 소원이었기 때문에 안나가 태어나자 기꺼이 직업을 포기했다. 하지만 직장생활도 매우 즐거웠기에 아이들이 자라 형편이 허락되면 다시 일을 하고 싶었다. 두 아이를 데리고 집에 있으면서 처음 몇 해는 무척 힘들기도 했지만, 그래도 후회 없는 소중한 경험이었다.

안나 어머니는 아이들이 건강하게 별문제 없이 잘 자라고 있는 것에 만족하고 행복해 보였다. 안나보다 두 살 어린 남동생은 운동을 잘하는 평범한 중등학교 학생으로, 성적은 평점 2점대로 누나보다 조금 안 좋았다. 일상적인 다툼 말고는 동생과 화목한 편이라고 안나도 이야기했다. 단지 최근 들어 안나가 '징징거릴' 때면 동생도 가끔씩 신경질을 낸다고 했다.

　결혼생활에 대해 안나 어머니는 행복하다고 말했다. 남편은 대학 시절 같은 학교에서 만나 사귀게 되었는데, 딱 그녀의 이상형이었고 그것은 지금도 변함이 없었다. 하지만 저녁때와 주말에 가사분담문제로 티격태격하는 일이 있었는데, 요즘 들어 갈수록 다툼이 잦아지는 편이었다. 안나 어머니는 '이번에도' 남편 없이 외래진료소에 온 것이 불만스러웠다. 안나 아버지는 진료에 반대하지는 않지만 딸의 문제가 심각하다는 사실을 제대로 깨닫지 못하고 있었다. 어머니는 안나의 증상을 제때 주목하지 못했다고 자책했다. 게다가 안나의 상태가 이토록 나쁜 데에 자신이 어떤 기여를 했을까봐 불안해했다.

진단

　안나는 탈진우울증의 모든 증세를 보였다. 오랫동안 지나치게 과로한 결과 수면장애와 식욕장애, 자기회의, 탈진, 뚜렷한 감정 기복 등이 생겼다. 진단학적으로 결정적인 것은 안나가 원래부터 우울했다거나 현재의 기분 상태가 외부 유발 인자에서 비롯됐을지 모른다는 신호가 없다는 점이었다. 사실 좋은 성적을 얻으려는 강한 의욕은 나쁜 것도, 병적인 것도 아니다. 그럼에도 그런 의욕이 성적이 주는 현실적인 부담과 맞물려 안나를 지속적인 탈진으로 이끌었고, 결국 탈진우울증의 전형적인 병증으로 발전한 것으로 보였다. 탈진우울증은 번아웃 증후군이라는 좀더 대중적인 단어에 해당하는 전문용어다.

먼저 중요한 것은 안나와 그 가족에게 번아웃 증후군이 뜻하는 바를 명확히 알려주는 것이었다. 안나 혼자서는 증후군에서 빠져나올 수 없다는 것을, 가족의 도움을 받더라도 쉽지 않다는 것을 인지시켜야 했다. 안나가 공부를 덜 했으면 좋겠다고 말해보았자 아무런 효과도 없을 것이다. 아비투어 성적이 좀 좋지 않아도 충분히 인생에서 성공할 수 있다고 말해줘도 쓸모없기는 마찬가지다.

이렇게 해서 나는 첫번째 번아웃 사례에 직면했다. 그리고 어떻게 치료를 시작해야 할지 잘 생각해야 했다. 어쨌든 진단학상 공식적으로 기술된 적 없는 질병을 치료하는 일이니까 말이다. 나는 미개척지에 발을 들여놓은 것이다. 처음에는 자신이 없었다. 하지만 이제는 번아웃을 겪는 아이들과 청소년들을 많이 다루었기에 신속하고 효과적으로 도울 방법을 알고 있다.

치료

이런 상황에서는 우울증의 증상을 되도록 빠르게 완화하는 것이 중요하다. 우울증은 부정적으로 강화되고(우울증의 증상들이 번아웃 증후군을 강화한다), 쉽게 만성화되는 고약한 특성이 있기 때문이다. 게다가 안나는 우울증 정도가 심해서 심리치료가 어려운 상태였다. 그래서 나는 먼저 안나를 중등증(경증과 중증 사이) 우울증의 경우처럼 치료하기로 하고, 수면 유도 효과와 항우울 효과, 즉 기분을 안정시키는 효과가 있는 약을 처방했다. 그렇게 함으로써 수면이 조절되어 적어도 안나가 기운을 다소 되찾은 몸으로 하루를 시작할 수 있게 도모한 것이다. 이것은 안나가 탈진우울증으로 빠져들어가는 것을 막는 데 중요하다. 또한 효율성 측면에서 이것은 다른 어떤 방법보다 효과적이다. 나는 경과가 진행되면서 '일반적인' 항우울제로 전환할 수 있도록 중독성 없는 약을 쓰려 주의했다.

왜 곧바로 약부터 쓰는 거지? 다른 방법도 있지 않을까?

이런 질문은 충분히 이해할 수 있다. 안나 같은 증상에 '당장' 약을 써야 한다고 하면 부모들은 깜짝 놀라곤 한다. 아주 간단한 문제 아닌가요? 공부하는 습관만 바꾸고 스스로 너무 부담을 갖는 것만 줄이면 안나도 다시 한결 편하게 생활하고 공부할 수 있어요. 하지만 바로 거기에 문제가 있다. 그런 권유는 안나도 이미 많이

들었을 것이다. 안나의 생활 방식과 공부 습관은 어른이 되는 과정에서 마주치는 도전 과제들을 풀기 위한 나름의 노력이다. 이런 가공 메커니즘은 안나의 인격에 깊숙이 통합돼 있어서 어떻게든 바꿔보려 심리치료를 시도해보아도 근본적이라 할 만한 실제 변화가 나타나기까지는 시간이 걸린다.

그러다보면 아비투어가 눈앞에 다가와 있어 강도 높은 학습이 불가피해진다. 입원치료를 하기에는 정도가 뚜렷하게 심하지 않을뿐더러, 무엇보다 병원에 머무는 것은 문제를 뒤로 미루기만 할 뿐이다. 더 늦은 시점에서 성적에 대한 부담이 생겨날 수도 있다. 또 심리치료도 부작용이 있기는 마찬가지다. 안나를 되도록 빠르고 효과적으로 돕는다는 의사의 본분에 따라 모든 효과와 부작용을 저울질해보았을 때 초기에 약제로 치료하는 것이 가장 빠르고 안전한 길이었다.

곧이어 실시한 심리검사 결과를 보면, 안나의 지능이 상이한 영역에서 고르게 균형 잡혀 있으며 전체적으로 보아 IQ가 평균을 살짝 웃돈다는 것을 알 수 있다. 안나는 또래를 기준으로 상위 3분의 1에 속해 있다. 이러한 심리검사는 무척 중요한데, 안나의 능률을 실제로 떨어뜨리는 요소를 하나라도 간과해서는 안 되기 때문이다. 하지만 안나는 예상대로 검사 결과에도 마음을 놓거나 부담을 덜지 못했다. 결과가 미화되었으며 자신에게 과분한 평가라고 생각했다. 우울증에 따른 전형적인 인지 왜곡 현상이다.

안나는 약물치료에 더해 심리치료를 병행하고 경우에 따라서는 학습 지도도 받아야 했다. 심리치료는 안나가 자긍심을 회복하는 데 주안점을 두었다. 또 자기불신을 해소하고 자신의 학습 상황과 생활 여건을 잘 받아들일 수 있도록 도와야 했다.

말이야 쉽지! 아비투어를 잘 치러서 대학 선택 폭을 최대한 넓히려 애쓰려는 청소년을 어떻게 말린단 말인가. 무엇보다도 부모가 벌써 몇 년 전부터 말리고 있고 그럴수록 오히려 안나의 태도는 더 굳어져왔는데 말이다.

나 자신이 바로 안나가 처한 상황과 마찬가지로 해결할 수 없는 진퇴양난에 빠진 기분이었다. 내가 안나에게 한계를 인정하고 아비투어 성적이 좀 안 좋더라도 만족하도록 격려한다면, 그것은 우리 사회가 주는 성적에 대한 압박과 요구에 잘 대처하도록 도와주는 것이 아니다. 나는 청소년들이 '대충 아무거나' 전공 삼아서 스스로 원하고 또 '감당할 능력도 있는' 일을 못 하게 됨으로써 불행해지는 경우를 많이 알고 있다. 오늘날 청소년에게 성적을 외면하도록 부추기는 것은 냉소적인 처사일 수 있다. 우리에게는 아이들을 최대한 잘 도와야 할 사명이 있다. 그 사명에는 아이들에게 되도록 많은 길을 열어주는 것도 포함된다. 반면 안나가 아비투어를 최대한 좋은 성적으로 통과하도록 내가 도와주려 한다면, 안나를 탈진우울증 상태로 이끈 메커니즘을 지원하는 격이 된다. 도대체 이 문제를 어떻게 풀어야 할까?

내가 생각한 실마리는 이렇다. 나는 안나의 증후군을 치료하면서 안나가 성적이라는 요구에 더 잘 부응할 수 있도록 도와줄 것이다. 동시에 안나의 심리적 발전을 꾀하면서 무엇이 자신에게 이로운지, 그리고 어떻게 하면 한편으로는 외부의 요구를, 다른 한편으로는 내적 소망과 갈등을 다룰 수 있을지 스스로 결정하는 능력을 키울 수 있게 돌봐줄 것이다.

가족 면담

다음 단계로 나는 가족 면담을 잡았다. 관계자를 모두 모아놓고 이 시스템에서 누가 어떤 위치에 있으며 안나가 회복되는 데 누가 어떤 기여를 할 수 있는지 분명히 해두려는 것이다. 이 가족 면담에서 남자들, 즉 아버지와 남동생은 안나의 문제를 심각하게 여기지 않는다는 것이 뚜렷이 드러났다. 말로 드러내지는 않지만 안나가 그저 괜한 소란을 떤다고 생각했던 것이다.

어쨌든 면담 결과 두 사람은 안나가 질병 상태에 빠졌으며 치료가 필요하다는 사실을 깨닫게 되었다. 아버지는 지나치게 성과 지향적인 사람으로 보이지는 않았는데, 안나가 가족 안팎으로 어떤 시스템에서 자라고 있으며 이런 기본 환경이 안나의 절망적인 상황을 얼마나 더 촉진했는지 이해했다. 추가로 개별 면담을 하고 나서 아버지는 실제로 자신의 일을 조정해, 비록 아이들이 다 컸지만, 귀가시간을 규칙적으로 지키면서 앞당기기로 결정하게 되었다. 일상생활에서 아버지가 꼭 필요할 만큼 어린 나이는 아니었지만, 안나는 아버지의 이런 결정에 기뻐했다.

경과

가족들이 이해해주자 안나는 무척 기뻐하며 든든한 기분이라고 했다. 약의 도움으로 건강하고 질 좋은 숙면을 되찾게 된 안나는 학습치료사와 함께 효율적인 학습에 충분한 휴식을 결합한 계획을 짰다. 심리치료에서는 낮은 자긍심과 비관적인 태도라는 문제를 직시하게 되었다. 안나는 자기도 모르게 빠진 감정의 미로의 실체를 이해하게 되었다. 무언의 요구와 은근한 실망들, 그리고 스스로에게 과도하게 요구함으로써 뒤얽힌 감정의 덤불을.

이러한 일련의 조처들로 안나는 비교적 빨리 짐을 덜었고, 이제 시간이 좀더 걸리는 본격적인 심리치료 과정으로 들어갈 수 있게 되었다. 안나는 심리치료를 받으며 우울함을 벗고 좀더 안정된 마음으로 졸업반을 시작했다. 탈진우울증이 뚜렷이 개선되었고, 아비투어를 잘 치를 것이라 상상할 힘도 갖추었다. 만약 평점 1.5보다 나쁜 결과가 나오더라도 그 성적으로 원하는 전공을 공부하는 길을 찾을 수 있으리란 자신감도 얻었다.

부분능력장애를 지닌 펠릭스

펠릭스는 아버지와 어머니가 내게 데려왔다. 펠릭스는 김나지움 6학년(중등과정) 학생이었다. 부모가 함께 있는 자리에서 펠릭스는 학교 성적이 점점 떨어지고 있다고 사정을 설명했다. 초등학교 1, 2학년까지만 해도 매우 뛰어난 학생이었지만 3학년쯤부터 점점 문제가 나타나더니, 결국 김나지움 추천장도 간신히 받을 정도가 되었다. 하지만 기본적인 능력에 대해서는 부모도 펠릭스 본인도 의심해본 적이 없었다. 시간이 갈수록 성적이 나빠진 이유를 펠릭스 자신도 이해할 수 없었다.

직접 만나보니 펠릭스는 다정하고 솔직하며, 말을 붙이기가 쉬운 소년이었다. 키가 크고 반바지와 스웨트셔츠로 남자아이답게 옷을 입었으며, 금발은 젤을 발라 멋지게 넘겼다. 하지만 생각에 푹 잠겨 있고 슬픈 인상이었다. 펠릭스는 학교 상황이 무척 괴롭다고 말했다. 집으로 돌아오면 곧잘 컴퓨터 게임의 세계로 달아나는데, 그 때문에 부모와 심심찮게 또다른 말싸움이 벌어지곤 했다.

펠릭스는 최근 들어서는 잠을 잘 못 이루고 두통과 복통을 호소했다. 몸은 무기력하고 축 늘어진 기분이 들었다. 밤에 침대에 누워서는 울면서 어머니에게 절망적인 기분을 털어놓기도 했다. 얼마 전에는 사는 게 아무런 의미가 없고 어쩌면 죽는 편이 나을지도 모르겠다고 말해서 어머니를 깜짝 놀라게 했다.

펠릭스는 학교 친구들과도 사이가 점점 나빠지고 있다고 설명했다. 자신이 미숙하고 친구들 눈에 어설퍼 보여서 종종 놀림을 받는다는 것이다. 마찬가지로 심각한 것은 교사들에게도 부당하고 잘못된 대우를 받는다고 느끼는 것이었다. 어설픈 것이 사실이냐는 내 질문에 펠릭스는 신중하게 대답했다. 확실히 축구를 좋아하기는 하지만 공놀이를 잘 못한다. 나무타기 같은 것은 좋아한 적이 없다. 하지만 그 밖에 자기가 아는 특이점은 없다…… 어머니도 펠릭스에게서 별난 점을 찾지 못했다. 다만 김나지움에 들어와서는 필기 숙제를 할 때면 언제나 시간이 모자랐다고 했다.

펠릭스는 무척 감동적인 아이였다. 성적뿐 아니라 사회성 면에서도 학교의 요구에 따르려고 얼마나 애쓰고 있는지 느껴졌다. 애쓴 결과가 점점 나빠지는 것에 따른 절망이 뚜렷이 읽혔다. 커다란 슬픔과 탈진의 기운이 공기처럼 퍼져 있었다.

그뿐만 아니라 펠릭스의 어머니는 몹시 자책하고 있었다. 남편과 함께 자영업으로 소매업을 하고 있는데, 어려운 경제 사정 탓에 부부가 지난 두 해 동안 일을 많이 해야 했기 때문이다. 어머니는 펠릭스가 부모에게 근심을 더하지 않으려고 얼마나 애쓰는지 느낄 때마다 마음이 아팠다.

반사적으로 이런 추측부터 떠올릴 수도 있다. 지나치게 성과 지향적인 부모가 재능이 부족한 아이를 억지로 김나지움에 보냈다가 이제 그 욕심의 대가를 치르는 것이라고. 하지만 내가 그동안 배운 바로는 아이들부터 시작해 부모들까지 그들의 이야기를 반복해서 상세히 들어보는 것이 중요하다. 일반적으로 그들이 자기 자신과 자기 상황을 가장 잘 알고 있기 때문이다.

펠릭스의 학교생활

펠릭스는 얼마 전 선생님에게 편지를 썼지만 보내지는 않았다. 이 편지는 소년이 처한 곤경을 정확하면서 동시에 우울하게 보여주고 있다. 펠릭스는 편지를 이 책에 실어도 좋다고 허락해주었다. (고맙다, 펠릭스야!)

여섯번째 생일을 조금 앞두고 학교에 들어갔을 때 저는 기대가 컸어요. 제가 들어간 반에는 아는 아이가 아무도 없었는데, 그래도 얼마 있다가 친구가 많이 생겼어요. 하지만 저희 선생님은 진짜 무섭고 소리만 질렀어요. 저희가 글쓰기에서 뭐라도 잘못하면 선생님은 종이를 구겨서 다른 아이들 다 보는 데서 쓰레기통에 던졌어요. 또 자 같은 것으로 아이들 손도 때렸어요. 저는 학교에 다녀본 적이 없어서 원래 다 그러는 줄 알았어요. 하지만 저는 자주 몸이 아팠어요.

 2년 반쯤 지나면서 아픈 게 괜찮아졌고 엄마 아빠는 저를 다른 학교로 보냈어요. 제가 너무 자주 아파서 소아병원에 석 달이나 있었기 때문에 엄마 아빠는 제가 무리하지 않게 한 학년을 뒤로 물렸어요. 하지만 새 학교 아이들은 전혀 잘해주지 않았고 저는 다시 아팠어요. 새로 전학을 왔고 '유급했다'고 따돌림만 당했어요. 반년쯤 있다가 다른 아이 한 명이 결석을 했어요. 그애도 따돌림을 당했거든요. 그애는 담임선생님한테 편지를 썼고. 그러자 따돌림이 줄어들었어요. 그것을 보고 저도 편지를 썼어요. 나중에 그 아이는 반을 떠났고 선생님은 저를 보호해주려고 했어요.

그러다가 새해 들어 제가 학교에서 심한 사고를 당해서 일주일 넘게 병원에 있었는데, 그뒤로는 아이들이 좀더 친절해졌어요. 무슨 일이 있었는지 저는 아직도 정확히 기억해요. 제가 여러 곳을 다쳤는데 머리에도 상처가 세 군데나 났고 기절했거든요. 제가 학교로 돌아왔을 때 선생님은 떠나고 없었어요. 그러고서 새 선생님이 왔는데 선생님은 저한테 친절하게 잘해주셨어요. 저는 학교에서 지내기가 좋아졌고 욘이라는 친구도 생겼어요. 4학년이 끝나갈 때 저는 김나지움에 지원했고 초대장이 왔어요. 저는 엄청 기뻤고 다시 새로 시작할 수 있겠다 싶었어요. 하지만 제가 잘못 생각했어요.

김나지움에 입학하니 친절한 선생님이 많았어요. 가을방학이 될 때까지 처음에는 모든 게 좋았어요. 하지만 엄마 아빠가 갑자기 일이 많아져 저는 자주 외롭고 슬펐어요. 방학이 끝나자 아이들이 갑자기 저한테 못되게 굴었어요. 아이들은 제가 학교에서 엉망이라고 했어요. 그리고 저랑 어울리기 싫어했어요. 저는 종종 몸이 안 좋았고 더욱 외로움을 느꼈어요. 아이들은 심지어 제가 학교에서 쫓겨날 거라 장담했어요.

저는 1학년 때부터 설사가 있었고 요즘엔 또 속이 자주 메스꺼웠기 때문에 병원에서 다시 큰 검사를 받았어요. 그뒤로 ○○○ 선생님과 ○○○ 선생님이 아이들과 이야기를 했고 아이들은 조금 친절해졌어요. 하지만 잠깐뿐이었어요. 남자아이 둘이 특히 못되게 굴면서 다른 아이들도 저를 싫어하도록 부추기고 있어요. 몇 주 전에는 뭐 하나 하기도 무서웠어요. 제가 뭐라도 할 때마다, 아이들은 제가 들어본 가장 심한 말로 욕하고 소리 지르고, 심지어 발로 차고 때리기도 했어요. 또 두 아이 중 하나는 돈을 빼앗으려고 했어요. 아이들은 저한테 친절하거나 적어도 정상적으로라도 말 걸고 대해준 적이 없어요. 정말 훌륭한 종교과목 선생님인 ○○○ 부인이 '따돌림'이란 주제로 반 아이들과 진지하게 대화를 나누었을 때까지는 말이에요.

2014년 6월 17일 펠릭스 올림

이 편지에서 아이의 학교생활이 얼마나 파란만장하게 펼쳐졌는지 또렷이 드러난다. 펠릭스는 자신을 이해해주는 사람이 아무도 없으며, 특히나 심각하게 따돌림당할 위기가 되풀이되는 상황에서 홀로 내버려졌다고 느끼고 있었다. 편지를 읽어보면 언뜻 이렇게 짐작할 수도 있다. 펠릭스는 사회성이 모자라고 아마도 미숙한 소년으로, 학급에서 친구를 만들지 못하는 데 문제의 핵심이 있다고. 이것은 내가 받은 인상과 전혀 다르다. 외아들인 펠릭스가 또래보다는 어른들과 더 잘 지내리라 나도 가정하고 있기는 하지만, 펠릭스는 상냥하고 친구들과 잘 지내려 애써온 미숙하지도 조숙하지도 않게 딱 그 나이다운 소년이었다. 분명 사회적 행동보다는 다른 쪽에 일차적인 문제가 있으리란 생각이 들었다.

펠릭스의 생활 환경

펠릭스는 시 변두리에 있는 연립주택에서 살고 있었다. 개조한 다락을 방으로 쓰고 있는데 때로는 조용히 숨을 수 있는 나무 위 오두막처럼 느껴지곤 했다. 펠릭스는 늘 형제를 원했지만 형제가 없었다. 부모는 소매업을 하고 있는데 지난 몇 년간 경제적으로 위태로운 상황이라 전보다 일을 더 많이 했다. 어머니는 집에서 책상 앞에 앉아 일을 볼 때도 있었지만 펠릭스를 상대해줄 겨를이 없었다. 그럴수록 펠릭스는 컴퓨터 게임에 빠져들어갔다. 펠릭스의 부모는 방해받지 않고 일을 할 수 있어서 한편으로는 이 상황을 환영했지만, 다른 한편으로는 아들에 대한 양심의 가책이 깊어졌다. 펠릭스는 처음에는 게임이 즐겁기도 했다. 하지만 게임을 할수록 점점 우울한 기분으로 빨려들어갔고, 그러면 그런 기분을 외면하려 게임에 더 매달렸다. 기분이 나아지지 않을수록 더욱 게임에 빠졌다. 그런 날은 오후 내내 컴퓨터 앞에서 시간을 보냈다.

학교에서 다른 아이들과 축구를 하려 해도 외면당하기 일쑤였다. 아이들의 외면은 갈수록 잦아졌다. 아무도 실력 없는 선수를 자기 팀에 두려 하지 않았다. 펠릭스는 끼워달라고 졸랐지만 그럴수록 아이들의 거부는 더 심해졌다.

펠릭스에게는 별다른 취미가 없었다. 몇몇 스포츠클럽에 들어가보았지만 얼마 안 가서 재미를 잃었다. 다 실패였다. 자전거는 너무 늦게 배워 아직도 도로로 나가기에 자신이 없었다.

검사와 진단

먼저 펠릭스가 학교에서 과도한 부담을 받는 건 아닌지 알아야 하기에 지능검사부터 서둘러 실시할 필요가 있었다. 검사 결과 특이한 프로파일이 나왔다. 언어지능에서 펠릭스는 IQ 128로 평균을 훌쩍 넘어섰다. 인지적 논리적 사고력은 평균을 보였고, 작업 기억 및 처리 속도에서는 평균 이하 점수가 나왔다. 여기에서 알수 있듯이 우리는 총체적인 IQ에 큰 의미를 둘 것이 아니라 결과들을 하나씩 따로 떼어 해석해야 한다. 펠릭스의 경우 특히 중요한 것은 언어지능은 평균 이상인 데 비해 작업 기억 및 처리 속도는 평균 이하로 크게 차이가 난다는 점이다. 펠릭스는 청력에는 이상이 없지만 청각적 단기 기억력이 현저히 떨어지고 눈과 손의 협응 coordination능력이 매우 나쁜데, 필기 숙제에서 지나치게 느린 것은 바로 그 때문이다.

임상적으로 해석했을 때, 펠릭스의 IQ 프로파일은 펠릭스가 발달적 실행장애를 겪고 있으며, 청각적 기억 보존능력이 좋지 않은 탓에 어려움이 한층 더해졌음을 뜻한다. 학교문제를 해결하기 위해서는 펠릭스의 결점을 보상補償하는 일이 시급한데, 다시 말하자면 시간을 더 주거나 과제를 줄여줄 필요가 있었다(후자가 더 좋은데, 그렇게 하면 핸디캡 때문에 고생하지 않아도 되기 때문이다). 거기에 더해 근본적으로 청각적 학습이 아니라 시각적 학습을 겨냥한 학습전략도 짜야했다. 이렇게 학습치료로 지원해주면 핸디캡에도 불구하고 그 밖에는 뛰어난 지능(!)을 지닌 펠릭스가 본래 숨어 있는 잠재력을 드러낼 수 있다.

사회적 문제를 해결하기 위해서는 심리치료 또는 더욱 특수하고 효과적인 방법으로 집단요법이 필요하다. 그렇게 해서 발달적 실행장애로 인한 2차적 문제, 즉 그 결과로 나빠진 사회성을 강화하는 것이다. 펠릭스는 실제 사회성 측면에서가 아니라 움직임 측면에서 서투른 아이로서 그런 미숙함 때문에 다른 아이들에게 쉽게 거부감을 주고, 그럼으로써 친교를 잘 맺지 못하고 그룹에서 따돌림을 당하는 것이었다. 펠릭스를 보살펴주고 학급에서 더 잘 통합할 수 있도록 돌봐줄 교사들의 도움이 절실히 필요했다. 발달적 실행장애 아동이 따돌림을 겪으면 더욱 담을 쌓거나 오히려 지나치게 애쓰느라 미숙하게 굴어 금세 악순환에 빠지는 경향이 많다.

펠릭스의 학교 성적이 나쁜 것은 너무 느리고 들은 바를 잘 기억하지 못하기 때문이다. 원래는 이해력 면에서 지능이 평균 이상이며, 어쨌든 김나지움 수준에 맞는 학생이다. 그러니까 스스로 내린 평가와 부모의 평가는 옳은 것이었다.

펠릭스에게서는 통합운동장애에 더해 탈진우울증의 모든 징후가 발견되었다. 펠릭스는 슬프고 불안하고 무기력하며, 두통과 복통이 있고 때때로 너무 절망해서 사는 게 아무 의미가 없다고 생각했다. 이와 같은 아이들을 보며 나는 번아웃 증후군이 꼭 외부의 요구에 의해서만 비롯되는 것이 아니라는 사실을 알게 되었다. 핸디캡이라는 내부의 장애물 또한 번아웃을 초래할 수 있다. 이 경우 다른 아이들보다 더 빠르게 과로하고 탈진해 마침내는 우울함에 빠지는 것이다.

치료

먼저 학교 교사들과 펠릭스의 통합운동장애에 대해 논의하는 것이 시급했다. 교사들은 펠릭스의 결점을 보상할 특별방안을 마련해야 했다. 안타깝게도 많은 교사들이 이에 대해 잘 알지 못하고 큰 부담을 느끼기도 한다. 결점 보상을 허용하면 다른 학생들에게도 비슷하게 해줘야 하지 않을까 두려워하거나, 각각의 학교법이 이를 허락하지 않을 것이라 추측하기 때문이다(하지만 그것은 사실이 아니다).

펠릭스가 학습치료를 통해 자신의 핸디캡을 이해하고 핸디캡을 안고서도 효과적으로 학습하는 법을 터득하게 된다면 탈진과 우울이 금세 누그러질 것이다. 그리고 심리치료 그룹에서는 때로는 서투르더라도 다른 아이들에게 외면받지 않고 다가가는 법을 배울 수 있을 것이다. 검사 결과를 들은 것만으로도 펠릭스는 마음의 짐을 덜었고 한결 낙관적으로 앞을 바라보게 되었다.

부모와의 면담에서는 이들 역시 최근 몇 년간 교사들에게서 방치된 기분을 느껴왔다고 털어놓았다. 그들은 최근 들어 펠릭스의 기본적인 능력에 대한 자신들의 판단을 의심했는데 아들의 근본적인 능력을 잘못 본 게 아니라는 사실에 기뻐했다. 부모 모두 집안의 경제 상황 때문에 아들을 돕지 못했다는 죄책감을 뚜렷이 내보였다. 또 늦게야 진단을 받게 된 데 대해 자책했다. 아들이 겪는 부분능력장애(통합운동장애)에 대해 아무것도 몰랐던 것이다. 그들은 이제 안심했고 이 같은 안심이라는 감정을 공유함으로써 가족이 겪고 있는 힘든 상황도 한결 가벼워졌다고 말했다.

분리불안인 샤를로테

대기실에서 샤를로테와 그애 부모에게 인사를 하는데, 샤를로테가 비판적인 눈길로 주의깊게 나를 바라보는 모습이 눈에 띄었다. 어른이란 본래 별로 믿을 만한 존재가 아니라는 눈길이었다. 내가 어머니와 아버지에 앞서 샤를로테에게 먼저 악수를 건네자 그애의 얼굴에 언뜻 웃음이 스쳤다. 그런 다음 진료 방식을 정할 때, 부모는 샤를로테가 먼저 혼자서 나와 면담하기를 원한다고 말했다. 가족끼리는 미리 합의를 보았다는 것이다.

아홉 살짜리 소녀가 먼저 혼자서 나와 면담하기를 원하다니 이례적인 일이었다. 샤를로테는 나이에 비해 정말 작고 귀여운 소녀였다. 나는 이 작은 소녀가 제법 당당하게 내 옆에 서서 진료실로 향하는 모습에 감동과 흥분을 느꼈다. 내가 문을 열고 먼저 들어가라고 양보하자 샤를로테는 다시 살짝 웃음을 지으며 우아한 동작으로 금발을 얼굴에서 쓸어넘겼다. 그러곤 책상 맞은편에 앉아 꽃무늬 원피스를 매끄럽게 폈다.

곧이어 샤를로테는 심각한 얼굴로 학교 다니기가 너무 힘들다고 설명했다. 현재 초등학교 3학년에 다니고 있는데 선생님들이 자기를 전혀 이해해주지 못한다는 것이었다. 발단은 3개월 전 수학여행이었다. 여행지에서 샤를로테는 심한 향수병에 걸렸는데 다른 아이들에게 '전염시킬' 수도 있다며 선생님들이 집에 전화를 걸지 못하게 했고, 수학여행에서 돌아온 뒤로는 수업에 집중하기가 힘들어졌다. 마음속에서 끊임없이 두려움이 이는데 무엇이 왜 두려운지 정확히 알 수가 없었다. 샤를로테는 자신의 두려움을 선생님들이 심각하게 생각하지 않았고, 그래서 수학여행 내내 엄청난 과로로 간신히 버텨내던 일이 얼마나 불쾌했는지 거듭 강조했다. 한번은 심지어 선생님 침대에서 자기도 했는데, 달리 어쩔 도리가 없었기 때문이었다.

이런 과로의 감정은 수학여행에서 돌아온 이후에도 쭉 지속되었다. 학교에 가는 날마다 두려움과 집중력 부족에 시달렸고 끊임없이 과로가 되풀이되었다. 복통도 앓고 있는데 특히 아침과 저녁에 심했다. 잠자리에 들어서는 잠을 잘 못 이루고 다음날이 두려워서 울기도 했다. 식욕이 눈에 띄게 떨어졌고(어머니의 진술에 따르면), 몸무게도 조금 줄었다.

심한 과로는 면담에서도 바로 드러났다. 샤를로테는 울음을 터뜨리더니 가까스로 진정했다. 그러고 나서 내가 자기 말을 믿어주는 것에 안도하며 깊은 신뢰를 보였다. 샤를로테가 수학여행에서 가장 끔찍했던 것은 절대로 두려움이 아니었다. 다른 친구들을 불안하게 해서는 안 된다는 이유로 자신의 감정을 억눌러야 했던 경험이었다.

샤를로테는 분명 자신의 감정을 어른들이 받아들여주지 않는 것에 배신감을 느꼈을 것이다. 물론 아이들이 불편한 감정이나 두려움을 느낄 때 그것이 그렇게 심각한 것이 아니라고 넌지시 달래주는 것도 때로는 도움이 된다. 하지만 아이 스스로 심각하다고 생각하는데도 그렇지 않다는 평가를 계속 고집한다면, 아이들로서는 자신의 인지가 완전히 잘못되었거나 아니면 믿을 만했던 어른들의 판단이 맞지 않다는 감정이 생길 수밖에 없다.

샤를로테가 왜 그렇게 나를 비판적인 눈길로 주시했는지 명백해졌다. 어른 세계에 대한 신뢰를 잃어버린 것이다. 그 결과 샤를로테의 두려움은 더욱 강화되었다. 하지만 자신의 설명을 내가 의심하지 않고 믿는다는 것을 깨닫자 샤를로테는 처음 보였던 절망을 뒤로하고 다시 마음을 추스르고 생각을 가다듬을 수 있게 되었다. 그렇게 해서 샤를로테는 어머니 또한 절망에 빠져 어쩔 줄 모르는 것 같다고 자신의 느낌을 계속 이야기해나갔다. 어머니는 태어난 지 9개월 된 샤를로테의 여동생까지 돌봐야 하고, 아침마다 두려워하는 샤를로테를 달래고 설득해 학교에 보내느라 애를 먹고 있었다. 의사로 일하는 아버지가 같이 있으면 어머니의 일이 조금 수월해지지만, 아버지도 매일같이 샤를로테를 학교에 데려갈 수 없는 처지였다.

샤를로테의 생활 환경

샤를로테는 줄곧 훌륭한 학생으로 좋은 성적을 유지하려 신경써왔다. 하지만 지금은 주의력을 잃은 것만 같고, 필기 과제를 종종 써내지 못한 것 때문에 성적이 나빠질까봐 불안했다. 그 때문에 이미 갖고 있던 두려움이 한층 강화되었다. 때때로 패닉 상태에 빠지면 그 모습이 동그랗게 뜬 눈에 그대로 드러났다. 또렷한 탈진감이 여실히 전해졌다.

샤를로테는 가족과 함께 시 외곽의 마을에서 과수원이 딸린 오래된 농가에 거주하고 있었다. 학교는 이웃마을에 있어 통학버스를 타고 다녔다. 오후에 집에서 시간을 보낼 때면 샤를로테는 기분이 편안했다. 집에서 기르는 개를 사랑하고 건넛집 친구들과 노는 것도 즐거웠다. 샤를로테는 여동생이 생기기를 무척 바랐지만 지금은 아기 울음소리에 가끔 짜증날 때가 있었다. 어머니가 자신에게 시간을 덜 내주고 종종 과로로 지친 것도 마음에 들지 않았다.

가족

샤를로테의 부모는 혼란에 빠져 있었다. 그들도 딸이 수학여행에서 얻어온 두려움을 심각하게 받아들이지 않았다고 시인했다. 그리고 이제는 모든 게 너무 늦은 것만 같았다. 아침마다 두려움에 떠는 딸을 학교로 보내는 일에 부모도 완전히 지쳤다. 샤를로테가 태어날 때까지 남편과 마찬가지로 의사로 일했던 어머니는 자신의 딸처럼 울음을 터뜨렸다. 어머니는 머지않아 샤를로테를 아예 학교에 보낼 수 없게 될까봐 두려워했다. 샤를로테의 여동생을 돌보는 것도 소홀한 것 같아 죄책감을 느꼈다. 어머니는 감정적 밑천이 고갈된 상태였다. 앞길이 막막해졌고, 원래는 둘째가 어린이집에 적응하는 대로 다시 일을 시작하려 했지만 이제는 꿈도 못 꿀 상황이 되었다. 아버지는 힘겨운 일상을 아내에게 떠넘기고 자신은 병원으로 달아날 수 있어 다행이라 생각될 때도 있다고 고백했다. 두려워하는 딸의 고집을 꺾고 학교에 데려가는 일은 아버지에게도 힘든 일이었다.

지나온 경위

샤를로테는 원래부터 기질적으로 겁이 많은 아이였다. 하지만 적절한 격려를 받으며 지금까지 유치원이나 초등학교 입학 같은 문턱을 잘 넘어왔다. 샤를로테는 학교에 가기를 좋아했고 여자애들 무리에 잘 섞여들었다. 때때로 부모는 샤를로테가 공부와 숙제를 그들이 보기에 조금 심각하게 여긴다는, 완벽주의 면모가 있다는 생각을 했다. 수학여행 중 겪은 어려움에 대해서는 나중에야 샤를로테에게 들어서 알게 되었다. 교사들과 면담해보니 이들도 상황을 분명히 잘못 평가했고 샤를로테에게 부담을 주었다는 것이 명백해졌다.

진단

심리검사 결과 IQ가 116으로 평균을 살짝 웃돌고 있었고 균형 잡힌 프로파일이 나왔다. 샤를로테는 원래부터 겁이 많은 편이고 눈에 띄게 성과 지향적인 아이였다. 9개월 전 여동생이 생기고 어머니를 누군가와 나눠 가져야 하는 새로운 상황에 놓이면서 불안 반응에 대한 면역력이 약해졌다. 그러다가 수학여행에서 이런 감정적 상황이 강화되었다. 집에서 떨어지는 것을 견뎌야 했고, 동시에 위협감을 아무에게도 드러내서는 안 되었기에 과도하게 애써야 했다. 그러자 이런 것이 마음속에서 트라우마를 일으키는 상황이 되었다. 그렇게 해서 수학여행은 트라우마로 자리잡았고 그에 따라 두려움과 과로라는 감정이 강화되었다.

샤를로테의 경우는 분리불안으로 진단할 수 있는데, 아직까지는 탈진우울증으로 발전하지 않은 상태다. 하지만 불안감이나 완벽주의, 과로 성향 등이 두드러진 이러한 심리구조가 사춘기를 맞이해 학교에서 받는 요구가 커짐에 따라 만성적인 탈진우울증으로 발전하는 모습을 쉽게 상상할 수 있다. 더 자세히 관찰해보면 지금도 이미 '본격적인' 탈진우울증에서와 똑같은 현상들을 찾을 수 있다.

치료

샤를로테는 두려움에 완전히 사로잡혀 있는 상태다. 빈도 높은, 즉 주 2회의 심리치료가 필요하다. 심리치료를 통해 두려움을 조절하는 법을 배우고, 등굣길과 학교생활을 견디는 법을 날마다 조금씩 연습하게 된다. 또한 여동생이 생기고 어머니가 지쳐 있는 가정 상황을 극복하는 법도 배우게 된다. 이러한 치료는 가정을 방문해서 구체적인 일상을 돌봐주고 부모를 지원해주는 가정치료 팀의 보조를 받는 것으로 시작할 수 있다.

학교에서의 담화를 통해 교사들에게는 치료를 보조하는 법과 샤를로테의 특정한 반응에 대응하는 법을 조언해준다. 이 맥락에서 특히 중요한 것은 교사들이 샤를로테를 데리고 수학여행에 대해 사후 논의를 하는 것이다. 이때 그들은 샤를로테에게 사과하기를 주저해서는 안 된다. 더불어 부모 면담을 실시해 어머니가 갖고 있는 막대한 죄책감을 덜도록 도와준다. 두 아이를 둔 상황에서 혹사를 덜 당하고 자기 자신도 다시 돌볼 수 있는 전략도 함께 마련한다. 경우에 따라서는 아버지도 여기에 적절히 동참시킨다.

개별 심리치료를 몇 달간 시행한 뒤에는 샤를로테를 그룹치료로 넘기는 방안을 고려해볼 수 있다. 샤를로테가 사회적 불안을 극복하는 데 도움이 될 것이기 때문이다. 샤를로테 같은 아이는 두해는 더 심리치료를 실시해 외부적 도움을 주어야 한다. 그러면 중등학교로 진학해도 잘 이겨낼 수 있을 것이다.

학습장애를 지닌 데니제

데니제는 눈에 확 띄는 아이였다. 새까맣게 염색한 머리에 한 부분은 새빨갛게 물들였고, 양쪽 귀는 물론 아랫입술에도 피어싱을 했다. 검은색 가죽 재킷에 검은색 반바지를 맞춰 입었고, 반바지 밑으로는 구멍이 숭숭 난 올 굵은 스타킹이 무거운 검은색 부츠 안까지 이어졌다. 데니제란 이름을 들으면 나는 원래 부드러움이 연상되곤했다. 그런 데니제가 나를 의심에 찬 눈으로 뜯어보며 어머니에게서 멀찍이 떨어져 앉았다.

그렇다, 데니제는 제 발로 내게 온 것이 아니었다. 그래서 나는 먼저 상황을 정리했다. 내가 어떤 종류의 의사이며 일반적으로 어떤 아이들과 청소년들이 여기에 오는지 설명했다. 데니제는 마지못해 내 이야기를 들었다. 내가 문제를 억지로 만들어내 들이밀 생각은 없다고 약속하자 데니제는 조금 긴장을 풀었다. 여기에 제대로 온 것 같으냐고 물으니 어깨만 으쓱해 보였다. 하지만 내가 계속 기다려주자 이야기를 시작했다.

데니제의 삶은 모든 멤버가 '하드로커'인 '그룹'에서의 삶과 막다른 길에 몰린 학교에서의 삶으로 나뉘었다. 그룹에서는 특히 오빠들이 잘 이해해주는 것 같고 그곳에서는 보호받는다는 기분이 드는 반면, 학교에서는 아웃사이더였다. 데니제는 게마인샤프츠 슐레(인문계와 실업계 등 다양한 교과과정을 통합한 독일의 학교 형태―옮긴이) 8학년에 다니고 있는데, 아침마다 학교에 가기 위해 일어나려면 갖은 애를 써야 했다. 어머니는 좀처럼 데니제를 제때 깨울 수가 없었다. 그 때문에 아침마다 싸움이 벌어지곤 했다. 싸움은 대개 데니제가 그대로 누워 있는 것으로 끝났다. 오전 느지막해서야 겨우 일어나면 데니제는 기분이 불쾌하고 언짢았다. 그러면 어둡게 해놓은 방에 늦은 오후까지 있다가 마침내 자신의 그룹으로 달아나곤 했다. 종종 밤늦게 술에 취해 집으로 돌아오기도 했다.

내가 있는 자리에서도 어머니와 딸 사이의 긴장이 팽팽히 드러났다. 나는 데니제와 개별 면담을 요청했고, 두 사람 모두 거기에 동의해주었다.

데니제는 어머니와 단둘이 살고 있다고 말했다. 아버지는 네 살 때 데니제를 떠났고, 그후로는 잘 보지 못했다. 아버지는 재혼해 두 아이를 두었는데 여덟 살과 여섯 살쯤 되었을 것이다. 데니제의 분노 뒤에 얼마나 큰 슬픔이 숨어 있는지 느껴졌다. 데니제는 아버지가 없어도 아쉽지 않다고 고집스레 주장했다. 그래도 있으면 더 좋을 텐데, 라고 내가 조심스레 반박하자 슬픈 눈으로 나를 바라보았다. 데니제는 어머니가 지독한 속물이라고 생각했다. 두 사람은 서로 공유할 만한 주제가 거의 없었다. 어머니는 맨날 공부하라고 잔소리만 늘어놓고, 보나마나 별 볼일 없는 인생을 살 게 뻔하다며 한탄했다.

데니제는 밤잠을 잘 못 자고 늦게 일어나는지라 하루 리듬이 완전히 뒤로 밀렸다. 원래는 학교 가는 것을 좋아했지만 한참 전부터 학교에서 어려움을 느꼈다. 아무리 애를 써도 좋은 성적을 얻지 못했다. 중등학교에 올라오고 나서 지난 3년 동안은 더욱 그랬다. 데니제는 가슴 뭉클하게 자신의 소외감을 묘사했다. 처음에는 교과 내용으로부터, 그다음에는 동급생들에게서, 그리고 이제는 온 학교로부터 소외당하고 있다고. 완전히 지친 기분을 번번이 술에 의존해 없애보려고 하지만 다음날 아침이면 기분만 더욱 나빠졌다. 그러면 슬픔과 절망에 빠져 언제라도 기꺼이 어머니와 싸울 태세가 된다. 싸울 때면 슬픔을 잠시 잊을 수 있기 때문이다. 두통과 복통이 있지만 두통이 있다고 말해도 어차피 아무도 진지하게 생각해주지 않아서 복통 이야기는 아예 꺼내지도 않았다. 데니제는 조용히 울면서 더는 못 견디겠다고 말했다. "너무 피곤하고 지쳤어요. 온몸 구석구석이 다 아파요. 커다란 검은 벽이 앞을 막고 있어요. 그냥 그대로 누워 있고만 싶어요."

이미지가 바뀌었다. 아직 한참 설익은 고집 센 소녀 로커에서 버림받고 고독한 기분에 빠진, 세상으로 들어갈 문을 찾지 못한 어린 데니제가 되었다. 데니제는 완전히 지쳤고 우울하며 열네 살 나이에도 어떻게 살아나가야 할지 막막하기만 했다.

가끔씩 그만 살고 싶은 것은 아닐까? 데니제는 부끄러워하며 소매를 걷어올리고 팔에 새겨진 오래되거나 새로운 흉터들을 보여주었다. 물론 계속 살고 싶지만 때로는 감당하기 어려울 때가 있다고 하면서. 데니제가 진료시간 막바지에 결국 속마음을 털어놓게 된 것은 우리 관계의 소중한 선물이었다. 데니제는 다음번 약속일에 만날 때까지 아무 짓도 저지르지 않기로 내게 다짐해주었다. 나는 자해에 대해 당분간은 어머니에게 말하지 않기로 약속했다. 하지만 어머니에게서도 전적으로 신뢰를 얻으려면(치료가 성공하려면 그렇게 되어야 한다), 결국에는 알릴 수밖에 없음을 데니제도 이해해주었다.

데니제의 생활 환경

데니제는 어머니와 함께 도시의 공업지구에 위치한 방 두 개짜리 집에 살고 있었다. 주말이면 때때로 작은 주말농장에 같이 가기도 했지만 '그곳의 속물'에게는 '구역질'이 났다. 데니제의 방은 청소도 안 된 채로 더러운 빨래들이 널려 있었다. 데니제는 어머니가 방에 들어오지 못하게 했다. 가끔씩 어머니가 몰래 들어와 빨래를 거둬갔지만 그럴 때마다 다툼이 벌어졌다. 방은 검은 천으로 창을 가려놓았다. 데니제는 이 어둠을, 그리고 자신의 쥐를 사랑한다. 냄새는 전혀 느끼지 못했다. 데니제는 집에서 쥐가 자신의 곁을 지켜주는 유일한 존재라고 느꼈다.

친구들, 그러니까 패거리들과는 곧잘 '시립공원에서 빈둥거리곤' 했다. 친구들은 묻지도 따지지도 않고 맥주나 '칵테일'을 건네주었고, 그러고 나면 재미있게 노는 일만 남았다. 가끔씩 남자애들이 성가시게 구는 느낌도 받았지만 지금까지는 잘 대처할 수 있었다. 나이 많은 소년들은 데니제를 일종의 마스코트 같은 것으로 여기며 사명감을 갖고 친오빠처럼 보호해주었다. 데니제는 그 점이 마음에 들었다. 하지만 그곳에서도 어쩐지 외로운 기분이 들었다.

어머니

데니제의 어머니는 절망에 빠져 있었다. 어머니는 데니제의 아버지가 떠난 뒤로 일을 많이 해야 했다. 그는 양육비를 줄 만큼 믿을 만한 사람이 못 되었다. 어머니는 언제나 데니제가 잘되기만을 바랐다! 그렇지만 자식을 위해 일하면서도 딸이 자신에게서 점점 멀어져가는 것을 알아채지 못했다. 이제 어머니는 자신의 비명조차 더이상 들리지 않았다. 하지만 아이가 말을 듣지 않고 스스로의 미래를 파괴하는데 어쩌란 말인가. 데니제가 더 노력해주기를 기대할 수는 없는 것일까.

데니제의 어머니는 늘 자기를 위한 일은 모두 뒷전으로 미루었다. 정말이지 지나치게 일했고, 종종 너무 피곤하고 지친 기분이 들었다. 수면장애가 있지만 데니제는 아무런 배려도 해주지 않았다. 최근에는 주치의에게서 번아웃에 빠졌으니 요양을 가야 한다는 말을 들었다. 그러면 데니제는 누가 돌봐준단 말인가. 다 부질없는 일이었다. 희망이 없었다.

진단

데니제를 치료하는 데 중요한 첫걸음은 잠과 수면리듬을 정상화하고 항우울치료를 하는 것이다.

데니제는 심리검사에 동의해주었다. 검사 결과 균형 잡힌 프로파일에 총 IQ* 82가 나왔다. 데니제가 느끼는 지나친 부담감과 그에 따른 탈진감이 어디에서 비롯된 것인지 명백해졌다. 데니제는 학습장애를 겪고 있었다.

IQ란 무엇인가?*

IQ는 수치 100을 표준으로 한다. 정의에 따르면 IQ 130 이상을 영재로 본다. 반대로 IQ 85 이하는 학습장애로, 69 이하는 지적장애로 규정한다. 아이들의 일상과 학교 상황에 적용하기 위해서는 백분위 점수로 환산해보면 더 이해하기 쉽다. IQ 100을 백분위 점수로 하면 50이 된다. 즉 같은 나이 또는 같은 학년인 아이들 100명 중에서 49명은 더 낫고

49명은 더 못하다는 뜻이다. 그러니까 또래집단 분포에서 딱 중간에 있는 것이다. 영재 아동은 백분위 점수가 97보다 높다. 아이들 100명 중에서 단 3명만이 더 높은 IQ를 지닌 것이다. 학습장애에서는 완전히 반대가 된다. IQ 82는 백분위 점수 8에 해당한다. 즉 인지가 더 잘 발달한 아이들이 100명 중에서 92명이나 되는 것이다. 그런 위치에 있는 아이가 게마인샤프츠슐레의 일반학급에 다닐 경우 실업계에 배치돼 있다 해도 얼마나 홀로 뒤처진 기분이 들지 쉽게 이해할 수 있다.

데니제는 맞지 않는 학습 수준으로 지나친 부담을 받았고 3년 전부터 실제로 교과 내용에서 점점 소외돼왔다. 이해하지 못하는 세계가 어떻게 보일까. 주변의 다른 사람들은 모든 것을 이해하는데 자신만 그러지 못하다면 어떤 기분일까. 데니제는 학교에서 과부하를 받으면서도 따라가기 위해 눈에 띄게 과로했고, 그 때문에 1년도 훨씬 전부터 뚜렷한 탈진우울증이 생겨났다. 우울증에다 심한 수면장애로 밤낮까지 뒤바뀌기 시작했고, 복통과 두통 같은 신체적 증상뿐 아니라 알코올의존증의 위험마저 보였다.

치료
내가 결과를 조심스레 알려주자 어머니와 딸이 같이 울었다. 데니제가 어머니보다 빨리 평정을 되찾았다. 데니제는 요리를 잘하는데, 이 점을 살리면 직업을 얻어서 훌륭하게 살아갈 수도 있지 않을까? 나는 그렇게 생각했다. 마침 북부 독일에 있는 한 직업훈련 기숙학교가 정규학업과 직업교육을 병행할 수 있는 기회를 마련해주고 있었다. 나는 지역시설의 심리전문가가 데니제를 잘 보살펴줄 수 있도록 데니제의 상태에 대한 상세한 견해와 평가를 넘겨주었다. 반년이 지난 뒤, 약물치료를 끝낸 데니제는 기숙학교에서 요리 솜씨를 뽐내고 있다고 자랑스레 이야기했다. 데니제는 주방에서는 어떤 형태의 장신구든 벗어야 한다는 점을 잘 받아들였다. 그러고 나니 어느 순간 피어싱이 별로 중요치 않게 되었다. 그래도 주말에 집에 돌아오면 다시 예전처럼 소녀 로커가 된다.

완벽주의 성향의 에밀리아

에밀리아는 첫 만남 때 보호자와 함께 오지 않았다. 내가 의아해하며 왜 혼자 왔느냐고 묻자, 에밀리아도 똑같이 의아해하며 부모가 함께 와야 한다는 생각을 전혀 못 했다고 대답했다. 그 나이에 으레 가질 법한 자율 욕구도 아니었다. 에밀리아는 이미 스스로 알아서 일을 해결하는 데 익숙했다. 에밀리아의 묘사에 따르면, 부모는 에밀리아를 무척 사랑하지만 어릴 때부터 많은 자유를 허락해주었고 무엇보다 에밀리아의 결정을 존중해주었다.

이 짧은 대화로부터 앞으로의 만남에서 가장 중요하게 다루어질 요소가 드러났다. 또한 에밀리아의 성격이 어떤지도 짐작할 수 있었다. 에밀리아는 독립심이 강하고 이성적이고 생각이 깊은데다, 상냥하고 사회성이 좋고 영리했다. 부모가 자식에게 바라는 자질은 다 갖추고 있었다. 동시에 이것은 에밀리아의 딜레마를 나타내는 것이기도 했다. 상태가 이렇다보니 반대할 게 없는 것이다. 비판할 것도 반대할 것도, 개선을 제안할 것도 없는 완벽한 아이. 에밀리아는 아동청소년정신과에 진료받으러 올 만한 이유 같은 건 상상도 못 할 소녀였다. 다만 혼자서 왔다는 사실만이 버림받고 외로운 분위기를 풍겼다.

에밀리아는 고전어 김나지움의 12학년에 다니고 있다고 했다. 학년의 전반기가 지나가고 이제는 아비투어를 치르기 위해 막바지 준비에 들어갈 시기였다. 에밀리아는 크게 애쓰지 않아도 원래부터 뛰어난 학생이었다. 에밀리아는 자신의 적성(역사와 사회)을 잘 찾아 들어갔고 중등학교에 올라온 뒤로 친구들과도 친밀하게 지내고 있었다. 에밀리아는 피아노를 칠 줄 알았고 교내 합창단에서 노래도 불렀다. 몇 해 전부터는 하키 팀에서 뛰고 있는데, 하키 팀은 학교 밖에서 중요한 대인관계를 맺는 동아리이기도 했다.

에밀리아는 주말, 특히 적어도 금요일에는 파티를 즐겼다. 남자 애들이 관심을 보여주면 기분이 좋기는 했지만 지금은 '그런 것'에 내줄 자리가 없었다. 에밀리아의 시간표는 주 36시간으로 되어 있었다. 과외활동과 숙제, 시험 준비시간까지 합치면 주당 노동시간이 총 60시간에 달했다. 단지 금요일을 파티로 보내고서 쉬는 토요일만이 휴식을 취하는 유일한 날이었다. 여전히 에밀리아는 공부가 그다지 어렵지 않고 많은 일이 즐거웠다. 또 성적에 대한 욕심

　　　　　　　　　　　　　　　　　　　　　번아웃 키즈

도 '그리 높지' 않았다. 그럼에도 모든 과목에서 성적이 1점과 2점 사이를 유지하는 데 익숙했다.

에밀리아의 생활 환경

에밀리아는 가족에 대해 자신이 4남매 중 셋째라고 설명했다. 언니 둘에 남동생이 하나 있었다. 큰언니는 지금 다른 도시에서 대학교를 다니고 있지만 늘 사이가 제일 좋았다. 작은언니와는 종종 다툴 때도 있었는데, 특히 언니가 에밀리아의 옷장에 손댈 때가 그랬다. 하지만 작은언니도 1년 전 아비투어를 보았고 곧 해외연수를 떠날 참이었다. 남동생과는 사이가 좋을 일도 다툴 일도 그리 많지 않았다. 동생은 운동을 좋아하고 친구들과 밖에 나가 놀 때가 많았다. 아버지는 성공한 변호사였다. 어머니도 법률 분야에서 일했지만, 첫아이를 낳으면서 직업을 포기하고 네 아이를 돌보는 일에 전념했다. 아버지는 주말이 되어야만 제대로 볼 수 있었다. 에밀리아는 인내심 강하고 아이들에게 헌신한 어머니를 무척 존경하고 있었다. 1년 중에서 가장 좋을 때는 온 가족이 함께 휴가를 떠나는 여름 3주간이었다.

에밀리아는 부유층 거주지인 엘베 강변지구에서 가족과 함께 큰 집에 살고 있었다. 에밀리아는 자신의 집과 커다란 정원을 사랑했다. 엘베 강과 공원이 가까워서 특히 좋았다. 가족이 기르는 개는 나이가 많이 들어서, 개와 함께 자라온 에밀리아는 곧 다가올

개의 죽음이 조금 두려웠다. 에밀리아의 방은 넓고 현대적으로 꾸며져 있었다. 옷장에는 또래 여자아이들이 원할 만한 옷이 가득 걸려 있었다. 에밀리아는 키가 큰 편이었고 단정하면서도 유행에 맞게 옷을 입고 있었다. 긴 갈색 머리는 세 갈래로 땋아서 묶었다.

내가 처음에 받았던 인상(버림받았다)이 대화를 나누면서 강해졌다. 나는 에밀리아에게서 완전히 지치고 슬픈 인상을 받았다. 에밀리아는 1년 전부터 침울한 기분이 잦아지고 갈수록 강도가 심해져 스스로도 당황한 상태였다. 몇 달 전부터는 잠도 잘 오지 않고, 까닭 없이 슬프고 의욕이 없었다. 흥미 있는 일을 할 때도 즐겁지 않았다. 에밀리아는 삶이 공허하고 힘들기만 하다고 털어놓았다. 등이 분명히 아파서 정형외과에 갔는데도, 의사는 스트레스를 덜 받도록 신경쓰라는 간결한 소견을 주며 돌려보냈다. 하지만 공허함과 탈진이라는 감정을 제어하기가 점점 어려워져만 갔다. 최근에는 보충학습 교사가 어디 잘못된 것은 아닌지 묻기까지 했다. 에밀리아는 무척 불쾌했다. 슬프고 탈진할 까닭이 전혀 없는데 말이다! 에밀리아의 삶에서는 모든 것이 잘되고 있었다. 이 말은 마치 일종의 주문처럼 들렸다.

2차 면담

두번째 면담 때는 부모와 같이 오도록 부탁했다. 부모를 만나니 내가 에밀리아를 옳게 보았음이 확실해졌다. 그들은 일상적인 갈등과 다툼은 있지만 가정생활이 만족스럽다고 이야기했다. 에밀리아는 지금까지 강건한 아이였고 스스로 알아서 잘 생활해왔다. 부모는 한 번도 참견할 필요가 없었고, 믿음직스럽게 스스로를 조절해온 딸의 능력을 신뢰했다. 그 때문에 에밀리아가 저 혼자서 나를 찾아오는 것도, 다른 의사들의 경우에도 그랬듯이 당연하게 생각했다. 하지만 부모 모두 진료에 관여하게 된 것에 기뻐하는 눈치였다. 그들도 에밀리아를 걱정하고 있었다. 학업 능률이 떨어질까 봐서가 아니라 슬픔이 딸의 마음을 우울하게 짓누르는 것이 느껴졌고, 그럼에도 별로 도와줄 길이 보이지 않았기 때문이다.

특히 아버지는 부모들의 성과 지향적인 태도가 관련된 것은 아닌지 스스로에게 묻기도 했다. 그들에게 중요한 것은 아이들이 만족하며 사는 것이고, 그러기 위해 필요한 것은 좋은 성적이 아니라 그저 각자 행복하게 살아갈 길을 찾는 것이다. 아버지 본인의 성공이 아이들에게 부담을 준다는 것을 에밀리아의 아버지도 종종 고민한 적이 있었다. 하지만 주말과 휴가 때 가족과 시간을 보냄으로써 이를 상쇄하길 바랐다. 물론 갑자기 대번에 성공을 취소할 수도 없는 노릇이었다.

에밀리아의 어머니도 현재의 삶에 매우 만족한 모습이었다. 자식들이 자랑스러웠고 사회시설에서 명예직으로 하고 있는 법률상담에도 큰 보람을 느끼고 있었다. 어머니는 '가족과 자식 프로젝트'를 늘 기꺼이 떠맡았으며 그런 헌신을 남편도 충분히 인정해준다고 느껴왔다. 다만 아이들이 지금보다 어렸을 때는, 혹시 아이를 넷이나 낳은 것은 너무 무리가 아니었을까 하고 가끔씩 생각하기도 했다. 하지만 자신의 탈진감을 드러내지 않고 언제나 홀로 삭였다. 어쨌든 이제는 아이들에 대해서도 한참 전에 '가장 힘든 고비를 넘겼으니' 어려울 것이 없었다. 하지만 에밀리아가 지금 어떤 상태인지 알게 되고서 어머니는 종종 죄책감을 느끼고 있었다. 그 원인이 자신에게도 있는 것 같았고, 딸의 증상을 제때 바르게 알아채지 못했다는 생각이 들었기 때문이다.

에밀리아는 부모와 함께 와서인지 마음이 한결 놓이는 듯했다. 그리고 책임감이란 부담에서 벗어났기 때문인지 1차 면담 때보다 더욱 큰 슬픔을 털어놓았다. 마치 둑에 금이 간 듯 계속 울면서 "더는 못 버티겠어요"라고 거듭 강조했다. 부모가 몹시 난감해한다는 게 느껴졌다. 빠른 해결책이 없기에 충분히 이해할 만한 일이다.

진단과 치료

에밀리아의 경우 진단은 명확했다. 뚜렷하고 전형적인 탈진우울증을 겪고 있는 것이다. 에밀리아도 먼저 약제의 도움으로 수면장애를 치료해 부담을 덜어주는 것이 필요했다. 14일이 지나고 나서 나는 소량의 항우울제를 포함한 약물치료를 병행했다. 이런 과정이 중요한 것은, 에밀리아의 우울증과 탈진이 너무 뚜렷해서 심리치료만 받는다면 상황을 변화시키려 다시 과로하게 될 것이기 때문이다. 에밀리아는 시급히 부담을 벗어야 했다. 그러고 나면 심층심리학적 치료의 틀에서 이후 탈진우울증에 다시 빠지지 않고 모든 요구에 대응할 수 있는 전략을 마련할 수 있다.

심리치료와 약물치료를 결합하면 에밀리아가 아비투어를 잘 통과할 수 있을 것이다. 다만 나중에, 예컨대 대학교에 들어가 자신의 삶과 공부와 일을 어떻게 성공적으로 재편성해낼 것인지는 여전히 미지수로 남는다. 왜냐하면 요구들은 앞으로도 계속될 것이고, 효과적이고 지속적인 해결책은 드물기 때문이다. 따지고 보면 탈진우울증을 겪는 에밀리아 같은 성인들도 많이 있으니까 말이다.

아이들의 공통점

나는 나이도 다르고 진단과 가정 환경도 다른 아동 또는 청소년 다섯 명을 소개했다. 이 아이들은 모두 우리 외래진료소에서 지극히 일상적으로 만나게 되는 아이들이다. 이들은 모두 번아웃을 겪고 있었다.

당연한 얘기지만, 아동청소년정신과 분야에선 훨씬 더 많은 진단명들이 존재한다. 주의력결핍 과잉행동장애ADHD, 정서조절장애, 불안장애, 자폐증, 경계성 인격장애, 우울증, 외상 후 스트레스장애, 정신증psychosis, 강박장애 등 몇 가지만 예를 들어봐도 이 정도지만, 그런 증상을 겪고 있는 아이들을 나는 여기서 소개하지 않겠다. 내가 이 점을 미리 언급하고 넘어가는 이유는 번아웃이 자의적인 진단이거나 유행을 좇아 다른 병증에 억지로 갖다 붙인 진단이라는 인상을 줄 위험을 피하고 싶기 때문이다.

겉보기에 가장 닮은 것은 안나와 에밀리아다. 바로 이들 같은 청소년을 만나면서 나는 몇 년 전부터 청소년기에도 탈진우울증이 있다는 사실을 주목하게 되었다. 이들의 경우 탈진의 감정이 절박해서 평소 우리 대부분이 겪는 바와 달리, 회복기를 지나서도 사라지지 않고 오히려 점점 자리를 넓히며 현저한 우울 상태로 발전해 재차 탈진을 유발한다. 안나와 에밀리아는 과장할 것도 없이 성적이 좋고 성과 지향적인 소녀들이다. 안나의 경우 기껏해야 능력껏 아비투어를 치르고 순리에 맡겨야 한다고 말해줄 수 있을 뿐이다.

하지만 그런 말로는 이 아이들의 딜레마가 해결되지 않았다. 스스로 원하고 재미와 성공이 보장된 공부를 전공하려는 게 뭐 그리 잘못된 일이란 말인가. '모든 길은 로마로 통한다'는 어른들의 격언은 당사자인 아이들의 귀에는 냉소적으로 들릴 수밖에 없다. 모든 일이 다 지나간 뒤에는 이런저런 다른 대안들도 있었다고 쉽게 말할 수 있다. 하지만 인생을 막 계획하고 있는 처지에서 자신이 좋아하고 재능도 있는 일을 좇아갈 수 없다면 그것은 불쾌하고 불공평한 일이다. "나도 선택의 여지가 많지 않았단다"라는 말은 틀린 말이 아니지만 그런 말로는 번아웃을 겪는 아이들의 상황이 나아지지는 않는다.

내가 정상일까

두 소녀 모두 특이한 점 없는 '정상적인' 가정에서 자라고 있었으며 가족과 일상에서 '정상적인' 갈등들을 겪고 있었다. 과거를 살펴봐도 이 아이들이 심리적으로 연약하리라는, 즉 심리질환에 걸리기 쉬운 기질이라는 신호를 찾을 수 없었다. 또한 가족으로 범위를 확장해보아도 심각하게 나타나는 정신질환의 징후가 보이지 않았다. 부모는 아이들을 적절하게 염려하며 돌보고 있었다. 에밀리아의 경우 기껏해야 부모가 독립성을 지나치게 요구하는 경향이 있다고 생각해볼 수 있는 정도. 하지만 에밀리아는 지금까지 살아오면서 이 독립성을 긍정적인 의미로 증명했고, 그래서 부모로서는 다르게 행동할 이유가 없었다. 내가 면담에 함께 오도록 초대하자 그들은 다행이라 생각하고 고맙게 받아들였다.

두 소녀 모두 스스로 뭔가 잘못되었다는 것을 알아채기까지 시간이 걸렸다. 번아웃을 겪는 청소년들에게 나타나는 전형적인 현상이다. 그들은 탈진을 자기 탓으로 돌리고 충분히 과로하지 않아서 그런 것이라고 생각해 스스로를 질책한다. 이것은 악순환을 더욱 부채질한다. 증가한 과로가 더욱 심한 탈진으로 이어져 본격적으로 불을 붙이는 것이다. 5년 전 쯤에 안나와 에밀리아 같은 아이들을 처음 만났을 때, 나는 내인성 우울증, 그러니까 외부 원인 없이 내부에서부터 생겨나는 우울증이라고 생각했다. 그래서 우울증적 증후군에 더 집중하고 예컨대 학교 같은 외적인 여건은 신경을 덜 썼다. 그러다가 점점 더 많은 환자들을 접하고서야 탈진우울증이라는 주제에 몰두하기 시작했다.

번아웃 키즈

다 타버린 마음

　탈진이라는 감정은 대개 피곤함, 집중력 부족, 짧아진 기억력, 전반적으로 축 늘어진 기분 등을 동반해서 나타난다. 이러한 감정 요소들은 우울증의 뚜렷한 증상으로도 잘 알려져 있다. 다만 고전적인 우울증에서는 이런 감정 요소들이 탈진에서 비롯하는 것이 아니라, 도리어 그쪽에서 탈진의 감정을 낳는다고 보았다. 이것은 중요하다. 어느 때는 우울증이 탈진 때문에 생겨나기도 하고, 또 어느 때는 우울증에서 탈진이 발전하기도 하기 때문이다. 각각의 사례마다 이 차이를 세심하게 관찰하고 소견을 낼 때도, 마찬가지로 면밀하게 살펴야 번아웃을 확실하고 안전하게 진단할 수 있다.

　여기서 중요한 것은, 어쨌든 탈진한 기분이 오래 지속되다보면 두 소녀의 경우처럼 불가피하게 우울증이 발전한다는 사실이다. 그애들은 슬프고 의욕이 없으며, 울 것 같고 낙담한 기분이라고 털어놓는다.

　그만큼 중요한 것이 수면장애인데, 이것은 이미 발전된 우울증의 표현이다. 수면장애는 우울증도 탈진도 강화한다. 그렇게 되면 잠자리에서 이런저런 생각들만 머릿속을 맴돌고, 그 결과 환자들은 아침에 녹초가 된 채 깨어난다. 정신적 변화라는 것이 단번에 일어나지 않는 까닭에 이 분야의 증후군에서는 심리치료를 통한 어떤 개입도 몇 주가 지나야 효력을 보이고, 따라서 신속하게 대처해서 재빨리 약물치료를 해야 질환을 고착화하는 악순환에서 아이들을 구해낼 수 있다.

탈진한 원인이 다른 아이들

외래진료소에서 안나와 에밀리아 같은 아이들을 많이 만날수록 나는 다른 정신질환과 연관된 탈진우울증에 대해 더욱 주목하게 되었다. 그런 경우로는 펠릭스와 샤를로테, 데니제가 있다. 펠릭스는 특정한 부분능력장애[*]가 있다. 인지력, 그러니까 지능에서 특정 영역의 능력이 현저하게 처지는 것이다.

부분능력장애[*]

부분능력장애는 읽기·쓰기 영역(독서장애), 셈하기 영역(계산장애), 또는 처리 속도(통합운동장애) 등과 관련될 수 있다. 중요한 것은 이 아이들의 지능이 다른 영역에서는 펠릭스처럼 평균 이상은 아니더라도 정상은 된다는 것이다. 개념에서 바로 알 수 있듯이, 능력의 한 부분이 뚜렷하게 손상되어 그 영역에서 IQ가 처져 있다. 장애가 있는 부분적 능력이 적어도 표준편차 2 이상으로 나머지 지능보다 떨어질 경우에만 부분능력장애를 인정한다. 모든 취학아동의 약 5%가 이처럼 지능의 특정 부분에서 손상이 발견된다.

펠릭스는 학교에서 배우는 내용을 빨리 파악하고 이해하지만, 글로 옮기려면 갑자기 눈에 띄게 느려지는 경우에 속했다. 구두로는 잘 따라가지만 숙제를 하려면 남들보다 오래 걸렸고 무엇보다 주어진 시간 내에 필기시험을 다 마치지 못했다. 이런 경우 아이는 어떤 기분일까. 이런 아이가 더 나아가 서투르고 어설프기까지 하다면 자긍심에 어떤 일이 생길까. 펠릭스의 마음속에서는 오래전부터 교사들에게서도 학교 친구들에게서도 이해받지 못한다는 감정이 자라났다. 그리고 그런 상황에 놓인 이들이 할 법한 행동을 했다. 부족함을 만회하기 위해 전력에 전력을 다한 것이다. 하지만 펠릭스로서는 만회가 불가능했고 매일같이 부족함을 느꼈다. 그렇게 해서 자신의 장애 또는 교사들의 대처에 대한 반응으로서 이차적으로 탈진우울증이 발전했다.

물론 아동이나 청소년이 두 가지 진단을 가질 개연성도 생각해야 한다. 펠릭스는 발달적 실행장애가 있으면서 추가로(말하자면 나란히) 우울증이 발전했을 수도 있다. 하지만 미처 발견하지 못했던 통합운동장애와 그로부터 서서히 탈진을 통해 악화된 우울증 사이에 직접적인 연관이 있기 때문에, 이른바 추가적이고 독자적으로 발생한 반응성 우울증은 가능성이 희박했다. 결국 치료과정이 탈진우울증의 문제였는지 반응성 우울증의 문제였는지 보여주었다.

먼저 교사들에게 펠릭스의 부분능력장애에 대해 상세히 알려주고 그에 따라 꼭 필요한 결점 보상을 조언하는 조처가 이루어졌다. 그뒤 펠릭스는 학습치료사의 도움을 받아 신속하게 새로운 학습전략을 짰다. 그리고 기대한 대로 성적이 나아진 만큼 더 의욕을 얻었고 학교생활에서 처음으로 적절한 성공을 경험했다. 반년이 지나자 특수한 심리치료나 약물치료 없이도 우울함이 뚜렷하게 사라졌다. 펠릭스가 소위 반응성 우울증이 아니라 탈진우울증을 겪었다는 것이 증명된 셈이었다.

펠릭스의 경우에는 학업 성취와 지능 프로파일 간의 불일치 문제를 파고드는 것이 중요했다. 탈진우울증에 집중했더라면 아무런 성과도 얻지 못했을 수도 있다. 그렇지만 이후 경과에서 치료전략이 성공을 거두지 못할 경우 대처할 수 있도록 탈진우울증도 계속 주목할 필요는 있었다.

그러면 샤를로테와 데니제는? 두 아이 모두 명백한 탈진우울증 증상을 보이지만, 번아웃으로 이끈 원인은 서로 다르다. 샤를로테는 불안에 취약한 기질 탓에 수학여행을 이겨내지 못한 아이다. 자신의 어려움이 교사들에게 무시당하자 수학여행이 트라우마로 발전했고, 그 결과 집에서도 불안이 고조되어 날마다 불안에 맞서 싸워야 했다. 학습장애가 있는 데니제의 경우처럼 꼭 학교와 관련된 것이 아니더라도, 이런 크고 엄청난 과로가 탈진의 상태로 이어지기도 한다. 다른 아이들과 청소년들도 모두 그렇듯이 이런 탈진은 언제라도 탈진우울증으로 확대될 수 있다.

불안과 우울이란 두 증상은 샤를로테 같은 나이에서는 영역을 갈라놓기가 쉽지 않다. 불안한 아이들도 절망하며 울고, 부담에 눌리고 슬퍼한다.

데니제는 감정적으로 감당하기 어려울 만큼 힘겨운 가정 환경에 괴로워하고 있었다. 이런 상황 때문에 집중적인 치료가 필요할 정도로 심한 탈진과 우울감에 빠졌다. 게다가 학습장애는 학교생활에서 과도한 부담으로 이어져 이런 어려움을 크게 가중시켰다.

오해를 피하기 위해 이 점은 말해두어야겠다. 아동청소년정신과에 찾아오는 아이들과 청소년들 대부분은 자신들의 증상과 질환으로 고통받고 있다. 그렇지 않다면 외래진료소에 오지도 않았을 것이다. 물론 특정 질병으로 고통받는다고 해서 환자들이 꼭 탈진하고 우울한 것은 아니다. 하지만 안나와 펠릭스, 샤를로테, 데니제, 에밀리아에게서 발견된 한 가지 공통점은, 탈진과 우울이라는 두 가지 현상을 모두 가지고 있었다는 것이다. 그애들 모두가 이 점을 인상 깊게 묘사했고, 그들과 만날 때마다 상태가 얼마나 안 좋은지 바로 절박하게 드러났다.

탈진우울증은 개별 사례마다 그 배경을 충분히 살펴야 한다. 개인적이고 복합적인 상황이 중요하기 때문에, 언제나 이해하려 노력하고 다가가야 한다.

하지만 나는 외래진료소에서 탈진우울증이 이처럼 심각하게 늘어나는 것을 보며 이런 결론을 내릴 수밖에 없었다. 오늘날 아이들이 생활 환경과 성장 환경, 즉 사회를 지배하는 성과주의에 고통받고 있다는 것이다. 이 원칙은 단지 외부에서 우리 아이들을 강제하는 데 그치지 않고 삶의 시작 단계부터 마음속에 내면화되어 자체 동력을 발전시키고 있었다.

이 동력은 실제 학습 및 성적 평가와 결합될 때 특히 힘을 얻는다. 성인에게 직장이 그렇듯이, 학교는 아이들에게 번아웃의 발전에서 특별한 의미를 지닌다. 아동기는 학교를 빼놓고선 생각할 수 없기 때문이다. 그런 까닭에 아동과 청소년 사이에서 탈진우울증이 증가하고 있음을 깨달은 뒤로는 당연히 아이들의 주변 환경을 집중적으로 살펴보기 시작했다. 아이들의 가족은 물론 오늘날 우리 사회의 학교생활, 전체적인 기본조건을 말이다. 내가 앞에서 각 아이들의 사례마다 그랬듯이 생활 환경을 잘 아는 것도 소견의 일부인 까닭이다.

아이들이 말하는 자신들의 삶

아동기를 자세히 들여다보면 무엇보다도 아주 다양한 현상들이 다면적으로 모습을 드러낸다. 한편에는 마음이 열려 있고 생각이 깊고 사회성 있는 아이들이 보인다. 그애들은 되도록 훌륭한 사람이 되기를 바라는 우리의 생각대로 순순히 잘 따라온다. 나는 많은 시간을 들여 적극적으로 자기계발에 힘쓰는 아이들과 청소년들을 본다. 하지만 반대편에는 또다른 단면이 있다. 바로 비상 신호를 보내는 아이들이다.

외래진료소에 오는 아이들과 청소년들이 갈수록 늘고 있다. 그들은 부모가 부모 노릇 하느라 힘겨워하는 모습을 가정에서 직접 목도하고 있다. 부모의 별거와 이혼 같은 특별한 부담도 잘 견디려 노력하고 있다. 아이들은 동시에 디지털 세계의 도전도 이겨내야 하는데, 대개 훌륭하게 극복하고 있다. 하지만 결국 엄청난 피

로감을 안고 살아가야 하고, 독일의 아이들은 그 결과 삶의 만족
도가 다른 유럽 국가 아이들보다 크게 뒤처졌다. 그런 아이들에게
서 우리가 실제로 번아웃을 진단한다고 해도 놀랄 것이 없다. 생각
해보면 살면서 부딪치는 다양한 문제들을 조화롭게 극복해서 성
공적인 일상으로 꾸려내는 일은 우리 어른들에게도 어려운 일이
다. 하지만 오늘날 아이들과 청소년들에게 그것은 지나친 피로,
즉 과로를 요구한다. 그리고 그 과로에 부딪혀 점점 많은 아이들
이 좌절한다.

　그런데 이 일상 세계란 어떤 모습일까?
　아동기는 지난 30년 동안 많이 변했다. 21세기의 아이들은 어른
들이 의견을 묻고 결정에 참여시키는 데 익숙하다. 생각이 깊고 스
스로 성찰할 줄 알며, 예전에는 할 수 없었던 방식으로 자신을 표
현할 수 있다. 예전에 우리는 아이들이 있는 자리에서도 아이들을
무시하고 이야기하는 일이 매우 잦았다. 반면 오늘날에는 아이들
과 함께 이야기를 하는 편이다. 그것은 좋은 일이다. 아이들도 그
점을 높이 사고 있다.
　그 보답으로 아이들은 자기 자신에 대해, 또 오늘날의 아동기에
대해, 가족과 친구와 학교에 대해 조목조목 정교하게 보고한다. 오
늘날의 학교에 대해서는 이 책을 통째로 할애해도 모자랄 것이다.
하지만 진단에는 상세한 소견이, 병력이 필요하기 때문에 나는 일

반적으로 오늘날의 아동기를 이루는 요소들을 다음에 살펴보기로 했다. 학교에 대해서는 따로 장을 떼어놓았는데, 학교는 우리 아이들의 삶에서 핵심적인 구성 요소이기 때문이다.

세 가지 소원

아이들에게 힘의 원천이자 든든하고 안전한 장소는 언제나 변함없이 가정이다. 가정은 (잘 지낸다면) 모든 것을 폭넓게 수용하고 보상해주어야 하는 곳이다. 그 때문에 아이들이 자기 입으로 말하는 가정생활 이야기를 우리는 귀담아듣고 진지하게 받아들여야 한다. 가정생활은 오늘날 아동기의 중요한 구성 요소다.

꽤나 긍정적인 신호는 아이들과 청소년들이 한결같이 부모를 사랑한다고, 삶에서 가족이 아주 중요하다고 내게 말한다는 것이다. 물론 내가 상대하는 아이들은 많은 경우 부모가 계속 같이 살거나 평화롭게 갈라서는 데 실패한 가정 출신이다. 어머니와 아버지가 평생 사랑을 이어나가지 못한 가정, 심리적으로 병든 부모를 둔 가정, 폭력에 노출된 가정, 또는 트라우마를 입은 가정 등등.

그래도 나는 부모 없이 청소년들과 단독으로 이야기할 때면 대화를 녹음해서 부모에게 들려주고 싶을 때가 많다. 그들의 아이가 얼마나 애정을 담아 부모 이야기를 하는지, 문제들이 얼마나 섬세하게 다각도로 비춰지고 있는지, 그리고 청소년들이(대개는 소녀들) 자신에 대한 부모의 부정적인 평가를 듣고서도 얼마나 변함없이 부모를 지지하는지.

　아동청소년 정신병학에서는 이른바 '소원검사'라는 것이 있다. "마법의 숲에 와 있다고 상상해보자. 요정이 너한테 와서 세 가지 소원을 들어주겠다고 말하는 거야. 뭘 바라고 싶지?" 나는 이런 질문을 청소년에게도 곧잘 한다. 물론 원래는 더 어린 친구들에게 하는 질문이라는 사실을 일러주면서. 대개 모든 아이들이 첫번째로 꼽는 것은 외래진료소를 찾게 만든 증상들이 없어지는 것이다. 두번째 소원은 일반적으로 이혼가정 자녀의 경우 가족이 거론된다. 대개 '모든 것이 다시 잘됐으면' 좋겠고, 어머니와 아버지가 다시 결합했으면 좋겠고, 모두들 계속 건강했으면 좋겠다는 소원과 더불어. 그리고 세번째 소원은 세상이 더 평화로워졌으면 좋겠다는 것이다. 물론 물질적인 것부터 밝히는 아이와 소원 개수 무제한을 맨 첫 소원으로 부르는 꾀쟁이도 있다. 하지만 대체로 나는 아이들과 청소년들이 진심으로 건강과 화목한 가정과 평화로운 세상을 바라는 것을 보면서 감동받았다.

　따라서 가족 일대기에 파손이 생기면 아이들에게 어떤 영향을 끼칠지 상상할 수 있다. 이에 대해서는 역사적 발전을 다룬 뒷부분에서 더 이야기할 것이다. 하지만 여기서 미리 확인하고 넘어갈 것은, 건강한 성장을 위한 기본조건에 가족의 결집이 꽤 높은 순위를 차지한다는 것이다. 이것은 이혼가정의 아이들이 심리질환을 앓을 위험이 높다는 사실을 안다면 더욱 분명해진다. 그런 아이들에게 번아웃 사례도 특히 많을까? 아직 정확한 숫자를 댈 수는 없지만 내 소견에 따르면 유감스럽게도 그런 결론이 가능하다.

이혼가정 아이들

부모의 별거나 이혼은 오늘날 산업국가의 아이들에게 정신적 질환을 일으킬 외적인, 그러니까 아이들 내부에서 비롯하지 않은 요인들 중 가장 큰 위험 요소이다. 부모의 별거나 이혼이 아이들의 정신적 안녕에 커다란 위협으로 작용하는 것이다. 독일에서는 오늘날 절반에 가까운 결혼가정이 다시 이혼을 맞는다. 물론 그런 가정에 꼭 아이들이 있는 것은 아니며, 때로는 자식들이 이미 어른일 경우도 있다. 이혼가정 자녀라고 해서 모두 심리적으로 이상을 보이지는 않는다. 하지만 중요한 것은 부모가 갈라서면 필연적으로 아이들에게 '충성심 갈등'이 야기된다는 점이다. 내가 태어난 뒤로 양쪽 모두 똑같이 사랑해온 두 사람, 서로의 사랑으로 나를 만든 두 사람이 갑자기 사랑을 그만둘 뿐 아니라 싸우고 미워하기까지 한다면 이것을 어떻게 이해한단 말인가.

당신이 양쪽 모두를 좋아하는 커플이 있다고 하자. 이들이 어느 순간 서로 말도 않고 도리어 서로를 헐뜯으며 당신을 괴롭히는 것을 상상해보라. 두 사람 모두를 향한 우정은 더이상 지탱되지 못하고 당신은 장차 어느 쪽을 포기할 것인지 결정해야 할 것이다.

이혼한 부부도 원하든 원하지 않든 여전히 부모로서 한 팀이다.

하지만 갈라선 부부가 그처럼 한 팀을 이루도록 하려면 정말 많은 공을 들여야 한다. 어떤 나라에서는 양육권을 놓고 아예 싸우지 못하도록 아이가 성년에 이를 때까지 자동적으로 양육권을 공유하게 한다. 더 나아가 캘리포니아에서는 갈라선 부모가 50마일 이상 떨어져 살 수 없게끔 규정해 부모가 아이를 바꿔 맡아도 아이가 이 상황을 잘 극복할 수 있도록 신경쓰고 있다.

앞서 언급한 '소원검사'에서 부모가 별거나 이혼을 한 아이들은 나이에 상관없이 언제나 부모가 다시 합치기를 바란다. 양육권 또는 방문권 싸움이 일어나는 경우에는 특히 견디기가 힘들어진다. 충성심 갈등은 이제 종종 아이들에게 내적인 시련으로 발전한다. 상대편을 깎아내리거나 증오를 가득 담기도 한 모순된 발언들을 부모에게서 듣다보니, 정신적으로 살아남으려면 제3의 장소가 있어야만 한다. 대부분은 심리치료를 받는 외래진료소가 그런 장소가 된다. 그곳에서 아이들은 치료사가 자기 이익 대신 오로지 환자의 정신적 건강만을 추구한다고 확신한다.

이혼가정에서 자란 성인이 그 자신도 다시 이혼할 위험이 높아진다는 것은 통계적으로 입증된 사실이다. 이런 사람들은 어떻게 하면 갈등을 극복하고 부부로 계속 살아갈 수 있는지, 또는 서로에게 계속 매력을 보이기 위해 무엇을 할 수 있고 또 해야 하는지를 부모를 통해 경험하지 못했기 때문이다.

번아웃 증후군 분야는 아직 연구의 역사가 짧아서 이혼가정 아이들이 번아웃에 더 많이 빠지는지를 조사한 수치가 존재하지 않는다. 그럼에도 이혼가정의 아이들이 추가로 스트레스 요인을 극복해야 할 처지에 있다는 사실은 분명하다.

일하는 부모

"아빠는 집에서 보기가 어려워요. 아침 먹을 때랑 주말에만 볼 때도 많은데, 주말에도 이틀 다는 아니에요. 엄마는 스트레스를 많이 받고 신경질도 잘 내요. 일을 다시 시작한 뒤로는 할 일이 두 배로 늘었다고 맨날 그래요. 그러고선 툭하면 짜증을 내요." 우리 시대의 아이들은 자주 이렇게 부모를 묘사한다.

외래진료소의 표준 질문에는 이런 질문이 들어 있다. "너는 가족에게 만족하니?" 불만을 표시하는 아이는 예외에 속한다. 아이들은 부모와 형제자매를(후자는 주로 완화된 형태로) 항상 무조건 사랑한다. 가족 안에서의 사랑은 언제나 변함없이 성공적인 발육을 위한 가장 중요한 보증이다. 때로 부모의 체감은 다를 수도 있겠지만, 이것은 사춘기를 지나 청년기로 들어서도 변하지 않는 사실이다. "엄마랑 저는 종종 다툴 때가 있어요. 그러면 정말 물고 뜯고 싸워서 아빠가(집에 있을 때가 별로 없지만 만약 있다면요) 슬그머니 자리를 피할 정도예요. 그럴 때면 우린 서로 인정사정없어요. 하지만 왜 자꾸 그런 일이 생기는지 저도 모르겠어요. 엄마를 사랑하는데 말이죠! 그러다가 가끔씩 같이 쇼핑이라도 가면, 다시 정말 재미있고 즐겁거든요. 그러다가 또 엄마는 엄청 스트레스를 받고요." 여자아이들이 전형적으로 하는 말이다.

청소년을 대하는 일을 하다보면 아이들이 부모에 대해 하는 이런저런 이야기를 녹음해서 부모에게 들려주고 싶을 때가 정말 많다. 아이들이 얼마나 애정을 담아 그들의 이야기를 하는지 보여주고 싶은 것이다. 그리고 많은 부모들이 더 자신감을 갖고, 본질적으로는 자식과의 긍정적인 관계를 믿고, 성급하게 믿음을 버리지 않았으면 하고 바라게 된다. "저는 저희 가족을 지킬 거예요. 누구라도 감히 엄마 아빠를 모욕할 순 없어요! 그러면 싸울 거예요. 엄마가 없으면 전 이 모든 걸 견디지 못할 거예요. 엄마는 늘 제 편이니까요. 아빠요? 네, 아빠는 없을 때가 많죠. 몇 번 함께 축구도 했지만, 그런 일은 진짜 너무 적었어요. 하지만 사실 저도 아빠처럼 성공하고 싶어요. 저도 언젠가는 그럴 수 있을까요? 모르겠어요." 많은 남자아이들이 내게 이렇게 말한다.

남자아이들은 보통 여자아이들만큼 말을 잘하지 못하고, 좋아하지도 않는 편이다. 또 타인의 도움을 찾는 일도 더 드물다. 그들은 늘 모든 것을 혼자서 해내야 한다고 느끼며 그런 부담을 받고 있다. 진료시간에 아버지들이 오지 않는 만큼("정신과인지 뭔지 하는 게 다 무슨 도움이 되는지 모르겠네"), 남자아이들은 이중의 압박을 극복해야 한다. 성공한 사람이 되어야 하고, 약한 모습을 보여서는 안 된다. 일하는 아버지들이 그러하듯, 자신의 부재가 아이들에게 얼마나 큰 그리움을 남기는지, 집에서 무슨 일이 일어나는지, 아이들이 무엇을 하며 지내는지, 어떤 어려움을 겪는지 잘 알지 못하는 아버지들 말이다. 바로 이 아버지들이 그러다가 난데없이 아동청소년정신과와 약속이 잡히면 깜짝 놀라 기절한다. 이들은 성과주의의 대변자이고 많은 경우 본인의 번아웃을 시급히 막느라 바쁘다. 또는 이 질환을 실패자의 몫으로 치부해 무시하고 거부하느라 바쁘다.

일하는 어머니들도 사정은 매한가지다. 다만 이들은 일이 유일하게 의미 있는 삶의 묘약이라는 자세를 적극적으로 대변하지는 않는다. 어머니들은 가족과 아이들을 위해 생활수준을 유지하려고 직장으로 나선다. 그리고 저글링 묘기를 부리듯 상이한 생활 영역들을 번갈아 떠맡으며 살림살이와 아이와 일을 연결하는 것만으로도 소진에 이르는 경우가 많다.

하지만 아무리 막으려해도 부모들은 어쩔 수 없이 우리 사회의 가치를 실천하고 아이들에게 전달한다. 성과를 지향하는 우리 사회는 가족에게 온갖 긍정적, 부정적 영향을 끼치며 작디작은 아이들의 방에까지 도달했다. 번아웃도 함께 말이다.

세 마리 토끼는 기본인 아이들

오늘날의 아동기는 학교 외의 영역에서도 학습을 당연한 일로 여긴다. 음악과 체육 같은 과목들에서 아이들을 충분히 지원해주지 못하므로, 대다수 부모들은 아이들에게 적어도 악기와 운동 하나쯤은 가르치려 애쓰고 있다. 나는 특히 가정방문 음악수업 때문에 벌어지는 다툼에 대한 이야기를 끊임없이 듣는다. 다툼의 요점은 별다른 게 아니라 부모가 아이에게 매일 '적어도 10분이라도' 연습하기를 기대하는 것이다. 비싼 돈을 줘가며 받는 수업이니까. 이런 요구는 대개 아이가 악기에 흥미를 잃는 지름길이 된다. 재능이 뛰어난 아이는 집중적인 후원이 필요하기도 해서 이런 요구를 잘 소화할 수도 있을 것이다. 이런 경우는 아이 쪽에서도 성공을 원하기 때문이다. 하지만 대개 아이가 원하는 만큼만 악기를 연습하는 것으로 충분하며, 음악 교사와 보내는 시간만으로도 충분한 경우도 많다. 물론 음악 교사가 도와줘야 한다. 그러면 나이와 발육에 따라 음악에 대한 이해가 깊어진다. 그렇지 않은 경우 이런 자극은 안 그래도 벅찬 평소의 학습량에 하나를 더 보태는 것밖에 안 된다.

우리가 오늘날의 아이들을 살피면서 중요하게 봐야 할 것은, 이 영역에서 예전에는 부유하고 학구적인 가정에만 국한되었던 경향이 이제는 보편적으로 자리잡았다는 점이다. 음악이 두뇌 발달을 촉진한다는 인식이 거의 모든 계층의 부모들에게 스며듦으로써, 아이들은 대개 일주일에 적어도 하나 이상의 약속이 생겼다. 그것이 꼭 과도하게 힘든 일이라곤 할 수 없지만, 그렇게 됨으로써 평일 일정이 확연히 달라진다. 예전에는 숙제가 끝나면 자유시간을 누렸지만 오늘날에는 과외 음악수업과 연습, 거기에다 스포츠클럽까지 기다리고 있다.

신체활동이 육체와 정신 건강에 기여한다는 인식은 음악교육이 중요하다는 인식보다 오래되었다. 그래서 오늘날 거의 모든 아이들이 학교 밖에서 한 가지씩 운동을 하고 있다. 추가된 일정이다. 한 운동에서 규칙적으로 시합이 있다면 일정은 훨씬 늘어날 수도 있다. 운동이 재미를 주는 한 당연히 반대할 이유는 없다. 하지만 재미가 있더라도 아이의 일주일 일정표가 꽉 차는 것에는 변함이 없다. 즐거운 스트레스도 스트레스를 준다. 운동에 숙제까지 더해지면 주당 노동시간이 길어지면서 부담이 생겨날 수 있는데, 이것은 어른들에게 주어지는 요구와 별반 차이가 없다.

이 문제에 대해서는 묘하게 엇갈린 평가가 공공연히 퍼져 있다. 학교는 그저 학교일 뿐 직장이 아니므로 그렇게 힘들 것은 없다는 것이다. 취미도 마찬가지다. 흔히 우리는 돈을 지불하지 않는 교육은 가치도 적고 극복하기도 쉬우며, 그리 진지하게 생각할 것 없다는 인상에 따라 행동한다. 그것은 '고작' 학교나 음악이나 운동일 뿐이다. 하지만 내용 면에서 그리고 지적, 육체적, 정신적 용량 면에서 아이도 어른과 다를 바 없다. 다른 점이 있다면, 어른이 스스로 선택했으며 기업이 직원 만족에 신경쓰는 직장에서보다 학교에서 외적 동기가 차지하는 몫이 더 높을 수 있다는 것이다. 그리고 주지하다시피 스트레스는 외부적인 요인이 상황을 주도하는 곳에서 특히 증가한다.

진동하는 스마트폰, 달라지는 속도

오늘날의 아동기는 디지털 세계에서 자란다는 것을 뜻한다. 이것은 가정에서 일어나는 많은 다툼의 불씨이자 전문가들 사이에서도 논란의 요인이다. 흔히 어른들은 디지털 세계의 아이들이라고 하면 스마트폰을 줄곧 들여다보고, 메시지를 쓰고, 컴퓨터에서 떨어지지 않는 아이들을 반사적으로 떠올린다. 그리고 대인관계에 장애가 있는 아이들의 중독되고 창백한 모습을 머릿속에 그린다. 언론이 질책하는 모습대로 말이다. 나란히 앉아 대화를 나누는 대신 자신의 기기를 만지는 아이들.

사실 우리 사회에서 컴퓨터가 청소년들에게 끼치는 영향이 위험하지 않은 것은 아니다. 아동청소년 정신병학에서는 벌써 오래전부터 중독된 아이들을 다루고 있다. '디지털 치매'라는 유령이 독일 거실에 불쑥 나타나 디지털미디어의 적절한 사용에 대한 부모들의 우려를 강화했고, 우리 아이들이 디지털미디어를 과도하게 소비하면서 갈수록 우둔해져간다고 느끼는 사람들의 생각을 편들어주었다. 어떤 부모는 아이를 되도록 오랫동안 디지털미디어에서 떼어놓는 것으로 뿌듯해하기도 한다.

아이가 태어난 뒤 되도록 오랫동안 과자류에서 떼어놓을 수 있으면 부모가 다행으로 여기던 때가 있었다. 순리에 따라 이런 아이들은 다른 집 아이 생일에 처음 초대받아 가서는 차려진 과자에 굶주린 듯 달려들고, 시간이 지나면서 용돈으로 몰래 단 과자만 사먹게 되었다. 디지털미디어의 경우도 똑같다. 그것은 우리 세계에서 (그 세계는 우리 어른들과 우리가 형성한 사회에 책임이 있다) 더이상 부정할 수 없는 요소다. 아이들을 포함해서 우리 모두는 디지털미디어를 우리 삶에 통합하고 함께 살아가는 법을 배워야 한다. 그것을 일상에서 추방하는 것은 우리 자신도 상상할 수 없기 때문이다.

디지털미디어는 그 자체로써는 당연히 악마로 매도할 수 없다. 그것은 많은 부분에서 일상생활을 편리하게 해주고 또 변화시킨다. 우리 아이들이 디지털미디어를 사용함으로써 더 멍청해지고 학교생활도 못한다는 신호는 없다. 부모들은 이 문장을 기록해서 부엌 메모판에 붙여두어야 할 것이다.

극적으로 변한 것이 있다면 자신의 인격 또는 우리의 정보가 염가 판매된다는 것과 아이들이 서로 소통하는 속도가 달라졌다는 점이다. 이것은 이제 심리치료의 주제가 되기도 한다. 청소년들의 문제는 끊임없이 메시지 도착을 알리며 깜빡이고 진동하는 스마트폰의 문제점을 그대로 보여준다. 한 번이라도 거기에 반응하지 않고 밤잠에 오롯이 신경쓰는 것의 어려움을 보여준다. 숙제의 경우도 마찬가지다. 많은 아이들과 청소년들이 아무리 멀티태스킹 multitasking에 능숙하더라도 때로는 한계가 있는 법이다. 중요한 것은 어른들이 저지하려 하면 할수록 아이들은 반발심을 느끼고, 아무리 막아도 소용없다는 것을 우리에게 증명하려 한다는 것이다. 반대로 우리가 아이들 편을 잘 지킨다면, 그리고 우리 스스로가 디지털미디어에서 떨어지려 조심스레 시도한다면 기회는 훨씬 많아진다. 그러면 잠잘 때와 숙제할 동안에는 기기를 서랍에 넣어두도록 대화를 풀어나갈 수 있다.

오늘날 아이들이 대인관계에서 장애가 늘었다는 어떤 신호도 없다. 임상경험으로 날마다 체험하는 바에 따르면 오히려 그 반대다. 아이들과 청소년들은 소셜네트워크 안에서, 이른바 온라인을 통해 친구가 지금 무엇을 하고 있는지 알 수 있다. 그것도 대개 사진으로 증명까지 받아가면서 말이다. '아날로그적'인 어른으로서는 관계의 질이 속도와 양 때문에 침해받을 것이며, 모든 것이 완전히 피상적이 되리라고 생각하게 마련이다. 아마도 이 지점에서 상기해봐야 할 것이다. 손으로 쓴 편지에서 이메일, 문자메시지 또는 다른 메신저로의 전환이 어떤 변화를 가져왔는지 말이다. 친구들과의 관계의 질이 그 때문에 정말 더 나빠졌는가?

확장된 개방성

가족들은 오늘날 전체적으로 더 고립되어 살아간다. 교류가 그리 많지 않아 이제는 이웃도 잘 알지 못한다. 이것이 우리가 관여하고 우리 모두가 영위하는 일반적인 사회적 발전이다. 그러나 관계는 줄었지만 친교와 그 의미는 변하지 않았다. 나이든 사람들은 구글의 스트리트 뷰에 찍힌 자신의 정보를 모자이크 처리하도록 신청할 수도 있겠지만 젊은 사람들은 자신의 삶을 인터넷에 투명하게 공개하는 데 거리낌 없으며, 위치추적 시스템을 사용해 친구들과 지인들이 어디에 머무르고 있고 지금 어떤 모습인지 확인하기도 한다. 이것은 자기 삶을 다루는 법과, 지금까지 친밀과 사사의 영역에 은밀히 보관되었던 것을 다루는 법이 뚜렷하게 변했음을 뜻한다. 우리는 확장된 개방을 실천하며 살고 있다. 그리고 이런 변화된 태도 때문에 병이 들거나 특정한 정신병리학, 그러니까 정신적 이상이 생겨나리란 신호는 실제로 보이지 않는다. 오늘날 아이들은 자신의 미래를 구상할 때 자기 부모나 조부모의 가치를 보수적으로 지킨다. 아이들은 좋은 교육과 좋은 직업을 원하며, 결혼하고 가정을 이루어 행복하고 만족스럽게 살기를 원한다.

낮아지는 삶의 만족도

좋은 소식은 우리 아이들 중 다수가 사회의 변화에 잘 대처하고 있다는 것이다. 하지만 걱정스럽게도 유니세프가 유럽권 29개국의 아동과 청소년을 대상으로 실시한 조사 결과(선진국 아동 현황 보고서, 2013)를 보면, 독일은 삶의 만족도를 묻는 질문에서 겨우 22위에 그쳤음을 알 수 있다. 아동복지 면에서는 6위로 스칸디나비아 국가들 바로 다음이고, 이전보다 순위가 올랐으니 그리 심각한 일이 아니라고 할 수 있을까?

　그런데 연구자에게 아동복지란 무엇일까? 이 분야에서 조사된 항목은 물질적인 복지, 건강과 안전, 교육, 행위와 위험, 주거와 환경 등이다. 그렇다면 어째서 삶의 만족 문제에서는 고작 22위인 것일까?

　반대의 경우를 보자면 그리스는 상황이 대략 반대다. 아동복지 면에서 그리스는 25위에 그쳤지만 아이들의 삶의 만족도에서는 5위에 올랐다. 여기서 당장 추론할 수 있는 것은, 삶의 만족이 복지나 물질적인 부양 및 설비와 직접적으로 연결되지 않는다는 것이다. 독일과 관련해서 보자면, 우리가 아이들에게 훌륭한 물질적 설비를 제공했지만 그에 걸맞은 삶의 만족을 전달하는 데 명백히 실패했다는 결론이 나온다. 내 처지에서 보면, 이러한 조사 결과는 외래진료소의 아이들과 청소년들에게 그토록 자주 진단되는 과로와 딱 맞아떨어진다. 내가 겪는 아이들이 처음부터 자신의 삶에 만족하지 않는 건 아니다. 가족을 포함해 모두가 처한, 앞서 기술한 과로가 필연적으로 불만족과 탈진으로 이어진 것이다.

주변 세계의 요구들

　과로와 탈진으로 점점 많은 아이들이 내 진료실을 찾고 있다. 아이들이 갖가지 요구들을 모두 따르려다보니 과로하기 때문이다. 단지 학교와 악기수업, 스포츠클럽만 해당되는 것이 아니다. 감정적인 요구들과 날마다 헤쳐나가야 하는 정보의 홍수, 한마디로 말해 온 세상이 해당된다. 어른으로서 아이들에게 바라는 가벼움은 좀체 만나기가 어렵다.

아이들은 학교에 가는 순간부터 성적이라는 요구와도 씨름해야 한다. 원칙적으로는 이상한 일도 비난할 일도 아니다. 하지만 오늘날 달라진 것은 아이들이 예전보다 성적에 대한 요구를 심각하게 받아들인다는 것이다.

이제는 부모가 내게 와서 어떻게 해야 아이가 학교를 좀 열심히 다닐지 물어보는 경우는 거의 없다. 20년 전만 해도 사정이 달랐다. 그때는 자식이 '그저 그런 삶'을 살까봐 전전긍긍하는 낙담한 부모들이 종종 오곤 했다. 지금은 주변 어른들이 흥분해가며 훈육과 처벌을 내세울 때도 꿈쩍 않다가 대개 뒤늦게야 '정신을 차린' 아이들, 특히 남자아이들의 부모들이 어떻게 해줘야 아이가 긴장과 과로를 덜 하면서 생활하고 공부할 수 있는지 알고 싶어한다.

오늘날의 아이들은 생활의 장이라는 의미에서의 주변 세계를 본질적으로 요구를 발산하는 구조로 인식한다. 흥미진진하고 긍정적인 경험을 잔뜩 기대하고 탐험할 매혹적인 미지의 세계는 없다. 이 세계는 뭔가를 기대한다. 성공과 성과, 뚜렷한 계획, 만족을 원한다. 탐험은 잘 짜인 갭이어(고등학교 졸업 후 대학 입학 전까지의 1년. 이 기간에 여행과 노동, 봉사 등 다양한 사회 경험을 쌓는다—옮긴이)로 자리를 옮겨, 아비투어를 치른 학생들은 '오리엔테

이션'이나 외국어 습득을 위해 잘 조직되고 확실하게 보증된 외국여행을 한다. 하지만 이런 투자가 헛되게도, 많은 학생들이 앞으로 무엇을 어떻게 해야 할지 모르겠다고 이야기한다. 애석한 일이다.

부모의 배려와 보살핌을 여기서 비난할 수는 없다. 부모 또한 실패자를 허락하지 않는 시스템에 편입되어 있기 때문이다. 실패하는 자는 곧바로 멀리 시스템 밖에 내던져진다. 이는 개인에게 나락처럼 보일 뿐, 대안적이고 창조적인 '다른 길'로 생각되지 않는다. 부모는 아이를 최선의 성공적인 삶으로 이끌기 위해 노력하면서도 한편으로는 아이에게 지나친 부담을 주어 소진하게 만들지는 않을까 두려워한다. "우리도 아이가 공부를 그렇게 많이 하는 건 바라지 않아요." 부모는 이런 말로 자신들도 중압감에 시달리는 아이들을 보며 괴로워하고 있다고 자신과 세상을 향해 변명한다. 동시에 이 말은 부모들 자신이 얼마나 구속되어 있고 속수무책인지 분명하게 보여준다. 속수무책이라는 감정은 나중에 더 자세히 다루기로 하자. 아무튼 속수무책인 부모는 실력 없는 정원사다. 아이들의 소진한 영혼을 다시 푸르게 되살릴 수 없기 때문이다.

핵가족의 현실

가족은 핵가족만 남은 지 오래다. 가족이 아버지, 어머니와 아이(정확히 말해 가구당 평균 1.37명의 아이)로 축소됨으로써 부담을 나누기가 어려워졌다. 부담이라니? 아이는 커다란 행운이지 부담이 아니라고 많은 이들은 말할 것이다. 하지만 정신적 현실은 다르다. 아이를 갖는다는 것은 무엇보다 먼저 포기해야 함을 뜻한다. 앞부분에서 소개한 '내' 번아웃 키드들의 이력이 이를 또렷이 보여준다. 부모 특히 어머니는 끊임없이 자신의 소망이나 권리와 욕구를 뒷전으로 미룰 각오와 능력이 있어야 한다.

핵가족은 애초에 근본적으로 독자적이다. 예부터 내려온 케케묵은 생각들로부터 해방되는 대신, 그 과정에서 이제 조부모의 경험에 기대기 힘들어지고 과로의 감정이 강화되었다. 물론 보상은 비길 데가 없다. 첫 웃음, 첫 말, 첫 걸음마, 이 모든 것이 더할 나위 없는 사례로 돌아온다. 아이가 잘 커나간다면 이처럼 큰 사례 덕분에 잠 못 자고 지새운 밤과 울부짖는 아기에 대한 기억도 사라진다. 하지만 자신의 아이가 얼마나 명랑하고 온 가족이 얼마나 행복한지 한껏 과시하는 부모가 있으면 나는 특별히 주의를 기울인다. 종종 과시 뒤에는 정말 힘들었거나 여전히 힘들다는 사실을 인정하지 않으려는 두려움이 숨어 있기 때문이다. 이런 과시는 많은 부모들이 가족은 즐겁고 행복해야 한다고 느끼고 있음을 보여준다. 심각한 아이는 곧 패배를 뜻한다. 광고를 보면 환상적인 마가린을 함께 먹는다거나 행복한 휴가를 떠나는 명랑한 가족 이미지가 곧잘 우리 앞에 그려지곤 한다.

핵가족의 정신적 현실은 다르다. 어머니들 대부분은 외부에서 주어지는 것이든 마음속에서 우러난 것이든, 되도록 빨리 직업으로 돌아가야 한다는 요구를 받는다. 거기에는 물론 경제적인 문제도 있지만 여성평등 측면이 한몫을 차지한다. 모든 어머니가 모든 아버지와 똑같이 자기실현의 권리를 갖는다는 것은 자명한 사실이다. 하지만 자기 아이의 문제에 직면해서는 아이와 부모의 요구를 어떻게 타협할 수 있을지 신중하게 저울질할 수밖에 없다. 어머니들은 번번이 내게 이렇게 말한다. 원래는 직장에 되돌아가고 싶었다고. 따라서 아이가 어떤 이상이라도 보이면 그것은 어머니 본인의 인생 설계를 방해하는 장애물이 된다. 여기에 갈등이 예정되어 있다. 그렇게 되면 아이들 쪽에서도 스스로를 방해물로 간주하는 법부터 배우게 된다.

학교가 부담을 준다

우리 시대의 아이들은 가족이나 자기 삶과 관련된 온갖 문제에 참여하는 데 익숙하다. 보통 어릴 때부터 어른들이 의견을 물어보고 결정에 참여시킨다. 그리고 학교에서도 일찍부터 자립적으로 사고하고 행동하도록 교육받는다.

그에 대한 아이들의 능력은 매우 놀랍다. 아동청소년정신과 의사로서 나는 오늘날의 아이들 혹은 청소년들과 몇 년 전만 해도 불가능했을 대화를 나누고 있다. 20년 전 아이들은 대개 부모가 대신 대답해주는 데 적응되어 있었지만, 오늘날의 아이들은 진료시간에 부모가 같이 있어도 먼저 질문받는 일에 놀라지 않는다. 아이들은 진료시간에 부모가 깊은 인상을 받을 만큼 또박또박 자신에 대해서나 학교생활에 대해 정보를 전한다. 자신의 아이가 가족이나 학교, 또는 자기 자신과 관련된 모든 주제와 문제를 정확하게 조목

조목 기술하는 모습에 부모가 감동받는 것에서 종종 첫 치료 효과가 생겨나기도 한다. 그것만으로도 부모는 아이와 함께 내게 진료받으러 와야 하는 쉽지 않은 상황에 대한 위로를 받곤 한다. 아이를 바라보는 새로운 시선이 열리고, 덕분에 가족 안에서의 긴장도 어느 정도 풀리게 된다.

나는 아이들의 이런 재능에 날마다 새롭게 열광한다. 아이들 안에 어떤 건설적인 힘이 들어 있음이 분명히 드러나기 때문이다. 하지만 아이들의 힘이 충분치 못할 때도 많다. 오늘날의 학교를 부담으로 느끼기 때문이다. 그 원인에 대해서는 뒤에서 더 다루기로 하자. 우리는 아직 소견을 내는 중이다.

일곱 살짜리 카를은 자주 머리가 아프다. 두통과 학교 사이의 연관은 금세 발견된다. 가족은 특이한 점이 없다. 카를이 말한다. "선생님이 가끔 너무 엄하신 것 같아요. 반 애들이 떠들면 선생님이 막 소리를 지르는데, 그 때문에 교실이 더 시끄러워져요. 그러면 집중이 전혀 안 되고, 머리가 아파요. 엄마는 노래를 진짜 잘 불러요. 아빠는 힘이 세고요. 여동생은 가끔씩 심술을 부리는데, 하지만 함께 잘 놀기도 해요."

학교… 불만의 토대

아이들은 자연스레 학교에 대해 많은 이야기를 들려준다. 오늘날의 학교는 일반적으로 즐겁고 편안한 배움의 장이 아니며, 소홀히 방치된 경우가 많다. 냄새나는 화장실과 폐허가 된 건물, 공간 부족 같은 외적인 문제는 제쳐놓더라도 많은 문제들이 있다.

무엇보다 교사와 학생 간의 대화가 빈번히 실패하고 있다. 학생들이 교사에게 선뜻 다가가지 못한다는 뜻만이 아니다. 학생들은 교사들이 눈높이에서 이야기하고 경청해준다는 느낌을 거의 받지 못한다. 교사와 학생의 관계는 여러모로 존경과 신뢰를 잃었다. 2014년 10월 10일자 쥐트도이체 차이퉁(독일 뮌헨에서 발행되는 일간신문—옮긴이)은 '낙제점을 받은 학교'라는 제목으로 뮌헨에서 실시한 설문조사를 기사로 다루었다. 설문조사에 따르면 학생의 과반수가 교사가 학생을 마지못해 가르칠 뿐이라고 응답한 반면, 교사의 90%는 자신의 직업 선택에 만족한다는 반응을 보였다.

어떻게 이럴 수가 있을까? 분명 학생들의 인지능력 탓이 아니라 교사들의 전달에 문제가 있는 것이다! 학습문제는 반사적으로 학생 탓으로 돌리지 교수법 때문이라고 하지는 않는다. 성적 평가가 교사에 따라 그때그때 달라지는 것 또한 매번 놀라울 따름이다. 1학년 때부터 학교생활에 실망한다면, 아이들은 학교에 적응하려 노력하느라 시간이 갈수록 과로하고 탈진에까지 이르게 된다.

그러니까, 모든 것이 학교 잘못?

아이들과 청소년들의 이야기를 들어보면 일차적으로 학교부터 변화시켜야 한다는 생각에 이를 수도 있다. 제도로서의 학교가 아이들을 탈진에 이르게 한 죄가 있기 때문이다. 하지만 이것은 짧은 생각일 것이다. 아이들은 어느 나이든 호기심이 많고 배우기를 좋아한다. 아이들이 너무 쉬운 과제를 받고 지루해지더라도 사정은 마찬가지일 것이다. 하지만 학교는 우리 아이들이 앞으로 사회에 나가 겪게 될 삶이 응축되어 있는 곳이다. 학교는 우리 사회를 여실히 비춘다. 나는 아이들과 청소년들이 번아웃에 빠지게 되는 많은 원인을 그곳에서 찾았기에 '원인'이라는 표제 아래 아이들의 학교 이력을 더 자세히 살펴볼 것이다. 하지만 한 가지는 공표하지 않을 수 없다. 바로 학교가 부담을 준다는 것이다.

학교라는 '직장'의 과도한 부담

아이들이 자신의 삶을 근본적으로 규정하는 영역, 즉 학교에 대해 보고하는 바에 따르면 이 공간은 경멸과 경시, 너무 높거나 낮은 요구들, 갈수록 늘어나는 긴장과 탈진의 감정으로 가득차 있다. 일찍부터 시작되어 어른들의 것과 구분되지 않는 이런 유사 직장생활은 집에서는 부모가 주는 공부 부담으로 보충된다. 부모로서도 어쩔 수 없거나 요구치가 높기 때문이다. 아이들과 청소년들이 들려주는 이야기는 감동적이다. 모든 아이들이 아무에게도 짐

번아웃 키즈

이 되지 않으려고 얼마나 애썼는지 느껴지기 때문이다. 아이들도 자신의 '직업'에 전념하고 싶어한다. 그것도 되도록 훌륭하게 말이다. 물론 그 대가는 과부하와 긴장과 탈진의 감정이다. 우리 아이들이 갖고 있는 중심적인 생활감정은 이 모든 요구들을 제대로 따르지 못한 채 살아야 한다는 것이다. 그리고 그것이 번아웃의 전제 조건이 된다.

압력은 물리학적으로 보면 반대압을 높인다. 운동에서는 이것이 근육의 발달로 이어진다. 압력, 즉 중량이 근육에 과도한 부담을 주지 않는 선에서 말이다. 중량이 지나치면 우세한 힘에 맞서 반대 힘을 낼 수 없으므로 전혀 아무것도 못 하거나 근육이 찢어지기 마련이다. 흔히 사람들은 무슨 일이든 하고 '빈둥거리지' 않으려면 압력이 불가피하다고 믿는다. 이것은 책임을 지지 않는 사람의 모델로, 일부 어른들에게나 맞을지 모르는 결함 있는 모델이다. 이를 맹목적으로 아이들에게 옮겨 적용하는 것은(그런 일이 자주 일어나지만) 우리 아이들에게 자기충족 예언을 해주는 꼴이 될 뿐, 아이들을 만족스러운 자기조절의 영역으로 이끌지는 못한다. 압력을 주지 않으면 세상이 와해되고 아이들이 게으르고 생활력 없는 어른이 될 것이라 가정하면서, 우리는 번아웃의 기반을 콘크리트로 다진다. 우리는 어떻게 하면 내부에서 흥미와 동기가 생겨날 수 있는지 말해주는 경험들을 방해하고, 아이들에게서 책임 인수라는 즐거운 경험도 미리부터 빼앗는다.

'훌륭한' 아이가 되려는 아이들

점점 많은 아이들과 청소년들이 탈진 증세를, 무엇보다 탈진우울증의 뚜렷한 증세를 보이며 진료실을 찾고 있다. 지금까지 성인의 직업 세계와 관련해 생기는, 어른들에게만 생기는 질환이라 여겨졌던 번아웃이 우리 아이들의 방까지 도달했다. 굳이 아이들의 방이라 말한 까닭은 청소년의 방이란 표현으로는 이 증후군을 다 수용할 수 없기 때문이다. 질병이 점점 어린 나이에서 나타나고 있으며 가장 어린 환자들은 초등학생이다.

소견을 살펴보면, 우울증이 탈진에서 비롯하는 것이며 그 반대가 아니라는 점이 밝혀진다. 이러한 탈진은 부분능력장애나 불안장애 같은 다른 심리질환의 맥락에서도 생겨날 수 있다. 어쨌든 번아웃에 걸린 모든 아이들이 보고하는 삶은 '훌륭한' 아이가 되려는 노력과 과로로 특징지어져 있다. 하지만 비범한 성과를 내야 한다는 요구가 꼭 부모에게서만 나오는 것은 아니다. 우리가 오히려 신경써야 하는 것은 싸움과 별거와 이혼이 낳은 결과들과 노동과 과로로 점철된 고독한 핵가족의 운명이다. 핵가족은 보조를 맞추지 못하는 모든 이들을 빠른 박자로 뱉어내는 포스트모던한 공장의 모습으로 나타난다. 오늘날의 디지털 세계가 고유의 높은 템포로 이러한 공정을 호위하는데, 이때 품질 보증을 위해 삼중으로 '제어된' 느림과 신중함, 또는 멈춤은 방해인자로 간주된다. 이 모두에 더해 학교의 압박이 추가된다. 아이들이 날마다 생활하는 이 장소에서는 아이의 생활 세계가 다 타버릴 때까지 계속해서 가열된다. 압력이 너무 커지고, 그러면 과압 방출 밸브로서 번아웃이 작동된다. 이 불길을 누그러뜨림으로써 적당히 따뜻한 대기 속에서 감정적이고 인지적인 학습과정과 생활과정이 가능하도록, 이러한 삶이 유지되도록 해줄 변화나 사회적 숙고는 눈에 띄지 않는다.

우리가 변화를 일으켜야 한다! 이제는 유럽에도 알려진 격언으로 말하건대, 한 아이를 키우려면 마을 전체가 필요하다. 우리 아이들은 우리 사회 전체가 돌봐야 한다. 아이들의 생활조건을 새롭게 다르게 바꾸고 완전히 뒤집어야 한다. 우리는 그래야 할 의무가 있다. 우리가 아이들을 원했고 날마다 아이들을 보며 즐거움을 얻고 있으니 말이다. 이제는 우리가 아이들에게 보답할 차례다.

번아웃이 유행이다?

: 증상이 보여주는 아이들의 민낯

번아웃은 새로운 질병이 아니다. 미디어에서는 번아웃이란 현상이 우리 시대의 새로운 질환이며 예전 사람들은 그런 질환에 취약하지 않았다는 식으로만 이야기한다. 사실이 아니다. 또한 그런 주장과 엮여 번아웃에 걸린 사람이나 아이는 '괜한 수선'을 떨고 있거나 특별히 예민하고 민감하리란 추측이 빈번히 제기된다. 이 역시 사실이 아니다.

번아웃은 옛날부터 늘 있었다. 번아웃으로 진단할 만한 증상들이 유사 이래 여러 사례에서 발견된다. 성경에도 그 증거가 나오는데, 예를 들어 구약성경 출애굽기 18장을 보면 이런 구절이 있다. "그대와, 그대와 함께한 이 백성이 필연 기력이 쇠하리니."

17세기에는 영국과 프랑스에서 심기증, 즉 건강염려증이라든가 우수憂愁(오늘날이라면 우울증이라 기술할 것이다) 등이 의학 논문에 실린 바 있다. 조지 체인George Cheyne, 1671~1743은 심기증을 'English Malady', 즉 '영국병'이라 이름 붙였다. 이 병에는 특별히 감성적이고 민감한 것으로 묘사된 상류층 사람들과 귀족이 주로 걸렸다. 하지만 그 시절에는 하층민들이 단순히 조사에서 제외되었을 뿐이라는 점을 염두에 둬야 한다.

19세기 말과 20세기 초에 마찬가지로 지위 높은 사회계층에서 주로 발견되던 신경쇠약은 탈진과 피로, 외적인 과로로 인한 인내심 저하, 불안, 집중장애 및 긴장성 두통, 신경질 등을 그 증상으로 한다. 신경쇠약은 요양으로 치료했는데, 이 치료에는 스코틀랜드인 의사 존 브라운John Brown, 1735~1788이 발전시킨 치료법이 적용되기도 했다. 이 브루노니언 의학설에는 채식과 진정제, 사혈 등이 포함되었다. 그에 더해 설사약이나 구토제도 사용되었는데, 당시에는 육체가 '정화'되어야 한다고 생각했기 때문이다.

이런 가정은 아직도 부분적으로 유지되고 있다. 오늘날에도 단식요법과 온천요법이 있으며, 장이나 방광을 거치면서 '독을 없애'거나 '노폐물을 제거'해준다는 건강보조제가 가정용으로 쓰이기도 한다. 그렇게 하면 육체를 괴롭히는 독소를 제거할 수 있다는 단순한 관념이 끈덕지게 고수되고 있는 것이다. 하지만 이는 의학적 근거가 거의 없다. 정신의학 관점에서 보았을 때 이런 생각 뒤에는 파악하기 어려운 정신적인 요소를 물질화하려는, 그러니까 고통에 '독'을 부여하려는 시도가 숨어 있다. 소진한 상태가 내 처신이나 다른 사람과의 갈등 때문이 아니라 몸 안의 독소 때문이라고 확신할 수 있다면, 몸을 정화해주는 차를 마심으로써 좀더 쉽게 벗어날 수 있다. 나쁜 것이 씻겨나가는 것이다. 그러나 고통스러운 정신적 갈등을 심리적 작업으로 해결하는 길은 훨씬 고되고 길며 지루하다.

번아웃이란 개념이 본격적으로 생겨난 시기는 1960년이었다. 그레이엄 그린이 쓴 소설 『타버린 환자A Burnout Case』에는 자신의 직업에서 점점 소진한 기분을 느끼며 우리가 오늘날 번아웃에 귀속시킬 만한 모든 증상이 발현된 어느 건축가의 모습이 묘사되어 있다. 그로부터 15년이 지나 1974년에 이르면, 미국인 정신과 의사 허버트 프로이덴버거Herbert J. Freudenberger가 자기 자신에게서 번아웃을 발견하고 이 개념을 (정신)의학에 도입한다.

그뒤로 줄곧 이 질병은 사람들의 입에 오르내리면서 거듭해서 유행에 편승한 진단이라 일컬어지고 있다. 정신의학 전문가들 세계에서는 이것이 실제로 독립된 병증인지 아니면 '고작' (직업)생활에서 겪는 괴로운 사건에 대한 반응에 불과한 것인지 오늘날까지도 의견이 분분하다.

진단은 어떻게 내려지는가

아동기와 청소년기에서 심리질환은 드문 질병이 아니다. 좋은 소식은 그것이 지난 30년 동안 늘어나지 않았다는 것이다. 다만 정신신체증은 예외인데 아마도 예전에는 간과되었던 탓이 클 것이다. 또다른 중요한 예외는 번아웃으로, 이는 지난 5년 동안 발병 사례가 엄청나게 증가했다. 그렇다, 이것이 한 가지 나쁜 소식이다. 또다른 나쁜 소식은 심리적으로 문제가 있는 아이들과 청소년들의 비율을 20~25%에서 줄이는 데 우리가 실패했다는 것이다. 물론 어떤 심리질환은 막을 수가 없다. 예컨대 청소년기에도 나타나는 정신분열증이 그렇고, 이미 언급한 내인성 우울증이나 자폐증 등도 마찬가지다.

하지만 품행장애나 반응성 불안장애, 반응성 우울증 같은 다른 정신질환들은 적어도 상당 부분 막을 수 있다. 여기서 지금 논의중인 번아웃도 마찬가지다. 어린 나이에 나타나는 탈진우울증은 막으려면 막을 수 있다. 더 정확히 말하자면, 막아야 한다. 먼저 탈진우울증을 어떻게 진단하는지, 그 이해를 돕기 위해 아동청소년 정신의학에서 진단이 내려지는 절차부터 간략하게 개관해보기로 한다.

번아웃 진단의 경우

오늘날 심리적으로 건강한지 또는 정신적으로 병들었는지는 엄밀히 확정된 기준에 따라 판가름된다. 때때로 우리 아동청소년 정신의학자들은 아이들의 심리 상태를 멋대로 과장한다고 비난받지만, 이는 쉽게 논박할 수 있다. 어떤 심리질환을 판정하기 위한 기준이 어떨 때 충족되는지 사람들이 손쉽게 찾아볼 수 있기 때문이다. 유럽에서는 이를 위해 ICD-10*(국제질병사인분류 10차 개정판)이 적용된다. F장(심리질환)을 보면 각 항목별로 특정 진단이 내려질 수 있으려면 어떤 증상들이 얼마나 오래 나타나야 하는지 규정되어 있다. 범세계적으로 정신의학자들과 아동청소년 정신의학자들은 벌써 30년 전부터 자의恣意나 문화적 특수성, 인습을 되도록 배제하기 위해 통일된 매뉴얼을 적용하기로 합의를 보았다. 미국에서는 특히 연구 목적을 위해서는 DSM-V(정신질환 진단 및

---

* 달링 H, 몸부르 W, 슈미트 MH, 슐테−마르크보르트 E, 렘슈미트 H(편저): 『심리 장애의 국제 분류』. 8차 개정판. 한스 후버 출판사, 2011.

번아웃 키즈

통계 편람)가 적용된다. 이 두 매뉴얼은 여러 증상을 평가하는 데서 여전히 차이를 보이지만, 이를 서로 맞추기 위해 국제적인 연구 집단이 애쓰고 있다.

여기서 염두에 둘 것은 심리질환과 그 분류는 사회 변화에 종속된다는 것이다. 이를테면 동성애는 벌써 오래전 진단에서 제외되었지만, 1950년대만 해도 성선호장애에 들어갔다. 바로 이렇게 어떤 성정체성을 장애가 있는, 즉 병든 것으로 분류하는 문제에서 현재는 극적인 진전이 일어나고 있다. 그래서 많은 진단들이 당사자가 그 때문에 고통받을 경우에만 내려지며, 단순히 성적 발달이나 성적 선호의 주류에서 벗어났다고 해서 진단을 내리지는 않는다.

탈락된 진단들이 있는 반면, 새로 추가된 진단도 있다. 아동기와 관련해 중요한 것으로는 정서조절장애(분열적 기분조절장애)가 있다. 이에 해당하는 아이들은 소아 시절부터 자신의 감정을 잘 조절하지 못하고 부적절하게 분노를 터뜨리며 기분이 저하되어 있다는 점에서 이상을 보인다. 변화된 관습을 보여주는 또다른 예는 반사회적 행동에 대한 평가다. 18세가 될 때까지 가게에서 좀도둑질을 한 번 이하로 저지른 아동이나 청소년은 제외된 것이다. 이로써 (일회성의) 좀도둑질은 아직 품행장애의 증상으로 간주되지 않는다.

하지만 이와 더불어 관습의 변화에도 좌우되지 않는 증상과 질환이 있다. 대표적인 예가 정신분열증인데, 이 경우에는 진단 기준이 거의 변하지 않은 채 치료 방법만 끊임없이 갱신하거나 확장되고 있다. 또한 매뉴얼에 더해 다수의 질문지가 특정 질병에 따라 추가로 투입될 수 있다. 이는 어떤 진단이 확실한지 확신할 수 없을 때 중요한 역할을 한다.

기왕증, 즉 과거의 병력과 더불어 우리 분야에서는 가족 병력이 특별히 중요하다. 아이들에게 나타나는 증후군 가운데 많은 것이 가족력을 알아야 이해하고 분류해넣을 수 있기 때문이다. 마지막으로 심리학적 검사와 신체적, 신경학적 검사가 진단법에 포함된다.

심리질환의 빈도

결론부터 말하자면 독일에서 18세 이하 인구의 22%가 심리적으로 이상을 보인다.* 정신신체증을 포함하면 여기에 5%가 더 붙는다.** 빈번한 심리질환들을 발생 빈도와 함께 제시해보면 아래와 같다(총합이 20%를 넘는 것은 이중진단 차원에서 중첩이 가능하기 때문이다).

통계는 첫눈에 정확하고 확고해 보이지만 그래도 해석이 필요

---

* 라벤스−지버러 U, 빌레 N, 베트게 S, 에어히르트 M(2007): 「독일 아동 및 청소년의 심리적 건강」, 『독일연방보건회보』 50호, 871~878쪽.

** 바르크만 C, 슐테−마르크보르트 M(2012): 「독일 아동 및 청소년에서의 정서 및 행동장애 유형−메타분석」, 『역학 및 공공건강 저널』 66호, 194~203쪽.

할 듯하다. 언뜻 보자면 높은 수치에 깜짝 놀랄 것이다. 정신적으로 건강한 아이가 거의 없어 보일 정도다. 그 때문에 먼저 분명히 짚고 넘어갈 점은 우리 아이들의 대다수(75%)는 이상 없이 건강하다는 것이다. 하지만 100%에서 이들을 뺀 나머지, 살짝 증가세를 보이는 아동청소년 집단은 심리적 이상으로 정밀한 검진이 필

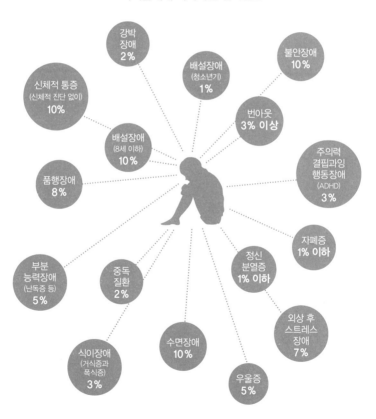

아이들에게 나타나는 심리질환

요하다. 독일 중등학교 차원에서 보자면, 재학생이 1000명인 학교라면 만전을 기하기 위해 200명이 적어도 한 번은 검진을 받아보아야 한다는 뜻이다.

그리고 이 집단에 속한 아이들 가운데 적어도 절반은 실질적인 치료가 필요하다. 상식적으로는 그럴 리가 없어 보인다. 학교당 100명씩이나 치료를 받는 일은 상상하기 어렵다. 하지만 숫자는 다른 결론을 허락하지 않는다. 이로써 심리적 장애가 실제로 얼마나 빈번한지 인상 깊게 드러난다.

번아웃 위험집단

아동기와 청소년기에 번아웃이 발생하는 빈도는 자료와 연구가 거의 없어 나는 어림값밖에 제시할 수 없다. 하지만 어림값을 내놓고, 또 그럼에도 사실에서 벗어나지 않을 수 있는 것은 내가 쌓은 임상 경험 덕분만은 아니다.

세계보건기구WHO는 2년마다 세계 여러 나라에서 11세, 13세, 15세 학생들의 건강과 건강 관련 인식을 조사하고 있는데(HBSC-연구),* 이 연구 결과는 앞서 인용한 심리질환 관련 자료들을 보충해주며 번아웃과 관련해서도 설득력 있는 자료를 제공해준다. 독일에서 실시된 최근 연구에서는 2009년과 2010년에 걸쳐 289개

* 『HBSC(Health Behavior of School-aged Children) 독일팀 보고서』(2011). 빌레펠트: WHO와 아동 청소년 건강증진센터 협동연구. http://hbsc-germany.de/downloads

학교에서 5, 7, 9학년에 다니는 총 5005명의 남녀 학생들에게 건강과 생활에 관해 다양한 질문을 했다.

이 연구에서 주관적 건강에 대한 학생들의 진술은 정신건강에 관한 자료와 대략 일치한다. 이 진술에 따르면 여학생의 86%와 남학생의 89%는 자신의 건강 상태를 매우 좋음 혹은 좋음으로 기술했다. 통상적으로 이러한 평가에서는 상위 두 범주인 '매우 좋음'과 '좋음'이 합산된다. 물론 주관적으로 볼 때 경우에 따라서는 '매우 좋음'과 '좋음' 사이에 큰 차이가 있기도 하지만 여기서는 그리 중요하지 않다.

여학생들의 진술은 나이가 15세로 올라가면서 10%만큼 악화된다. 여학생들이 주관적으로 느끼는 건강은 모든 연령대에서 남학생보다 부정적이다. 15세에 이르면 여학생의 75%만이 자신의 건강 상태를 '매우 좋음'이나 '좋음'으로 생각한다.

양쪽 성 모두에서 가정 형편과의 연관성이 엿보인다. 생활수준이 낮을수록 주관적 건강도 나쁜 것으로 나타난다.

삶의 만족도와 관련해서도 비슷한 양상이 드러난다. 16%가 자신의 삶에 만족스럽지 않다고 증언하는데, 여학생은 만족도가 남학생보다 6% 떨어진다. 만족도는 11세에서 15세로 가면서 13%가 떨어져 15세에 이르면 심지어 30%가 불만족을 표현한다.

모든 학생의 65%가 학교가 부담을 준다고 진술했으며 25%는 학교로부터 강하게 또는 매우 강하게 압박감을 받는다고 했다. 여기서는 조사 항목 중 드물게 성별 차이가 나지 않는다. 남학생과 여학생이 똑같은 정도로 압박감을 느끼는 것이다.

전체 학생의 10%가 집단따돌림(괴롭힘이 매달 두 번 이상 여러 달에 걸쳐 일어날 때를 말한다)을 당해본 적이 있다고 진술한다. 가정 형편이 어려운 여학생들이 특히 희생자가 될 위험성이 높았다. 주관적으로 강한 압박감에 짓눌리고 불만족스럽고 자신의 건강 상태에 자신이 없고, 간혹 집단따돌림까지 겪는 학생들은 모두 번 아웃 위험집단에 들어간다.

안에서부터인가 밖에서부터인가: 반응성 vs. 내인성

모든 심리질환은 '반응성'과 '내인성' 사이의 스펙트럼에서 움직인다. 정신분열증이나 중증 우울병 에피소드는 내인성으로, 그러니까 외부 요소와는 상관없이 유전적 소인 때문에 진행되는 질환으로 간주되는 반면, 반응성에는 예컨대 심각한 트라우마에 대한 반응으로 나타나는 우울증 질환 등을 분류해넣을 수 있다. 이때 당사자의 반응이 타당한 것인가 아니면 피할 수 있는 것인가 하는 질문이 제기된다. 불우한 가정 환경에서 자란 모든 아이가 심리질환에 걸리는 것은 아니지만, 그렇다고 해서 아무도 과민하다고 누명 씌울 생각은 못 할 것이다.

하지만 아이가 학교에서의 과로에, 또는 어른이 직장 일에 번아웃 증후군으로 반응한다면 우리는 이것을 과민함 탓으로 돌리려는 경향이 크다. 학교와 일은 '정상적인' 요구로, 우리가 보기에 그 정도는 각자 극복할 수 있어야 하기 때문이다. 그렇게 해내지 못하는 사람은 민감하다고, 심지어 과민한 게 틀림없다고 여겨진다. 어쩌면 이 사람이 그저 괜한 수선을 떠는 것은 아닐까? 자신의 괴로움에 너무 집착하는 것은 아닐까? '정상적인' 우울증의 경우처럼 그럴 만한 유전적 소인이 있는 것도 아니잖은가 말이다 등등. 질병을 그 때문에 덜 심각하게 여겨도 될까? 나는 그렇게 생각하지 않는다!

따라서 나로서는 번아웃이라는 진단을 지적하는 일이 특히 중요하다. 현재 통용되는 분류체계(예컨대 ICD-10)에서는 이러한 '안에서부터인가 밖에서부터인가'의 구분이 치료를 위한 결과를 도출할 목적으로 중증도에 따라서만 이루어지기 때문이다. 이름에서 짐작할 수 있듯이 반응성 우울증reactive depression은 언제나 뭔가에 대한 반응으로서 괴로운 환경조건의 결과일 때가 많다. 누군가 사랑의 아픔을 겪고 이 아픔을 적절히 극복하지 못할 때 이러한 것이 갑작스레 생겨날 수 있다. 아이들은 가까운 친척이 죽거나 부모가 갈라설 때도 이런 형태의 우울증으로 반응할 수 있다. 여기서 중요한 것은 아이가 괴로운 사건에 대해 보이는 급성적 반응이 언제나 정상적이고 적절하다는 것이다. 단지 그런 반응이 너무 오래 계속될 때에만, 예컨대 아이가 할머니의 죽음을 끝내 이겨내지 못하거나, 여학생이 남자친구 생각에서 헤어나지 못하고 그 때문에 우울에 빠졌을 때에만 반응성 우울증으로 진단한다.

내인성 우울증endogenous depression은 이에 반해 외부 사정과 관계없이 발전하는 질환이다. 여기서는 유전적인 영향이 크다. 유전이 반응적 형태에서보다 큰 역할을 하며 우울증이 내생적으로, 즉 '안에서부터' 생겨난다.

이 두 형태의 우울증은 어떻게 구분되는가? 연구하는 의사들도 중요하게 보는 기준은 일일 리듬과 수면장애다. 반응적 형태의 우울증이 아침에 '새로운 하루, 새로운 기회'라는 고조된 기분으로 출발했다가 저녁이 되면 다시 불쾌한 하루를 결산하고선 잠을 못 이루고 잡생각에 빠지는 것으로 끝나는 반면, 내인성 우울증을 겪는 사람은 아침에 잔뜩 우울한 기분으로 깨어났다가 저녁때는 기분이 나아져 심지어 때로는 아무 이상도 없어 보이고 잠도 잘 든다. 하지만 이들은 밤중에 잠을 깨서는 다시 잠들지 못하고 괴로워한다.

이 두 가지 형태의 우울증이 보여주는 차이는 중요한데 대략 다음 같은 규칙이 있기 때문이다. 즉 우울증이 반응적일수록, 환경에 종속될수록 심리치료로 치료의 실마리를 풀어나가기가 쉽다는 것이다. 아동기 또는 청소년기에 사랑하는 사람을 잃은 경우를 예로 들자면, 당사자에게 슬픔을 다르게 극복하고 이겨내는 법을 가르치는 쪽이 중요하다는 사실을 봐도 분명히 알 수 있다.

하지만 우울증이 언제나 심리치료로 치료되는 것은 아니다. 이는 우울증의 중증도에 달린 것으로, 치료사가 심층심리학을 지향하든 행동치료로 조처하는 쪽이든 상관이 없다. 환자가 우울증에 포로처럼 사로잡혀 있다면 어떤 심리치료도 좌절감을 강화할 뿐 도움이 될 만큼 빨리 효과를 보이지는 못할 것이다. 그런 경우에는 물론 심리치료도 즉각 시작해야 하겠지만 처음 반년은 약물치료가 동반돼야 할 것이다.

번아웃 또한 반응적이다. 그런데 청소년들이 어디에 반응하는 것일까? 우리 아이들을 병들게 하는 유발인자가 분명 있을 것이다. 하지만 우리가 진단을 제대로 내리지 못하고 있는 한, 원인을 연구하는 것 역시 이와 같은 책들의 몫이다. 그렇지만 우선 나는 번아웃 진단이 그렇게 주저되는 이유부터 살펴보고자 한다. 우리 의사들이 사실을 직시하는 것을, 대체 무엇이 방해하는 가?

아이들은 무엇을 앓는 것일까?

아동청소년 정신의학에서 번아웃 현상은 오늘날까지도 제대로 인지되지 못하고 있다. 이 질병이 실제로 얼마나 넓게 퍼져 있는지 조사해야 할 것인가, 어른에게 나타나는 형태와 차이점이 있는가, 또는 성인 연령에서 나타날 번아웃의 예비 증상인가, 번아웃 키드가 자동적으로 번아웃 성인이 되는가 등등이 최근 들어서야 전문가들 사이에서 그나마 토론되고 있는 실정이다.

어째서 아동청소년 정신의학자들은 아동기와 청소년기에서의 번아웃을 지금껏 인지하지 못한 것일까? 이 질문에는 두 가지 답이 있다. 첫번째는 실제로 이 질환이 최근 10년 사이 아동기와 청소년기로 앞당겨져 들어왔다는 것이고, (아직까지 확인된 바로는) 예전에는 이 나이에서 덜 일어났거나 거의 일어나지 않았다는 것이다.

진단이 어려운 점은, 이 역시 관습이 있어서 분야를 막론하고 의사가 새로운 것을 발견하거나 기술하기가 쉽지 않다는 것이다. 결국 의사는 자신이 잘 알고 있는 증상과 질병만 예상하게 된다. 게다가 증상으로 보면 번아웃은 별문제 없이 불안장애나 우울증, 주의력결핍 과잉행동장애 같은 다른 진단 범주로 분류할 수 있다. 나 또한 비슷한 증상이 반복해 나타나고 이 질병의 심각함을 확인하고서야 아이들에게 탈진우울증이라는 새로운 현상이 불거지고 있음을 확신할 수 있었다. 처음에는 나도 자신에게 기대치가 너무 높은 과민한 청소년들이라고 판단했었다. 그들에게는 지금이라도 용서를 구해야겠다.

번아웃을 '간과'하는 두번째 원인은 전통적으로 성인 연령의 특정한 심리질환은 아동청소년 정신의학에서 나타나지 않는다고 믿는 데 있다. 물론 그런 생각이 맞는 진단도 있다. 10세 이전의 치매나 정신분열증이 그런 예다. 1960년대에는 아동기와 청소년기에서 우울증 빈도가 1%로 나타났지만, 오늘날에는 평균적으로 8%라고 알려져 있다. 여기서도 두 가지 설명이 모두 옳을 것이다. 아마도 예전에는 우울증이 아이들에게 실제로 더 드물기도 했을 테지만, 간과되는 경우도 적지 않았을 것이다.

어른들은 흔히 아이들은 모든 것이 더 작고 더 가볍기 때문에, 너무 심각하게 여길 것 없다고 생각한다. 하지만 오늘날 자폐증과 같은 심리질환이 아동기에 더 많이 진단되는 것은 단지 더 자세히 살피기 때문은 아니다. 성인 연령에서 겪는 질환이 조기에 확인되는 것으로 생각해야 한다.

우리는 예나 지금이나 아이들과 청소년들이 어느 정도까지 심리적으로 병들었는지 인정하려 들지 않는다. 최근에 내가 물건을 사는데 판매원이 물었다. 16세짜리 아들이 '우울하다고 주장'하는데 이것이 무슨 뜻이냐고 했다. 그의 속마음에는 '절대로 그럴 리가 없지!'라는 생각이 깔려 있었다. 아들이 우울하다고 '주장'한다는 표현만으로도 무고에 해당하는데, 왜냐하면 거기에는 아들이 (아마도 주목을 받거나 학교를 빠질 목적으로) 어떤 것을 내세울 뿐이라는 뜻이 담겨 있기 때문이다. 자동적으로 반사작용이 일어났을 것이다. 절대로 그럴 리가 없지!

유년과 청춘은 우리의 (희망적인) 생각에 따르면 절대적인 건강과 안녕과 행복이 보장된 시절이다. 우리가 아동기를 행복하고 근심 없는 시절로 보존하려 애쓰다보니 현실을 바라보는 시선도 막혀버렸다. 아이들도 근심이 있다는 사실 말이다. 아이들은 행복하기만 하지 않다. 사색적이기도 하고, 명랑하지만 슬프고 절망도 한다. 아이들은 어른들의 모습을 고스란히 지니고 있다. 가공 메커니즘이 조금 다르고 세상에 대한 이해가 다를 뿐이다. 그 때문에 밖에서 혹은 '위'에서 보면, 마치 더 가볍고 작고 근심 없어 보이는 것이다.

아동기가 어른들의 삶과 똑같이 아름답지만, 또한 똑같이 버겁다고 인정하는 것이 뭐 그리 잘못된 일이란 말인가.

번아웃을 겪는 아이들과 청소년들이 점점 많아진다면, 혹시 아이들이 변해서 더 민감해지고 면역력이 약해진 것일까? 이 질문은 내게 특히 중요하다. 왜냐하면 아이들 자체가 변해서, 그러니까 정신적 질환에 더 잘 걸리는 체질이 되었을 리 만무하다고 생각하기 때문이다. 그렇다는 어떤 신호도 없다. 따라서 원인은 주변 환경에 있을 것임이 틀림없다. 환경이 탈진우울증 환자의 수가 늘어나는 데 영향을 미칠 것이다. 그렇다면 오늘날 우리 세계에서 무엇이 그토록 아이들을 지치게 만드는 것일까?

우리 아이들은 확실히 좋은 환경에서 자라고 있다. 이제까지 어머니와 아버지가 자신의 아이를 이토록 열심히 보살핀 적이 없었다. 비록 아동 방임 사건이 번번이 우리의 경각심을 일깨우기도 하지만, 전체적으로 보면 이런 사건은 드물게 일어나고 있으며 예컨대 성범죄 관련 아동 살해만 해도 1970년대 이래 줄어들고 있다. 공격적 행동과 폭력을 막기 위해서 학교와 여타 공공시설에서 실시하는 많은 프로그램이 효과를 보이고 있고, 여러 관청의 폭력 예방 위원들이 성공적으로 일하고 있어 지난 수년간 청소년이 범한 폭력행위가 더 늘어나지 않았다.

우리 아이들이 오늘날 더 좋은 부양을 받고, 더 잘 보호되고 있으며, 전체적으로 더 나은 보살핌을 받는다는 것은 수많은 자료들이 증명해준다. 그렇다면 아이들은 무엇을 잃는 것일까?

이전과 달라진 조건

30년 전쯤 젊은 수련의로 아동청소년 정신의학에 발을 들였을 때, 나는 우리의 조처가 환자들의 증상과 질병을 뒤늦게 쫓는다는 인상을 자주 받았다. 부모들이 진단과 치료를 위해 너무 늦게 병원에 왔던 것이다. 거기에는 여러 가지 원인이 있었다. 한편으로 부모들은 심리질환과 그 치료 가능성에 대해 정보가 부족했고, 다른 한편으로는 아이들의 증상을 진지하게 여기지 않았다. 그들은 요즘 부모들처럼 아이들을 눈여겨 살피지 않았고 게다가 모든 문제가 '커가면서 바로잡히리란' 희망에(때때로 소아과 의사들이 그런 생각을 뒷받침한다) 빠져 있었다.

많은 부모들, 특히 아버지들은 훨씬 가혹했던 자신들의 전후 시절 아동기와 비교하면서 이 정도 어려운 생활 환경쯤은 자식들에게 문제될 게 없으리라 생각했다. "아버지한테 좀 맞았다고 해서 제가 잘못된 건 없었단 말이죠!" 내가 숱하게 접했던 말이다. 내가 해야 했을 대답은 "확실한가요?"였다. 어떤 사람이 특정한 상황을 견뎌내고 또 살아남았다는 사실과 그 사람이 대신 정신적으로 어떤 대가를 치러야 했는지는 별개의 문제다. 본인이 엄격하게 훈육받은 바로 그 아버지들이 자기 아이도 엄격하게 대해야 한다고 당시에는 생각했었다.

아동청소년 정신의학의 완고한 검진과 치료, 세심한 주의가 없었더라면 주의력결핍 과잉행동장애나 자폐증, 정서조절장애 같은 많은 진단들이 이렇게 인정되고 좋은 뜻에서 확정되지 못했을 것이다. 오늘날에는 아이가 정신질환을 의심케 하는 어떤 증상을 보인다 해도 간과될 우려가 없다. 부모가 전문의를 찾아가길 꺼려하지 않는다면 말이다. 언급한 진단들이 아동청소년 정신의학에서 일상적인 것으로 자리잡은 반면, 번아웃은 아직 완전히 초기 단계에 있다. 그 때문에 이 책을 써야 하는 것이다. 우리 모두가 아동기에 새로 나타난 이 병증에 민감해져야 하는 것이다.

염려하는 부모

오늘날 내가 일반적으로 상대하는 부모들은 간과하는 부모가 아니다. 그들은 염려하는 부모다. 자기 아이의 증상에 신경쓰고 긴 대기시간에 당연하게도 불만스러워한다. 오늘날 부모들은 아이를 아동청소년정신과 의사에게 데려가는 데 예전보다 불편함을 훨씬 덜 느낀다. 아동청소년정신과 전문의는 다른 의사들과 다름없이 가족에게 봉사하는 의사가 되었다.

하지만 나를 열린 마음으로 선입견 없이 대하는 문제에서 어머니와 아버지는 여전히 차이를 보인다. 일반적으로 아버지들은 면담에 잘 오지 않고 더 비판적이다. 이것은 성별에 따라 정형화된 특징으로, 사회 일반에서도 발견된다. 남자들은 감정을 더 두려워해서 말로 잘 드러내지 않고 또 드러내길 힘들어한다. 그리고 자기 아이의 문제와 증상을 가볍게 여기는 경향이 어머니들보다 뚜렷하다. 아버지들은 오히려 어머니들이 과장을 일삼고 문제를 실제보다 나쁘게 부풀린다고 의심한다. 하지만 내가 아버지도 같이 와서 가정문제에 동참해주길 요구하면 대부분은 그들과도 만남이 이루어진다.

아동청소년정신과 의사로서 나는 오늘날 일찍 찾아오는 부모를 보면 반갑다. 실습기간 초기에는 소아과 의사의 처지가 무척 부러웠는데, 그들은 "아이를 잘 데려오셨습니다. 하지만 걱정하지 마세요. 별문제 아닙니다!"라고 하루에도 몇 번씩 말할 수 있기 때문이었다. 반면 오늘날에는 나도 검진하고 나서 안심하며 부모와 아이를 집으로 돌려보내는 경우가 실제로 일어난다. 나로서는 검사가 '헛수고'가 되기도 하는 편이, 예전처럼 이미 만성화된 증후군의 뒤꽁무니를 쫓아다니며 치료하는 것보다 훨씬 낫다.

물론 염려가 지나쳐 아이를 홀로 놓아두지 못하는 부모도 있다. 자신들이 뭔가 간과하거나 아이에게 나쁜 일이 닥칠까봐 불안해하며 항상 아이 위를 맴도는 '헬리콥터 부모' 말이다. 분명히 말하자면 그들은 소수이며, 일반적인 시대정신을 나타내는 현상이 아니라 훌륭하다고 칭해야 마땅한(!) 발전의 극단에 불과하다.

오늘날 아이들은 더 주목받는다. 더 존중받고, 더 고려되며, 훨씬 당연하게 동등한 가족 구성원으로 간주된다. "넌 아직 이해 못해" 같은 말은 이제 들리지 않는다. 오히려 아이 쪽에서는 전혀 귀기울이지 않는데도 어떻게든 아이에게 복잡한 사정을 설명하려는 필사적인 시도까지 눈에 띈다.

물론 너무 일찍부터 아이에게 되도록 모든 결정을 떠맡기는 것도 폐해가 될 수 있다. 예를 들어 세 살짜리 여자아이가 아침마다 무슨 옷을 입어야 할지 몰라 분노와 부담을 느끼며 옷장 앞에 서 있다면 말이다. 하지만 나는 이런 대가를 기꺼이 치르고 어머니와 아이가 자기결정의 덫에서 나오도록 도울 것이다. 아이가 다른 경우에는 더 존중받고 더 염려받는다는 보장만 있다면 말이다. 어쨌든 여러 동료들이 주장하듯이 폭군 같은 아이들은 보이지 않는다.

아동청소년 정신의학의 발전

아동청소년 정신의학 분야 또한 긍정적으로 변했다. 예전에는 심지어 소견서를 직접 가족을 향해(아이들과 청소년들은 고사하고) 작성하지 않는 것이 통상적이었다면, 오늘날은 해당 가족이 서류를 열람할 권리를 가지며 소견서를 집으로 배달하는 일이 당연하게 되었다. 최근 나는 소견서를 작성할 때 수신인 호칭에도 부모 대신 아이들의 이름을 기재하는 쪽으로 바꾸었다. 그 결과 나를 향한 환자의 신뢰와 관계의 질이 한층 개선되었다고 느끼고 있다.

또한 예전에는 어느 정도 두려움의 대상이었던 입원치료에서도 좀더 편안한 관계로 나아졌다. 예전에는 공격적인 아이들을 격리하고 진정시키기 위해 타임아웃 공간이 필요했지만, 지금은 그런 곳이 별로 없다. 환자를 대하는 전문적인 대처법이 변했기 때문이다. 환자가 처음부터 치료에 함께 관여하고 우리가 되도록 모든 일을 환자와 함께 환자가 위임한 대로만 처리한다고 느낀다면, 반항할 일도 적고 입원생활 규칙들을 적대적으로 느끼지도 않을 것이다. 물론 오늘날에도 청소년들이 때때로 그렇게 느끼리란 점은 부인할 수 없다.

아동청소년 정신의학과 심리학의 많은 지식들이 아이들의 일상에까지 영향을 끼치고 있다. 부모뿐 아니라 우리 모두가 아이들을 올바로 다루기 위한 지식이 눈에 띄게 늘었고, 인터넷이 이 방면에서 많은 가족들에게 양육 조언자가 되고 있다. 정보를 갖춘 환자들, 즉 첫 면담 이전에 벌써 정보를 잘 갖춘 가족의 수가 기쁘게도 많이 늘었다. 그리고 많은 학교 행사들 덕분에 학생들도 주요 심리 질환에 대해 알게 되었다. 그리하여 지금은 청소년들이 이메일로 미리 문의하거나, 자신이 치료받는 시간을 틈타 친구를 데려오는 일도 심심찮게 일어난다.

아동청소년정신과 의사라는 직업을 수행하면서 나 스스로 느끼는 즐거움과 동기가 지난 몇 년간 뚜렷이 상승했다. 우리는 불가피해 보이는 경우에만 되도록 눈에 띄지 않게 몰래 다가가야 하는 의학계의 천덕꾸러기에서 벌써 오래전에 벗어났다. 아이들을 대하는 태도가 긍정적으로 발전한 덕분에 우리 직업군도 음지에서 상당히 벗어났는데, 이것은 또한 우리 사회가 아이들에게 바치는 주의와 존중의 간접적인 표시이기도 하다. 이것은 정말 훌륭한 발전이다! 소아정신의학자들이 사람들의 주목에 기뻐서가 아니라(오히려 우리가 쓸데없는 직업이었으면 좋겠다), 아이 때 정신적으로 이상을 보이고 병드는 것이 더는 수치가 아니기 때문이다. 이제 우리는 이런 인식의 발전을 아동기와 청소년기에서의 번아웃에서도 계속 이어나가야 한다. 한 무리의 아이들과 청소년들이 심리적으로 병든 채 전문 분야에서나 사회에서나 몇 년씩 뒤늦게 인지되는 일이 또다시 있어서는 안 된다.

아이들이 겪는 번아웃 증상들

대체로 모든 것이 긍정적으로 발전하고 있다. 전문 분야 일반도, 질환에 대한 주목도 그러하다. 그런데 번아웃 증상들은 어떻게 발현될까? 무엇이 나를 주목하게 만들었을까?

소진 상태는 뚜렷하고 지속적인 탈진을 동반하며, 탈진은 시간이 지나면서 능률의 감소로 이어진다. 또한 일반적으로 다른 증상

142   번아웃 키즈

들도 여기에 덧붙는다. 그 증상은 경련이나 두통, 요통, 복통 같은 정신신체적 통증일 때도 있다. 이런 통증은 신체를 돌아다니며 이 부위로 갔다가 저 부위로 갔다가 하기도 한다.

친한 치과교정의가 내게 이야기해주기를, 몇 년 전부터 6세에서 9세 사이의 어린 환자가 늘고 있다고 한다. 어떤 아이들은 밤중에 이를 심하게 갈아서 마우스가드를 처방받는데, 이 같은 이갈이가 아이들이 받는 스트레스의 표현일 것이라고 그 의사는 추정했다. 이 또한 예전에는 어른들에게만 나타나던 현상이다. 더 정확히 말하면 스트레스를 받은 어른들.

아이들과 청소년들의 스트레스 증상에 대해 갈수록 많은 이야기를 들려주는 또다른 전문의 집단은 정형외과 의사들이다. 그들은 특히 요통을 앓고 있지만 신체기관에서는 원인이 발견되지 않는 청소년들을 자주 만난다. 아무도 스트레스를 원인으로 지목해내지 못하는 한, 급한 대로 물리치료로 넘기는 것도 그럭저럭 효과가 있기는 하다. 외래진료소에서 나와 함께 일하는 어떤 물리치료사는 내가 처방한 도수치료(수술없이 손이나 도구를 이용한 치료법—옮긴이)에 늘 마사지를 결합하는데, 그러면 환자들이 통증을 덜고 떠나는 모습을 흐뭇하게 볼 수 있다고 했다.

스트레스는 아이나 어른이나 지치게 만든다. 거기에서 비롯한 탈진이 오래 지속되면 탈진우울증이 완전한 형태로 자리잡을 수 있다. 하지만 얼마나 오래 지속돼야 하는지는 딱 잘라서 말할 수 없다. 사람마다 아이마다 다르기 때문이다. 탈진이 시작된 지 몇 주 만에 우울증 증상으로 발전하는 아이가 있는가 하면, 몇 달이 지나서야 반응하는 아이도 있다.

탈진우울증 증상

- 침울한 기분
- 욕구 부재(냉담) 또는 욕구 감소
- 흥미 상실, 즐거움 상실
- 집중력과 주의력 감소
- 자긍심과 자신감 감소
- 두통이나 복통 같은 정신신체적 통증, 유동성 혹은 비특이성 통증
- 수면장애
- 식욕 감소
- 죄책감
- 비관주의, 저하된 기분과 슬픔
- 자살 생각, 자해 또는 자살행위

이 목록에서 유의할 것은 이 증상들이 어떤 순위에 따라 나열한 것이 아니라는 점이다. 그리고 모든 증상은 개별적으로, 결합하여, 또는 완화된 형태로 나타날 수 있다는 점이다. 중요한 것은 부모의 감정 평가다. 부모가 보기에 아이의 행동 변화나 기분 변화가 이상

번아웃 키즈

해 보이고 그것을 일시적인 증상으로 볼 수 없으면 반드시 전문의의 검사가 필요하다. 진찰을 한 번 더 받는 것이 부족한 것보다는 낫다는 점을 잊지 말아야 한다. 아동청소년 정신의학은 진찰이 아프지 않고, 없던 병을 새로 만들지도 않는다.

탈진우울증은 겉으로 보기에는 다른 우울증과 구분되지 않으며, 추가로 증상들을 만들어내 자해나 자살 생각에까지 이를 수도 있다. 구분은 자세한 병력을 알아야만 제대로 할 수 있는데, 거기에는 개인적인 병력과 자세한 가족력, 그리고 탈진우울증 발생 전의 성격과 생활 환경에 대한 검진 등이 포함된다.

그런데 탈진에서 탈진우울증으로 넘어가는 것 또한 유동적이다. 탈진을 겪는 사람은 모두 지치고 무력하고 피곤한 기분이 든다. 하지만 탈진 상태가 모두 불쾌하거나 꼭 병적인 정신 상태로 이어지는 것은 아니다. 때로 탈진은 정말 좋을 때도 있는데, 예컨대 육체적으로 온 힘을 불살랐거나 집중적인 정신노동 끝에 지쳤지만 만족해서 작품을 끝냈을 때가 그렇다. 아이들이나 청소년들은 신나게 소풍을 다녀와선 탈진했지만 무척 만족해서 잠에 든다. 그리고 시험이 끝나고 나면 지쳤지만 들뜬 기분으로 파티를 즐긴다.

그러니까 결코 단순한 요구나 도전, 일이 번아웃으로 이어지는 것은 아니다. 병적인 탈진이 되려면 더 많은 것이 덧붙어야 한다. 주관적으로 느끼기에 무리한 요구로 인해서 자신의 밑바닥까지 과부하되었다고 느끼면 회복기간이 모자라게 되고, 그러면 악순환이 이어져 지속적인 탈진으로 빠져든다. 번아웃의 형성에는 언제나 외적인 조건과 개인의 내적 성향이 모두 영향을 미친다.

확실히 어떤 요구들은 지나치게 높아서 누구든지 지속적인 탈진 증상을 보이다가 마침내 번아웃으로 귀결될 수도 있다. 하지만 번아웃으로의 이행은 유동적이다. 어떤 일이나 작업, 요구가 감당할 수 있는 한도를 벗어나는지 아닌지, 그 양상은 어떠한지는 개인이 스스로 판단할 수밖에 없기 때문이다. 당연히 여기서도 사람에 따라 자기 한계를 달리 정할 수 있다. 예컨대 내가 어떤 요구를 과도한 부담이 아닌 극복 가능한 도전이라 여긴다면, 똑같은 요구라 하더라도 탈진에 이르지 않을 것이다. 비록 환자가 지나치게 민감하여 과장하는 것이라고 남들이 오해할(때로는 스스로도 그런 혐의를 둔다) 때도 많지만, 의학적인 면에서 보자면 어떤 요구가 언제 한계를 넘어서는지에 대한 판단은 전적으로 당사자의 주관적인 정의와 지각이 중요하다. 그래서 우리는 주관적 요소를 인정하는 선에서 객관적으로 아이들의 정서 상태를 주시할 필요가 있다.

스트레스를 느끼는 데 결정적인 것은 한편으로는 개인의 성공 경험과 실행능력, 다른 한편으로는 실제 과제나 요구 사이의 불일치다. 이 불일치가 커질수록 반복적, 지속적으로 탈진을 느낄 위험성이 높아진다. 탈진은 모두가 잘 알고 있다. 피로를 동반해 나타나는 휴양이 필요한 기분이다. 하지만 휴양 단계를 거쳤음에도 다시 살아나지 않는다면 탈진이 강화되는 순환이 시작된다. 그리고 충분히 오래 탈진했다면 그것이 정서, 즉 기분에 직접적인 영향을 미친다. 기쁨이나 유쾌함, 즐거움, 낙관주의 같은 감정 세계의 반대 극에 자리한 감정들이 탈진의 기분과 밀착하게 된다. 그러면 우리는 이러한 긍정적인 기분들을 더는 느끼지 못하게 된다. 우울증이 온 것이다.

탈진은 종종 피로와 동반해 나타나지만 두 감각이 같지는 않다. 피로는 꼭 불쾌한 기분은 아니며, 모든 사람의 정상적인 일일 주기에 속한다. 하루가 끝나거나 일이 끝나면 사람은 자연적으로 피곤해져 재충전을 위해 잠이 들기를 기다리다가 일반적으로는 문제없이 금방 잠에 이른다. 아이들의 경우에는 다르다. 아이들은 잠을 기다리지 않는다. 잠은 삶을 떼어놓기 때문이다. 세상이 다음날 아침에도 지난밤 떠날 때 모습 그대로일지 알 수 없기 때문이다.

하지만 지속되는 탈진과 뒤따르는 우울증이 힘을 합치면 상황이 달라진다. 긍정적인 감정으로 접근하는 길이 봉쇄된 것이다. 더는 자동적으로 잠이 들지 않고, 잠자기 전에 두려움이 시작된다. 오늘도 또 잠들지 못하고 침대에서 뒤척거리다 다음날 아침 녹초가 되어 깨어날 것임을 알기 때문이다.

피로와 탈진과 불면이 동시에 오는 이런 경험은 끔찍한 체험으로, 다시 모든 것을 부정적으로 강화한다. 피로하고 탈진하고 우울한 채로 낮과 밤을 견뎌내기 위해 과로하게 되는 것이다.

열일곱 살인 카티야의 표현을 빌리자면 이렇다. "그래서 밤 열한시부터 피로와 싸우기 시작해요. 그러면 활발하게 움직여서 음악을 듣고, 친구랑 채팅을 하고, 방을 치워요. 그게 다 자러 가지 않으려고 그러는 거예요. 잠자리에 누워도 이리저리 뒤척이기만 하리란 걸 잘 아니까요. 안 해본 게 없어요. 차, 따뜻한 우유, 맥주까지도 마셔본걸요. 아무것도 소용이 없어요. 그러다가 완전히 지쳐서 결국 밤 두시쯤 누우면, 네시는 돼서야 잠이 들어요. 그리고 다섯시 반이면 다시 깨서 더는 잠을 못 자는 거예요."

번아웃으로 인한 신체형 통증장애

종종 우울증 증상에 더하거나 병행해 정신신체적 통증이라는 면에서 신체적 문제들이 발현되기도 한다. 아이들에게 빈번히 나타나는 것은 복통과 두통이며, 청소년들은 요통과 집중력 결여, 학습 곤란 등이 추가된다. 이때 의사는 두 가지를 유의해야 한다. 이런 문제를 정신신체적 질환이라고 섣불리 넘겨짚어서는 안 되며, 비용이 지나치게 많이 드는 신체적 진단법은 삼가야 한다는 것이다.

정신적인 문제에서 비롯된 신체적 통증은 신체형 통증장애라는 진단으로 파악된다. 이것은 이름에서 알 수 있듯이 배나 머리나 허리에 신체적 통증처럼 찾아오지만, 신체적 원인은 없는 통증을 뜻한다. 통증은 머리에서 인지하며, 따라서 스스로의 의지와는 별개로 머리에서 일어나는 현상이다. 이 때문에 우리의 머리, 즉 뇌는 외부에서 가해진 상해나 배와 등처럼 말단기관에서 일어나는 외적인 질환으로 야기되지 않은 통증도 인지할 수 있다. 이것은 망상과는 아무런 관련이 없다. 통증은 통증이다. 게다가 통증은 외부에서 판단할 수 없다. 어린아이가 넘어지면 "괜찮아, 별거 아니야"라고 말해줄 수는 있겠지만, 결국 중요한 것은 통증에 대한 아이의 진술이다.

하지만 아이들은 정교하게 표현하는 능력이 떨어지고 자신의 감정을 인지하는 능력도 무르익지 않았기 때문에, 정신적으로 불편한 상태를 원인을 알 수 없는 신체적 불편함으로 느끼곤 한다. 이렇게 소아들이 겪는 복통이나 취학아동들이 겪는 두통 등은 진지하게 받아들여야 하는 증상이다. 나는 외래진료소에서 이런 증상들을 갈수록 더 많이 직면하고 있다. 아이들이 느끼는 불편함과 압박감은 결국 이런 방식으로 출구를 찾는 것이다. 이를 그냥 묵과해버려서는 안 된다. 개별 사례마다 자세한 가족력과 환경력을 조사해 통증이 무엇과 관련되었는지 알아내려 노력해야 한다.

일반적으로 12~14세 이전의 아이들은 약제로 치료하지 않으려 극도로 자제한다. 우리 분야 의학에서는 향정신성의약품이 이에 해당한다. 이것은 연구가 부족한 탓도 있지만 아이들의 뇌의 성숙 과정과도 관련이 있다. 특히 통증 증후군은 오늘날 약제 없이도 치료할 수 있는 방법들이 상당수 존재한다. 심리치료법과 물리치료,

도수치료, 이완요법 등이 그것이다. 나는 이런 방법들이 변화를 불러오기까지 시간이 너무 오래 걸리리라고 판단될 때에만 약제를 투입한다. 물론 그렇다고 심리치료를 병행하지 않는다는 뜻은 아니다.

번아웃 키드는 최대한 빨리 진단받고 최대한 빨리 성공적으로 치료받을 권리가 있다. 극도로 과로하는 아이들과 청소년들이기 때문에 신속하게 이를 덜어주어야 한다. 상황을 얕보아서는 안 되며 치료요법을 지체해서도 안 된다.

그런데 번아웃과 정신신체적 증상 사이의 연관을 어떻게 이해해야 할까?

사람은 누구나 정신적 요구들에 개인별로 반응하는 기관계가 있다. 모두가 잘 알 것이다. 시험이나 이와 비슷한 상황을 앞두고 긴장하면 심장이 뛰고 땀이 나고 배가 아프고 설사가 나는 등의 증상이 나타난다. 이런 증상은 신체적 원인에서 비롯된 게 아니라 스트레스와 직접 관련이 있다. 물론 스트레스가 시험의 경우처럼 늘 원인이 명백한 것은 아니다. 스트레스는 살그머니 발전할 수 있다. 당사자의 눈에 크게 띄지 않은 채 존재할 수도 있다. 어쨌든 의식적으로 인지되었든 아니든 연약한, 상처 입기 쉬운 기관계로 운송된다. 번아웃은 스트레스 없이 일어나지 않으므로 다양한 정신신체적 증상이 나타나는 것은 이로써 설명이 가능하다.

개인별로 다른 스트레스 반응

예전에는 극복 가능한 과제는 정상적인 것으로 여겼다. 정상적인 과제, 정상적인 일로 받아들였다. 그런데 오늘날에는 그 모든 게 갑자기 스트레스라고 한다. 그렇다면 스트레스란 무엇인가.

스트레스라는 단어는 본래 영어에서 왔으며 번역하자면 압박 또는 긴장이라는 뜻이다. 물리학에서는 오래전부터 사용되었는데, 공업 재료를 스트레스 아래 두고, 그러니까 높이 올린 압력에 내맡기고, 예컨대 금속이 언제 구부러지는지 관찰할 때 벌어지는 현상을 기술하는 데 쓰였다. 경제 면에서는 은행에 대한 스트레스 테스트가 잘 알려져 있다. 이 테스트에서는 은행들이 재정 손실을 상쇄해야 할 상황에 처하면, 즉 스트레스를 받으면 어떤 일이 일어나는지 시뮬레이션을 했다. 1936년 생리학자 한스 셀리에Hans Selye가 이 개념을 처음으로 인체에 옮겨 적용했다. 여기서도 중요한 것은 스트레스는 원칙적으로 나쁜 것이 아니라는 점이다. 스트레스는 정상적이다. 결정적인 것은 압박의 크기와 이 압박에 대응하는 개인적인 반응이다.

스트레스는 급성과 만성으로 구분된다. 급성 스트레스는 사람이 위험한 상황에 처했다든가 해서 갑자기 높은 요구에 맞닥뜨릴 때 발생한다. 그러면 아드레날린과 코르티솔 같은 이른바 스트레스 호르몬이 분비되어 우리 몸이 위험에 적절하게 대응할 태세를 갖추게 된다. 코르티솔은 신진대사과정을 활성화해서 에너지가 풍부한 화합물을 신체에 공급해준다. 의학계는 코르티솔의 염증 억제 효과를 활용하여 인공적으로 약제를 개발해 사용하고 있다. 아드레날린이 분비되면 맥박 수가 높아지고, 혈압이 상승하고, 폐의 모세기관지가 확장되며, 마침내 지방이 연소를 통해 분해되면서 에너지원으로 공급된다. 이 일련의 과정은 도망가야 할 때, 위험에서 벗어나야 할 때, 싸워야 할 때 필요한 것들이다.

우리의 문명화된 세계에서는 이제 자연이 주는 위협이 선조들의 경우처럼 큰 의미는 없다. 그렇지만 우리의 신체는 온갖 형태의 높은 긴장에 개인별로 특수한 스트레스 반응으로 반응한다. 스트레스 반응이 만성화되면 신체에 여러 결과가 초래된다는 것, 고혈압 같은 신체적 질환이 생길 수 있다는 것은 누구나 충분히 상상할 수 있을 것이다. 신체는 스트레스에 저마다 달리 반응하는데, 여기에는 우리가 의식적으로 영향을 끼칠 수 없다. 그런 까닭에 심리적 반응이 그렇게 다양한 것이다. 각자 자신의 '스트레스 기관'을 잘 알고 있다. 어떤 사람은 시험을 앞두고 설사에 걸리는가 하면, 또 어떤 사람은 심장이 두근거리거나 식욕이 없어진다. 더 나아가 지속적인 스트레스는 불안을 일으키고 우울증을 유발할 수 있으며 (이렇게 탈진우울증으로 이야기가 돌아오는데, 이것은 스트레스의 전형적인 증상이다), 수면장애나 땀 흘림, 근육 긴장, 요통, 탈모, 집중력장애, 성욕과 창의력 상실 등을 불러올 수 있다. 주요한 후속 증상들만 거명해도 말이다.

염려하는 주시보다는 세심한 외면을

스트레스는 이렇게 번아웃의 중심적인 토대다. 스트레스는 다양한 신체적, 정신적 결과를 야기하며 번아웃으로 들어가는 길을 닦는다. 하지만 오늘날 우리는 알고 있다. 번아웃은 스트레스의 결과이지만, 모든 스트레스가 필연적으로 질환으로 이어지지는 않는다는 것을. 스트레스를 처리하는 데 결정적인 것은 회복기간이다. 이것은 개인마다 판이해서 어떤 사람은 그런 기간이 길게 필요한 반면, 또 어떤 사람은 빨리 회복하기도 한다. 그리고 '유스트레스eu-stress', 그러니까 좋은 스트레스 또한 있다는 것도 우리는 알고 있다. 좋은 스트레스는 자극을 주고 보호하는 작용을 한다.

많은 부모들이 원하듯이 아이를 스트레스로부터 완벽히 떼어놓는다면, 아이는 스트레스에 처음 맞닥뜨렸을 때 지나친 부담에 짓눌려 심리적 이상을 보이고, 정신적으로 탈선한다.

좋은 스트레스, 적절한 분량의 스트레스는 아이들의 능력과 저항력을 키워주고, 그럼으로써 생활력을 더욱 강하게 만들어준다. 문제는 아이마다, 사람마다 스트레스 민감성이 서로 다르다는 것이다. 따라서 부모는 아이에게 얼마나 많은 것을 요구하고 얼마나 많은 스트레스를 줄 것인지(그리고 그렇게 할 수 있는지) 언제나 자신의 주관적 경험을 바탕으로 그때그때 판단해야 한다. 일반적으로 이것은 직관적으로 적절하게 잘 이루어진다.

하지만 시시때때로, 특히 아버지들이 아이들을 인생에 대비해

'단련시켜야' 한다는 책임을 느끼곤 한다. 그러다가 아이의 스트레스 저항력이 자신들이 원하는 만큼 뛰어나지 않다는 사실을 간과하는 위험에 빠진다. 이로써 아이들은 만성적인 과부하의 길에 들어선다. 이렇게 교육을 둘러싸고 어머니와 아버지 사이에 고전적이고 전형적인 갈등이 빚어진다. "당신이 그러니까 애들이 버릇이 나빠지고 나약해지는 거지"와 "당신은 애들한테 너무 부담을 주고 불안하게 만들고 있잖아"의 싸움. 진실은 그 중간쯤에 있지만, 자기 아이의 민감함을 순순히 인정해야 하는 것이 아버지들에게는 쉽지 않은 일이다. 그렇게 하면 스스로를 다루는 태도가(남자란 모름지기 아픔을 모르는 법!) 당장 회의에 빠지기 때문이다.

내 외래진료소에서는 부모가 아이를 데려와 이렇게 질문하는 일이 많다. 아이가 안 하는 걸까요, 못 하는 걸까요? 물론 요구를 거부하는 아이들이 있다. 하지만 그럴 때에도 일반적으로 원인이 있다(모든 아이들은 부모의 바람을 충족시키고 싶어한다!). 게다가 통용되는 원칙이 있으니 확실치 않은 경우에는 못 하는 쪽으로 봐야 한다는 것이다. 그럴 경우 가족이 내게 온 것은 잘한 일이다. 진단을 통해 어디에 방해 요인이 있는지, 어째서 아이가 기대를 충족시키지 못하는지 알아낼 수 있기 때문이다. 그러고서 아이가 특정 상황에서는 그렇게 반응할 수밖에 없다는 점을 부모가 비난 없이 인정하게 되면 곧바로 가정 상황이 누그러진다. 그러면 아이들은 갑자기 능력을 더 발휘하기도 하는데, 부모의 감시와 아버지의 요구를 무조건 충족시켜야 한다는 압박에서 벗어났기 때문이다.

부모의 카메라, 이 상설 모니터, 이 끊임없는 염려가 꺼지면 영혼에 활동 여지가 생겨 갑자기 자랄 수 있게 된다. 이런 순간마다 나는 아이들 안에 얼마나 많은 것이 들어 있는지 보고 감탄하게 된다. 무척이나 역설적으로 들리겠지만, 아이가 잘되기를 바라며 세심하게 외면하는 것이 염려하며 바라보는 것보다 도움이 될 때도 많다. 걱정 가득한 비관적인 주시에 익숙한 아이들은 신뢰하는 눈길을 받는다고 느끼는 아이들보다 쉽게 과도한 부담을 느낀다. 이런 균형 잡기는 어른들이 스스로를 위해서도 매일같이 극복해야 하는 일이다.

악순환되는 우울의 고리

탈진우울증은 이렇듯 번아웃의 중심 증상이다. 이 때문에 나는 두 개념을 동의어처럼 쓰기도 한다. 과도한 요구를 반복적으로 겪다보면 명백하게 지속적인 탈진이 형성된다. 그리고 탈진이 오래 지속되면 불가피하게 탈진우울증으로 발전한다. 그 생성과정 또한 쉽게 추적할 수 있다. 한편으로는 스트레스 호르몬, 특히 코르티솔이 작용을 하고, 다른 한편으로는 탈진과 우울증 사이의 강한 인접성과 유사성이 영향을 끼친다. 사람은 탈진하면 피로를 느끼고, 욕구가 없어지고, 집중력을 잃는다. 나를 찾아오는 많은 아이들과 청소년들이 "더이상 생각을 할 수가 없어요"라고 말하는데, 그것은 사실이다. 이 상태에서는 학습이 힘들어지고 기억력이 떨어지며, 수면 욕구가 높아지고 금세 내적인 악순환에 빠진다. 더는 회복이 불가능하고, 마음속으로 탈진에 맞서 싸워보지만 결국 변화나 개선은 일어나지 않는다.

원칙적으로 볼 때, 아이들과 청소년들도 스트레스에 빠지고 탈진 상태로 떨어질 수 있다. 아동기는 언제나 근심이 없고 행복감만 가득하리라는 것은 어른들의 선입견이다. 물론 아이들은 생활하는 주기가 더 빨라서 트라우마를 주지 않는 한 힘든 상황을 어른보다 빨리 잊는다. 또한 청소년들도 시간감각이 어른과는 다르다.

내가 외래진료소에서 일주일에 한 번씩 만나는 청소년 환자들에게 그간 어떻게 지냈는지 물어보면, 대체로 최근 사나흘에 관해서만 대답한다. 어떤 청소년이 쓰레기 좀 버리고 오라는 요구에 '당장' 할 것처럼 대답하고서 세 시간이 지나서도 여전히 하지 않았다면, 이것은 청소년들의 변형된 시간감각을 보여주는 것이다. 이런 시간감각은 시험 전날 저녁이 돼서야 공부를 시작하는 식으로도 나타날 수 있다. 이것은 일반적으로 거부나 방종함, 철없음과는 관련이 없다. 사춘기와 청년기에는 두뇌에서 제어를 담당하는 영역과 감정을 처리하는 영역 사이의 신경이 성년 때처럼 강하게 연결되어 있지 않다.

물론 시간감각이 다르다고 해서 아이들과 청소년들이 과로를 더 약하게 느낀다는 뜻은 아니다. 아이들은 다만 관심을 돌리고 잊고 떨쳐버리는 것이 더 빠를 뿐이다. 아이들이 지속적인 탈진 감정을 발전시키는 일이 어른보다 훨씬 드문 것은 바로 그 덕분이다. 그 때문에 정상적인 환경에서는 번아웃으로 떨어지는 일이 훨씬 드물다. 그런 만큼 진단이 증가하는 추세가 더욱 한탄스러울 뿐이다!

하지만 그 다른 시간감각 때문에, 아이들이 탈진을 겪으면 그 탈진이 '옛날부터' 존재하던 것으로 인지하는 경우도 있다. 그런 아이들은 속수무책이라는 무력감을 느낄 위험이 크다. 그렇게 되면 스트레스가 추가되어 금세 번아웃이 초래된다.

청소년들의 경우에는 사정이 또 다르다. 그러잖아도 신체와 두뇌와 정신 등등에서 적응하고 극복해야 할 수많은 변화들까지 동반되어 때로는 어른보다도 빨리 과로에 빠지게 된다. 예민해서 '괜한 수선'(이 단어는 금지해야 마땅하다!)을 부리는 것이 아니다. 아무것도 해낼 수 없다는 무능감과 이것저것 많은 일에서 과도한 요구를 받는다는 감정이 실제로 표출되는 것이다.

누구나 오래도록 탈진하다보면 언젠가는 우울한 감정 상태에 빠진다. 그러면 막막함, 욕구 상실, 슬픔, 낙담 등 앞서 기술한 증상들에 또다른 불쾌한 상태들이 덧붙는다. 아이들과 청소년들의 경우에는 언급한 부수현상들이 그다지 두드러지지 않은 형태로 나타나기도 한다. 그렇다고 해서 이 증상들을 대수롭지 않게 여기거나 다 '커가면서 바로잡히리란' 희망으로 얕보아서는 안 된다.

불안에서 비롯한 우울증

아이가 어릴수록 불안과 우울증을 분간하기가 어렵다. 의기소

침과 슬픔 같은 고전적인 우울증 증상들이 아동기에는 잘 드러나지 않기 때문이다. 그보다 아이들은 대개 예민하고 불안을 잘 느끼며, 쉽게 짜증내고 사람에게 매달리고 곧잘 칭얼대는 편인데, 보통 뭔가를 두려워할 때 그런 식으로 나타난다. 하지만 이것은 우울한 감정 상태의 표현일 수도 있다. 오늘날 우리는 우울질환이 취학 전 연령에서도 나타날 수 있다는 것을 알고 있다. 순수한 불안장애는 아동기에서는 구체적인 대상이나 상황과 관련된다. 개나 다른 동물을 두려워한다든지, 어두움이나 혼자 있는 것을 두려워하는 식이다. 이런 두려움이 특정한 대상에서 비롯된 게 아니라면, 우울증이 발전하기 시작했거나 이미 진행된 것은 아닌지 꼭 생각해봐야 한다.

분리불안

내 외래진료소에서 분리불안과 탈진우울증 간의 연관이 자주 보여 이에 대해 좀더 상세히 다루어보고자 한다. 샤를로테도 이런 연관성을 내게 보여준 바 있다.

분리불안은 학교공포증이라 불리기도 하는데, 이는 이 증후군이 아이들의 생활 중 어느 영역과 관련되어 있는지 잘 말해준다. 분리불안을 겪는 아이들은 아침마다 구역질과 어지러움, 복통 같은 증상 때문에 학교에 가지 못한다. 어머니들은 흔히 겪어보았을 것이다. 아이가 아침에 심각하게 아픈 데도 없으면서 다양한 이유로 컨디션이 안 좋은 날이 있는 것이다. 그러면 아이의 기분을 잘 이해한 어머니는 아이의 뜻을 받아들여 집에 남기기도 하고, 불편하더라도 학교에 억지로 보내기도 한다. 하지만 어떤 아이들의 경우에는 아침에 겪는 이런 증후군이 분리불안의 표현일 수도 있다. 그런 아이들은 원래 학교에 가기를 좋아하지만, 아침에 집에서 분리되는 두려움을 무의식중에 학교로 전위시키는 것이다.

공포증의 성립에 관해서는 세 가지 주요 이론이 있다. 하나는 공포증이 해당 조건에서 해당 본보기를 따라 학습된다는 이론으로, 거미나 쥐 공포증 같은 많은 동물 공포증이 이를 통해 설명된다. 두번째 이론은 개와 얽힌 무서운 경험처럼, 트라우마가 될 만한 사건을 기피행동의 원인으로 내세운다. 그리고 세번째 이론은 마음속에 잠재한 불특정한 두려움이 외부 대상에, 즉 통제가 더 쉬운 대상에 투사되는 것이라고 가정한다. 예컨대 두려움을 방지하기 위해 근처에 거미가 없도록 주의만 해도 된다면, 두려움을 더 잘 조절할 수 있다는 것이다.

이러한 메커니즘은 분리불안을 앓는 아이들의 경우 특히 명백하다. 두려움의 원천은 학교가 아니라 아침에 집에서 분리되는 것이다. 이런 아이들은 한낮이 지나면 잘 지내고, 저녁이 되면 부모에게 내일 아침에도 학교에 가겠다고 맹세한다. 그러고선 잠이 깨자마자 증후군이 되살아나 실제로 구토와 통증, 실신까지 하면서 또다시 학교에 가지 못하게 된다. 때로 이런 증후군은 학교에서 겪은 괴로운 사건이 원인이나 기폭제가 되기도 한다.

샤를로테가 그런 아이로, 수학여행에서 심한 향수병을 억압하느라 트라우마를 겪은 뒤로 심한 분리불안을 발전시켰고, 거기에 더해 자신의 불안을 억압하고 극복하려 날마다 과로하다가 탈진과 슬픔에 빠졌다. 상황을 샤를로테 스스로 잘 표현한다. "못하겠어요!"라고 거듭 강조하며 타협을 거부한다. 샤를로테는 어머니가 매일 학교까지 데려다주는 것뿐 아니라, 수업시간을 단축하고 어머니가 학교에 다시 마중 나올 것까지 고집한다.

이와 같은 사례들에서 아이가 과도한 요구에 시달리는 것인지 반항하는 것인지 구별하기란 매우 어렵다. 일반적으로 아이들은 초기 분리불안을 보여도 부모가 좋게 설득하거나 부드럽게 강제하면 며칠 지나지 않아 극복한다. 아이들은 유치원에 들어갈 때 최대 30%까지 분리불안 증상을 보인다. 초등학교로 넘어갈 때는 10%가, 중등학교로 넘어갈 때는 1%가 이 같은 증상을 보인다. 분리불안은 증후군이 계속되어 2주일에서 3주일이 넘을 만큼 오랜 기간 아이들이 학교에 가지 못할 때에만 진단이나 치료가 필요하다.

병원에서 우리는 번번이 깜짝 놀라곤 한다. 아이들이 몇 달, 심하게는 몇 년 동안 학교에 가지 않았는데 아무도 진단을 내리지 않았거나 부모가 여러 이유로 아동청소년정신과 의사를 찾아오기까지 오랜 시간이 걸린 경우들을 만나기 때문이다.

아동청소년정신과 의사들은 직업상 아이들과 청소년들을 공감과 이해로 대할 자세가 늘 되어 있다. 우리는 언제나 아이들과 함께 일할 수 있을 뿐, 아이들에 맞서서는 안 된다. 엄하게 행동을 지시하는 경우는 예외적이다. 분리불안이 이런 예외에 속하는데, 이 질환은 되도록 빠르고 단호하게 행동하는 것이 중요하기 때문이다. 아이들은 진료시간에 매번 내일은 다시 학교에 가겠다고 약속한다. 그러면 나는 예외를 두지 않고 진료가 끝나는 대로 바로 학교로 보낸다. 내 진료시간은 환자가 오후에는 치료를 받도록 오전에 잡혀 있다. 학용품을 안 가져왔다는 등의 항변은 무시하고 다른 근거들을 대도 꿈쩍하지 않는다. 그렇게 하면 분리불안이 외래진료만으로도 극복될 수 있는지 아닌지가 금세 밝혀진다. 몇몇 경우에는 입원치료까지 필요한데, 당연히 아이들은(때로는 부모들도) 거부한다. 하지만 일단 입원을 하고 나면 다음날 우리 병원 부설학교로 마치 아무 일 없었다는 듯 등교한다.

분리불안은 한편으로는 기질적으로 겁이 많은 아이들에게서 발견되지만, 다른 한편으로는 과잉보호하는 부모를 통해서 생겨난다. 그런 부모는 자기 쪽에서 아이와 분리되지 못하고 배가 아픈 아이를 학교에 보내는 일을 견디지 못한다. 주의할 점은 통증이 지속되는 아이는 소아과 병원에 가서 그에 맞게 진단을 받아야 한다는 것이다. 아침에 분리불안을 겪는 아이는 일단 학교 문턱을 넘어서고 나면 한낮에는 통증이 사라지고 멀쩡해진다. 분리불안은 빈번히 탈진우울증으로 이어지는데, 분리불안을 겪는 아이들은 급속히 악순환에 빠져 하루하루 지날수록 학교에서 더 멀어지기 때문이다. 이런 끊임없는 기피와 일상적인 불안은 사회적 고립이라는 결과를 낳으며 시간이 갈수록 탈진우울증과 닮은 증상들로 이어진다. 증상이 심한 경우에는 두 가지가 서로서로 매끄럽게 넘나들어 불안이 갈수록 우울증과 섞이고, 아이들은 마침내 욕구와 의욕을 완전히 잃게 된다. 샤를로테처럼 말이다.

아이들이 병들어간다

 이제 진단서에는 다음과 같이 적혀 있다.

- 주 진단: 번아웃에 근거한 탈진우울증
- 부 진단: 신체형 통증장애 맥락의 요통

  부분능력장애

  분리불안
- 지능: 평균에서 평균 이상
- 심리사회적 부담 요소: 힘겨운 학교 상황
- 가족력: 없음

번아웃이 아동기와 청소년기까지 도달했다. 인류에게 번아웃 자체는 새로운 진단이 아니다. 번아웃은 인류에 내재한 현상으로 보인다. 하지만 아이들과 청소년들의 경우에는 전적으로 새로운 진단이다. 전체 아이들 중 3~5%가 번아웃으로 고통받는데, 이 가운데 다수는 여자아이들이다. 번아웃 진단을 받는 아이들의 나이대가 더 내려가리라는 신호들은 빈번히 감지된다. 그럼에도 번아웃은 탈진우울증이 현저하게 진행되고 나서야 아동청소년 정신의학 면에서 중요하게 다루어진다. 탈진우울증은 현상학적으로, 그러니까 겉으로 보아서는 다른 형태의 우울증과 구분되지 않는다. 감별진단법으로 다른 반응성 우울증과 내인성 형태들이 구별되어야 한다. 아동기에서는 특정한 불안장애들과도 구별되어야 하는데, 이 경우에는 두 가지가 언제라도 중첩될 수 있다.

특히 중요한 것은 뚜렷하게 드러나지 않을 수도 있는 초기 증상들을 알아차려 제때 진찰하고, 필요한 경우 치료를 시작하는 것이다. 비특이성 통증처럼 순전히 신체적인 증상이 오래 지속되어도 진단을 도출할 수 있다.

번아웃이란 진단은 우리 아이들이 과로로 지쳤으며 자기 자신과 자기가 살고 있는 세상에 만족하지 못한다는 사실을 백일하에 드러낸다. 이를 우리 사회가 무심하게 방치해서는 안 된다. 그런 아이들은 순응하고 성찰하는 성향을 지니고 있으며, 우리가 모범으로 실천하는 성과주의를 무조건 만족시키려 한다. 하지만 원래는 그저 우리의 소원을 모두 충족시키고 싶어하는 인상적이고 감동적인 아이들일 뿐이다. 학교에서 잘하기를 바라고 우리에게 걱정을 끼치기 싫어하며, 미디어의 빠른 박자를 순순히 따르는 데 익숙한 아이들인 것이다. 그러다가 어느 순간 많은 아이들과 청소년들이 더 따라가지 못하고, 그러면 더욱 과로하고, 점점 더 못 따라가고, 계속 과로를 하고……

우리 아이들이 점점 병들어가고 있다. 부모가 보여주는 삶의 대처법을 점점 이른 나이에 보고 배우고 있다. 아이들은 정신신체적 증상들을 발전시키고 탈진했다. 반면 다른 한편으로는 성찰적이고 신중하고 이성적이며 순응적이다. 이런 놀라운 아이들을 우리가 우리 자신은 벗어나기를 원하는 물레방아에 던져넣고 있다. 우리 아이들은 우리 시대의 온도계다. 열이 오르고 있는데, 우리는 그저 물수건만 들고 있다. 우리는 어째서 아이들이 과로라는 바이러스에 갈수록 빈번히 감염되는지 더 잘 이해해야 한다. 어째서 아이들의 정신적 면역체계가 탈진이라는 바이러스성 공격을 물리칠 충분한 힘을 잃었는지를. 이제 그 바이러스가 발생하는 원인을 알아볼 때다.

'부자연'스러운 사회가 원하는
'자연'스러운 아이들

: 우리가 대물림하는 가치

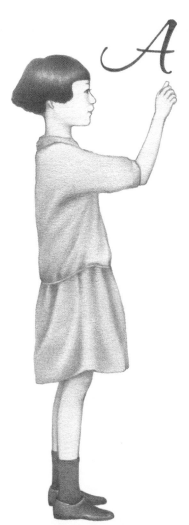

수많은 아이들과 청소년들이 번아웃과 탈진우울증으로 고통받는다는 사실을 깨달은 뒤로 나는 그 원인이 무엇일까 고민해왔다. 그리고 현재의 사회 상황과 가족문제에만 국한해서 바라보는 것은 부족하다는 사실을 알게 되었다. 번아웃의 원인은 한 가지가 아니며 여러 원인들을 퍼즐처럼 살펴보아야 한다. 이 퍼즐은 역사적이면서 현재적인 사회 단면들과 개인적이면서 집단적인 과정들로 이루어져 탈진과 우울증의 토대를 만든다. 나는 현재의 생활 여건이 영향을 끼치듯, 마찬가지로 우리의 가까운 과거도 번아웃이 발현되는 데 영향을 미치는 것은 아닌지 밝혀내려 한다. 가족사의 경우에도 조부모까지 좀더 거슬러올라가면 더 많은 것을 이해할 수 있기 때문이다. 따라서 이번 장에서는 우리의 사회사에서도 조금 더 과거로 눈을 돌려볼 것이다.

세대 간 전이

나는 아동청소년정신과 의사로서 가족 병력을 참고해 일하는 데 익숙하며, 가족사를 조금 더 멀리까지 되짚어보는 것이 얼마나 중요한지 알고 있다. 조부모가 어떤 사람인지, 생전에 어떤 사람이었는지 이해하고 나면 때로는 아이의 증상이 더 쉽게 추론되기도 한다. 이를 일컫는 전문용어로 '세대 간 전이'라는 것이 있는데, 가족 안에서 꼭 드러내놓고 이야기하지 않더라도 태도와 관점과 가치가 세대에서 세대로 전달되는 것을 말한다. 온 가족에게 미치는 (증)조부모의 영향을 과소평가해서는 안 된다. 내가 번아웃의 원인을 연구하면서 조부모까지 거슬러올라가는 것도 바로 그 때문이다.

전쟁이 가족에게 남긴 상흔

독일의 최근 역사는 국가사회주의와 제2차세계대전으로 시작한다. 바이마르공화국의 빈곤과 혼란을 과대망상과 파괴와 유대인 박해로 타개하려던 시도는 상상도 못 할 규모의 파괴적인 재난으로 끝났다. 그것이 이 책과 무슨 상관일까? 독일에서 전쟁을 겪은 조부모 세대가 아직 살아 있다는 점을 우리는 명심해야 한다. 마지막 남은 전범들이 고령의 나이로 기소되기도 하고, 그 기회에 손자 손녀들은 시대의 증인인 할아버지나 증조할아버지에게 전쟁 때 겪은 경험에 대해 물어보곤 한다. 독일에서 최근 가족사가 제2차세계대전의 결과와 무관한 가족은 찾기 힘들다. 내 외래진료소에서도 현재 그 영향을 엿볼 수 있다.

열여섯 살짜리 소녀인 뢴은 번아웃의 모든 증상을 안고 진료실을 찾았다. 뢴은 완전히 지쳤고 잠을 이루지 못했다. 절망이 손에 잡힐 듯했다. 뢴을 짓누르는 무게, 선명하게 덮인 우울한 베일이 내게도 온몸으로 느껴졌다. 어느새 나는 음울한 소용돌이에 끌려들어가지 않으려고 억지로 목소리를 높이고 있었다.

뢴의 가족은 제2차세계대전 이후 함부르크에 새로 정착해야 했다. 아버지와 어머니는 1960년대에 태어났고, 할아버지와 할머니는 둘 다 동프로이센 출신으로 그곳에서 1930년대에 태어나 각자 단치히의 유복한 상인 가정과 큰 농장에서 행복한 어린 시절을 보냈다. 할아버지는 15세 때 가족과 함께 대규모 피난행렬을 따라 고향을 떠났다. 아버지와 형을 이미 전쟁에서 잃은 뒤였다. 가족은 트라우마를 입은 채 슐레스비히홀슈타인 주에 도착했고, 할아버지는 곧 학교도 마치지 못한 채 가족을 부양하기 위해 소규모로 장사를 시작했다. 할아버지는 수완과 재능이 뛰어났고 그 덕에 전후시대 농업용품을 다루는 연쇄점 사업으로 크게 번창했다.

단치히 출신인 뢴의 할머니는 할머니의 아버지가 러시아 군대의 승리를 끝까지 믿지 않는 바람에 아주 늦게야 가족과 함께 피난할 수 있었다. 그 탓에 아버지는 강제로 끌려가고 어머니와 언니는 성폭행당하는 일을 겪었다. 남은 여자 가족들은 큰 위험을 헤치고 함부르크에 사는 친척에게 겨우 올 수 있었다. 할머니의 어머니는 피난 온 뒤 곧바로 세상을 떠났는데 가족들은 '회한' 때문이라고 믿었다. 언니는 거식증에 걸려(그 시절에는 그렇게 진단하지 않았지만) 홀로 쓸쓸히 1980년대까지 살다가 갔다.

그것이 뢴과 무슨 상관이 있을까? 내가 알게 된 뢴은 무척 영리하고 관심 많은 소녀였다. 뢴은 상급학년에서 받는 역사수업을 계기로 자신의 가족에 대해 조사했다. 그러면서 친가와 외가 양쪽 집안이 입은 트라우마가 결코 화제로 올려서는 안 되는 일이라는 사실을 맞닥뜨렸다. 뢴의 부모는 아직까지도 그 이야기를 입에 담기를 꺼렸다. 자신들의 어린 시절 이야기가 거기에 미치면 뢴의 조부모가 슬퍼하고 화를 내며 외면하던 일을 늘 겪었기 때문이다. 다만 가끔씩 동프로이센에서의 기억이 반짝 드러나곤 했는데, 그 기억은 깊고 고통스러운 상실과 엮여 있었다. 륀의 부모는 자신들의 유년기가 영원히 파괴된 기분을 느꼈고, 친척의 상실은 납으로 봉인되어버렸다. 륀의 아버지는 언젠가 젊었을 때 프랑스에서 전몰장병의 무덤을 찾아갔다가 죄책감을 느꼈던 경험을 딸에게 설명해주었다. 자신은 관여하지 않은 일인데 왜 그런 기분을 느꼈는지 스스로도 알 길이 없었다. 이런 감정의 혼란은 륀의 아버지와 조부와의 관계에서 분노와 슬픔과 크나큰 거리감으로 번갈아 나타났다.

륀이 기억하기를, 특히 크리스마스 때면 번번이 손자 손녀들로서는 이해할 수 없는 긴장이 일거나 부모와 조부모 사이에 싸움이 벌어져, 결국 조부모가 분노와 우울을 안고 그 자리를 떠나는 것으로 끝나곤 했다. 그러다가도 친할아버지는 곧바로 다시 찾아와 짐짓 유쾌한 태도를 보이며 아들에게 어서 아버지의 사업을 넘겨받으라고 권했다. 이런 상황에서 륀의 눈에 아버지는 종종 자기분열적이고 속수무책으로 보였다. 하지만 아버지는 혼돈스러운 감정을 딸에게 결코 설명하려 하지 않았다. 결국 륀은 아버지가 힘겹게 마음속의 장애물을 뛰어넘고 부친의 사업을 이어가는 모습을 목격하게 되었다.

그러니까 륀은, 이루 말할 수 없는 상실을 겪었지만 상처를 꿰매려는 시도는 미약한 가정 분위기에서 자랐다. 게다가 륀의 상태에 결정적인 영향을 미친 것은 부모의 미래가 철저히 성과를 통해 쟁

취되어야 했다는 점이다.

뤼의 아버지는 나와 단독으로 면담할 때 이렇게 설명했다. "저는 아이들이 제가 느꼈던 그런 감정을 겪지 않고 자라기를 늘 바랐어요. 죄책감과 분노와 반항과 성공하려는 욕구 사이에서 이리저리 치이는 감정 말이죠. 뤼이 집에 어떤 성적표를 들고 오는지는 그리 중요하지 않았어요. 중요한 건 아이가 행복한 거라고요."

언제나 딸의 행복을 위해 애썼다는 아버지의 말을 나도 믿지만, 가족 구성원들과 대화를 하면서 감정이 얼마나 크게 분열되었는지가 또렷이 드러났다. 가족 모두는 나와 대화를 하면서 모순된 감정 세계가 감정적인 유산만큼이나 그들을 자꾸만 짓누르고 괴롭혔다는 것을 처음으로 이해하게 되었다.

나는 할아버지도 손녀의 상태를 논하는 면담에 초대했다. 가족 병력이란 종종 부모나 형제자매만 만나보고 질문하는 것 이상을 뜻한다.

할아버지가 눈을 크게 뜨고 나를 바라보았다. "저에게 선생님 같은 분이 계셨더라면 아마 저희도 더 마음 편히 살았겠군요. 하지만." 할아버지는 머뭇거리며 작게 웃었다. "제가 지금처럼 성공하지도 못했겠죠. 저는 늘 모든 감정을 일하는 걸로 삭였답니다."

물론 뤼의 증후군을 전적으로 가족사 탓으로 돌린다면 비약일 것이다. 하지만 세대 간에 이어지는 죄책감과 비애의 전이가 적어도 이 가족에서는 손녀의 번아웃으로 귀결되고 있었다. 탈진에 이

를 만큼 과도한 적응과 높은 성과 욕구로 무의식적인 죄책감을 털
어버리려는 노력이 뢴의 마음속에 응축되어 있기 때문이다.

가족의 상처를 공유하는 것

가족사는 저마다 다르다. 하지만 원형이란 것이, 경험값이란 것
이 있게 마련이다. 탈진우울증을 겪는 아이들과 청소년들을 많이
알아갈수록 나에게 일련의 원인들이 점점 윤곽을 드러냈다. 이런
원인들의 연쇄고리가 번아웃에 걸린 아이들로서는 빠져나올 수
없는 쳇바퀴 속에 머물게 한다.

뢴의 사례가 바로 이런 원형들 중 하나다. 뢴의 경우에는 오늘날
까지 영향을 끼치는 전쟁의 트라우마와 그에 따른 정신적 상해가
자식과 손자 손녀들에게까지 복잡한 감정들을 불러일으켰다. 뢴
의 할아버지가 잘 짚어 말했듯 오늘날이라면 당연히 정신과 의사
들이 할아버지를 치료했을 것이다.

함부르크―에펜도르프 대학병원에 있는 난민 외래진료소에는
세계의 전쟁지역에서 몰려들어온 보호자 없는 미성년 난민들이
감당하기 벅찰 정도로 많다. 이들 가운데 약 600명은 현재 의학치
료나 심리치료를 받아야 한다. 그리고 거의 모두가 트라우마를 입
었다. 태어난 나라를 떠나온 것이 깊은 상처를 준 것이다. 부모들
은 아이들이 살아남아 유럽에서 더 나은 삶을 시작할 수 있으리란
희망에 마지막 남은 돈을 들여서 생명의 위험을 무릅쓴 도주를 감

행하도록 한다. 도주중에 폭력과 성폭행, 극심한 착취를 모면한 이들은 소수에 그친다. 소년들은(소녀들은 온 가족과 함께 도주하는 것이 아닌 이상 대개 자신의 나라에 남는다) 외상 후 스트레스 장애와 탈진, 우울 증후군을 앓느라 긴급히 치료가 필요하다. 안타깝게도 오늘날 우리가 당연하게 하는 치료가 독일에서 제2차세계대전을 겪은 전쟁세대에게는 적용되지 않았다.

노년정신의학과 노년심리치료는 이런 사람들을 다룬다. 그들은 종종 적잖은 나이가 되어서야 처음으로 치료를 받고픈 욕구가 생기곤 한다. 2013년 뮌스터에서 정신신체의학 및 심리치료 전문병원이 개최한 2차국제회의에서야 비로소 '제2차세계대전 당시 유럽에서의 아동기'라는 주제로 토론이 진행됐다. 이것은 그러한 주제가 우리 사회에서 인식되기까지 얼마나 오랜 시간이 걸렸는지 보여준다.

뢴의 사례에서, 뢴은 자신의 번아웃을 통해 가족의 삼대를 한데 모았다. 덕분에 모두들 내 앞에서 처음으로 특정한 경험들에 대해 서로 이야기할 수 있었다. 뢴은 대가족 안에서 새로운 교류가 일어나도록 도왔고, 그러면서 자신이 변화를 불러일으킬 수 있다는 사실을 알게 되었다. 또한 세대 간에 서로 이야기하는 것이 도움이 된다는 것, 할아버지조차도 갑자기 자신을 많이 이해해줄 수 있다는 것을 경험했다. 세대를 아우르는 대화는 종종 치료적인 가치를 지닌다. 반면 실제 그런 대화는 너무나도 드물다. 내 환자의 부모들은 안타깝게도 대개 자기 부모와 논쟁을 벌이길 꺼리고, 그럼으로써 가족 안에서 문제를 일으키는 해로운 역학관계를 꽁꽁 묻어둘 위험에 빠진다. 가족 모임에서 가족의 역사를 터놓고 이야기하며 함께 되돌아보는 일이 많아진다면, 서로서로 이해가 더욱 깊어질 것이다. 뢴에게도 할아버지에게도 말이다. 그리고 억지로 참아온, 받아들여지지 않았던 슬픔이 손녀에게 전이되어 번아웃으로 발전하지 않을 것이다.

아버지 없는 사회

전쟁으로 입은 복잡한 트라우마는 최근 독일 역사의 일부분일 뿐이다. 재건의 경험들이 거기에 바로 뒤따른다. 이 시대에는 많은 사람들이 생존 의지를 증명하며 모든 것을 새로이 만들고픈 소망을 실행에 옮겼다. 그러면서 재앙을 불러냈던 옛 가치들과의 씨름은 잊혀졌다. 이와 관련해서는 알렉산더 미체를리히Alexander Mitscherlich가 1963년 '아버지 없는 사회'에 대해 쓴 연구 논문에서 기술한 바 있는데, 나 나름대로 요약하자면, 아버지들은 전쟁에서 죽거나 오랫동안 전쟁포로로 잡혀 있음으로써 실제로 부재했거나 믿기 힘든 파괴를 대변하는 존재로 인식되었고, 자녀들의 모범이 되지 못했다는 것이다. 그리고 거기에서 다른, 새로운 종류의 신경증적 태도가 생겨났는데 같은 인간에 대한 냉담함과 공격성, 파괴성, 두려움 등이 특징이었다. 그리고 이 재건의 세월에 역설적인 발전이 이루어졌는데, 개인의 '주관적인 자율'이 싹튼 한편 관료주의적이고 여타 순응주의적인 강제에 순순히 따르라는 압박이 같이 증가했다고 미체를리히는 기술하고 있다.

한스는 열일곱 살로 외래진료소에 어머니와 함께 왔다. "애가 우울하다고 그러네요." 어머니는 이렇게 대화를 시작하면서 한스가 1년 전부터 갈수록 혼자 틀어박혀 지낸다고 설명했다. 자세한 사정은 이러했다. 한스는 종종 기분이 언짢고, 말이 거의 없고, 자기 방에 틀어박혀 컴퓨터와 시간을 보낸다. 어머니의 눈에는 한스가 반항하는 것 같고 괜히 유난 떠는 것 같다는 것이다.

어머니는 어릴 때부터 집안 형편이 늘 어려웠다. 부모는 소시민 가정 출신으로, 전쟁 이후와 재건 시절 무척 가혹한 여건에서 살아왔다. 부모는 온종일 조선소에서, 슈퍼마켓 계산대에서 일해야 했고, 한스 어머니와 남동생은 물질적으로 빈곤한 환경에서 홀로 서야만 했다. "그래서요? 그렇다고 제가 잘못되기라도 했나요?" 한스 어머니는 조금 따지듯이 물었다. 하지만 곧 겸연쩍게 웃으며 자기 몸을 내려다보았다. 그 바람에 어머니의 두꺼운 허리와 비만한 몸이 내 눈에 들어왔다. 남편과 일찍 헤어지는 바람에 어머니는 자신의 부모처럼 일을 많이 해야 했고, 한스 또한 자기 힘으로 살아가야 한다. 그런데 지금 팔자 좋게 우울해하며 '굴복하는' 것이다. 어머니는 그렇게 느낀 바를 요약했다.

한스는 그때까지 말할 기회가 없었다. 내가 우선 한스에게 집중해보려 했지만 어머니는 자신의 감정과 생각을 멈추지 않고 이야기하려 했다. 드디어 차례가 되자 한스는 작은 목소리로 사는 게 힘겹기만 하다고 말했다. 여러 제약에 맞서 싸울 힘이 남아 있지 않다는 것이다. 한스가 꼽는 제약으로는 먼저 아버지를 만나지 못한다는 것이 있었다. 어머니의 날카로운 질책도 끊임없이 견뎌내야 했다. 결국 한스는 이렇게 될 수밖에 없었던 것이다.

한스의 말뿐 아니라 몸가짐에서도 온통 힘겨움이 드러났다. 한스는 무시되고 외면당한다고 느끼고 있었다. 수년간 이에 맞서며 학교에서 뛰어난 성적을 올려 어머니를 만족시키려 해보았지만, 그러기에는 힘이 부친다는 것을 얼마 전부터 깨달았다. 그뒤로는 모든 것이 점점 빙글빙글 추락하며 악화돼갔다. 한스는 소진됐고, 공허하고 우울했다.

이 가족에서도 가족사가 한스의 현재 번아웃과 관련되어 있었다. 추가로 외조부모까지 만나고 나자 한스가 그저 그들의 증후군을 계승하고 있음이 또렷이 드러났다. 수척하게 마른, 삶에 실망하고 소진한 조부모가 외래진료소에서 내 앞에 앉아 있었다. 그들은 큰 희망을 걸었던 손자가 인생을 포기하는 것을 보고 무척 근심스럽고 마음이 무거웠다. 삶이 너무나 험하고 궁핍했기에 새로이 찾아온 비운에 완전히 기가 꺾이고 말았다.

대물림되는 번아웃

가족 병력을 살핀다고 해서 언제나 조부모 세대에서 유래한 병원성, 즉 유해한 영향이 요즘 세대에게 영향을 끼친다는 신호는 아니며, 이것이 바로 발견되는 것은 아니다. 하지만 뢴과 한스를 보면서 나는 번아웃의 원인이 늘 현재에만 있지는 않다는 점을 깨닫게 되었다. 두 사람 모두 가까운 과거가 뚜렷한 흔적을 남기며 여전히 유효할 수 있다는 것을 보여준다. (증)조부모 세대가 입은 트라우마가 때때로 후속세대의 부담으로 이어지며, 이를 부정하려는 노력과 재건 시대의 내핍 역시 커다란 과로를 동반하며 과부하를 일으킨다. 우리의 가족은 모두 몇 세대 전부터 외부 요소의 영향을 받고 있으며 우리가 받은 유산을 어린 세대의 영혼에 대물림하고 있다. 그리고 그 유산을 많이 노출시키고 내보일수록(이는 때로 시대의 증인들이 세상을 떠난 다음에야 가능해진다) 현재의 위기를 극복하거나 그것과 화해한 채 살아갈 수 있게 된다.

때로는 오로지 과거의 부정적 유산과 화해를 해야만 우리의 정신건강을 위협하는 감염성 요소들을 무해하게 만들 수 있다. 조부모를 구체적으로 끌어들일 필요 없이, 환자들이 부모의 내면 이미지를 공론화하고 처리하는 것으로도 충분할 때가 많다. 하지만 이런 과정은 시간이 필요한데, 우리에게는 그렇게 할 만한 시간이 없다. 심리치료는 시간이 제한되어 있고 조부모세대를 포함한 가족치료는 의료보험에서 제외된다. 하지만 나는 굳게 믿고 있다. 우리의 번아웃 키드들을 더 잘 이해하려면, 그 처리는 현시점의 몫이더라도 가족사로 시선을 넓히는 것이 도움이 된다고 말이다.

부끄럽게도 우리는 전쟁에서 트라우마를 입은 증조부모들을 대규모로 방치했다. 오늘날은 상황이 다르지만, 그럼에도 우리는 차마 역사를 되돌아볼 용기를 내지 못한다. 뒤돌아보는 시선이 우리를 방해할까봐 지나치게 두려워한다. 모두들 차라리 앞을 바라보고 싶어한다. 하지만 우리 아이들이 가족의 과거에서 비롯한 족쇄를 끌고 다닌다면, 이를 풀기 위해서는 역사의 실타래를 다시 집어드는 수밖에 없다. 그렇게 해야만 그 실로 새로운 것을 짤 수 있을 것이다.

조부모가 무거운 짐에 짓눌린 손자 손녀를 보고 마음의 문을 열고 새로이 감정을 배워나가는 모습은 무척 감동적이다. 때로 그들의 경직된 모습을 보면 자율성을 존중받으며 자라는 손자 손녀들의 경우 조부모들보다 좋은 조건에서 자라고 있다는 생각이 든다. 자율성은 우리 아이들을 위해서도 중요한 가치다. 하지만 인증제도나 계량화 등으로 대변되는 전 세계적인 경제화와 성과주의 속에서 자율성은 소비사회가 권하는 청바지 정도로 국한되고 만다. 우리는 그런 것을 입으면 특별한 사람이 되리라고 판매자들에게 설득당한다. 특별해야 한다는 압박은 동시에 이 목표를 달성하는 것이 불가능한 상황에서 물질적인 것으로 압축된다. 정신적 독립이라는 뜻에서의 자율성은 더이상 일어나지 않는다. 덫을 벗어나기가 불가능하다. 우리 아이들이 압박을 피한다면 (스스로 느끼기에) 특별해지지 못하게 될 것이고, 압박을 받아들인다면 영원히 쳇바퀴를 굴리며 진정한 자율성에는 끝내 이르지 못할 것이다.

빚더미에서 경제만능사회로

독일의 경제 기적은 분명 엄청난 집단적 성과다. 하지만 당시 공공적 성과가 오로지 세금, 즉 그 시절에 수행된 노동으로만 재원을 마련한 것은 아니었다. 경제 재건을 위해 국가가 막대한 부채를 끌어다 썼다는 사실도 요즘 세대는 잘 알고 있다. 외상으로 구매한 안락함에 우리 모두가 길들어 있다. 오늘날에는 결국 새롭게 발생하는 부채를 막기 위해 빚더미를 줄이려 애쓰고 있다. 하지만 세계 대다수 나라들이 무거운 빚더미에서 벗어나느라 신음하고 있다.

대체 정확히 누가 신음하는 걸까. 오늘날 나를 찾아오는 아이들과 청소년들이 아닐까. 장차 자신들의 노동으로 빚더미를 청산해야 할 아이들 말이다. 우리가 조만간 새로운 부채를 끌어들이지 않고 '오로지' 기존의 외상만 갚아나가야 한다면 그것만으로도 큰 진전일 테지만, 우리는 앞으로도 한참 동안 빚을 갚느라 바쁠 것이다. 여기서 우리란, 바로 젊은이들이다. 이제 그들은 자기 돈을 채벌기 전부터 장차 자신들의 노동으로 부모의 빚을 갚아나가야 한다는 것을 알고 있다.

아이들의 영혼에 지워진 이런 부담은 다양한 방식으로 나타나는데, 지난 20년간 경제발전을 거치면서 뚜렷이 드러나고 있다. 문화 면에서는 물론 의학에서도 이러한 예를 찾을 수 있다. 우리가 만든 빚더미를 더 불리지 않기 위해 비용을 절약하는 방안이 수년간 논의되고 있다. 공공기업들은 오래전 민영화되었으며, 많은 문화기업이 국가보조금이 줄어들어 어려움을 겪고 있다. 극장과 박물관의 민영화 문제도 오래전 논의가 제기되었다. 사회생활의 매우 다양한 부분이 민영화와 시장 경제의 강제 명령에 굴복당하고 있다. 이런 식으로 해서 더 효과적으로 성과가 창출되리란 생각은 몇몇 영역에서는 옳을 수도 있다. 하지만 국가가 자금을 지원해주지 않으면 고급문화가 지나치게 비싸져서 소수만이 입장료를 감당할 수 있을 것이다.

내핍 정책 실행으로 20년 전쯤부터 병원들이 팔려나가기 시작했고, 의료 서비스 민영화는 오래전부터 의도하지 않은 문제를 낳았다. 이는 날마다 언론에서 찾아볼 수 있다. 주임의사가 특정 분야에서 연간 몇 건의 수술을 집도하느냐에 따라 성과급을 받는다면, 의사는 바로 건수를 올리는 데 애쓸 것이다. 그럴 경우 엄격한 진단 없이 수술을 남발한다 해도 놀랄 일이 아니다. 따라서 전체적으로 보자면 오히려 내핍정책이 비용이 더 많이 드는 수술로 이어지게 된다.

성장에도 한계가 있다. 모든 주임의사들이 이를 놓고 병원 경영진과 토론을 벌인다. 지금까지는 분명 방법이 있으리란 악명 높은 대답만 돌아왔다. 그러나 결국 더 비싼 의료 서비스밖에 방법이 없게 된다.

경제화는 의학에도 비슷한 영향을 끼친다. 학자들도 세계적으로 업무성과를 측정받는데, 많이 인용되는 학술지에 논문을 얼마나 자주 발표하느냐가 그 기준이 된다. 그 결과 학자들은 게재가 잘되는 주제로 논문을 쓰려고 저마다 애를 쓴다. 주변 분야나 연구의 주류에서 벗어난 학과들은 우선순위에서 밀려난다. 안타깝게도 아동청소년 정신의학이 그에 해당한다. 이 분야의 연구는 값비싼 약품이나 기계와 관련이 없다. 우리의 작업은 사람과 관련되어 있는데, 그런 것은 놀랍게도 인기가 없다. 가시적 수익이 나지 않기 때문이다.

이러한 자본주의적 시스템은 학문 분야를 크게 일그러뜨린다. 학문적 사상이나 지식이 아니라 이른바 게재 가능성이 중요해지기 때문이다. 연구비는 이제 유망한 프로젝트로 몰린다. 경제 관점에서 유망한 프로젝트로.

성과 극대화와 경제화가 이렇게 결합되면서 개인들에게 번아웃을 조성하는 사회적 전제들이 만들어진다. 그리고 우리 아이들도 자라면서 이런 환경에 통합되어 들어간다. 그에 대해서는 다음 장에서 더 구체적으로 논할 것이다.

극대화된 금전사회

알렉산더 미체를리히가 전후시대를 가리켜 일컬은 '아버지 없는 사회'가 변했다. 아버지들은 이제 적극적으로 나서 아이들의 삶을 후원하고 관여한다. 물론 이혼이나 별거를 한 뒤 아이들의 삶에서 은근슬쩍 빠져나와, 홀로 아이를 키우는 어머니와 힘들어하는 아이를 내버려두는 경우는 별개로 하고 말이다. 오늘날의 아버지들은 우리 모두와 마찬가지로 사회의 발전을 위해 애쓴다. 아버지들은 전후시대의 규범에 순응해 전후사회에서 금전사회로 넘어가는 데 적극적으로 동참했다. 경제 논리가 지배하는 시대에, 극도로 복잡한 구조와 메커니즘에서 벗어나는 것은 불가능하다. 오늘날 경제논리가 지배하는 사회와 관계맺지 않으려면 아주 먼 곳을 떠돌아야 한다. 그러니 벗어나기가 불가능할뿐더러 뭔가를 바꿀 수도 없다. 이것이 젊은 사람들마저 좌절에 빠뜨린다. 어쩌면 이들이 가장 많이 좌절할 수도 있는데, 젊은이들은 원래 시험 삼아 도전해보고 새로운 것을 만들어내길 좋아하기 때문이다.

현재 경영경제학과 국민경제학에서 예컨대 국내총생산GDP 대신 번영지수(일명 '살기 좋은 나라' 지수로 레가툼 번영지수Legatum Prosperity Index라고 하며 경제활동, 기업가 정신, 교육, 보건, 안전, 개인의 자유 등 여덟 가지 분야에 점수를 매긴다 — 옮긴이)를 도입하거나 케어 이코노미care economy('위로 경제'라고 하며 돈을 주고 배려받는 관계를 사는 것을 말한다 — 옮긴이)의 관점을 고려하려는 움직임을 보이고는 있지만 어쨌든 대안이 있는 것은 아니다. 철두철미하게 경제화된 시스템은 우리가 날마다 영위하는 행위들로 생명을 유지한다. 여기서 나는 순진하고 낭만적으로 인간적인 자본주의를 꿈꾸려는 것이 아니다. 하지만 우리 모두가 매일같이 사로잡혀 있는 행위의 양상을 밝히는 것이 나에게는 중요하다.

오늘날 아이들은 어려서부터 삶의 모든 영역을 관통하는 이런 경제화를 경험한다. 모든 것이 측정되고 평가되는 것이다.

페이스북 회사의 성공 비결은 전 세계 사람들이 자신의 개인적인 정보와 습관을 노출해 결국 상품 구매가 더욱 효과적으로 이루어지도록 한다는 데 있다. 오늘날에는 빅데이터 분석으로 각 개인의 (구매)행동을 정확하게 예측할 수 있다. 극대화된 금전사회의 이런 법칙들은 모든 것을 경제적으로 환산하려는 욕구와 그렇게 해야 한다는 의무감을 동반한다. 그러한 환경에서 자라는 아이들은 거기에 익숙해지고 적응하리라 생각할 수도 있겠지만, 안타깝게도 현실은 그렇지 못하다. 우리는 명백히 한계에 도달했음을 깨달아야 한다. 상당수 아이들과 청소년들이 일상생활에서 받는 이런 압박을 극복하지 못하고, 그 결과 점점 어린 나이에 번아웃되고 있다. 우리 사회, 즉 우리 공동체의 성장 집착과 성과 욕구가 강력한 압박을 만들어내고 있다.

우리는 해마다 목표와 성과를 계획하고 협의하면서 얼마나 더 성과를 이루고 수익을 올려야 하는지, 또한 그러기를 원하는지 결정하는 데 익숙해져 있다. 우리는 직접적으로 성장의 압박에 노출되어 있다. 이제는 학교마저도 아이들과 '목표 및 성과 협약'을 맺으면서 장차 어떤 성적을 기대할 수 있을지 결정하도록 한다. 마치 자율성을 확장하고 눈높이를 맞춘 대화의 산물인 듯 보이지만 실상은 우리 사회의 모든 곳을 장악한 성과 지향의 표현일 뿐이다. 이 현상에 순응하면서 생긴 부모들의 번아웃이 번아웃 키드의 직접적 전제가 된다. 우리의 착한 아이들이 주변 어른들을 옥죄는 것과 똑같은 메커니즘에 제압당하는 것이다.

금전사회는 물질적인 것은 물론 인간적인 것까지 모두 돈으로 환산이 가능하다는 착각을 심어준다. 하지만 아이들과 청소년들의 감정을 다루며 일하는 이들은 사람이 곧 돈이 아니라는 것을 알고 있다. 아마 부모들도 직관적으로 알 것이다. 낭만적으로 이야기하려는 것은 아니다. 디지털화든 물질화든, 이것은 사람들의 삶에 있어서 특정한 목적에 유용하도록, 도구로 사용될 수 있도록 도와주는 형식일 뿐이다. 이런 시스템은 사람들 사이의, 부모와 자식 사이의, 자식과 부모 사이의 행복하고 풍요로운 관계를 파악할 수도 모사할 수도 없다. 또한 자라나는 세대의 건강 문제에도 여전히 냉담하다.

모든 것을 계산하고 평가하도록 우리를 유도하는 것은 경제학자들이 아니다. 우리 자신이다. 그렇다면 우리는 어째서 그러는 것일까? 우리 모두가 품고 있는 욕망이라는 모터도 무시할 수 없지만, 그와 더불어 우리 자신의 정신적 방어가 우리를 그쪽으로 오도한다.

우리는 의식적으로 감당하기 힘든 것은 모두 방어한다. 적나라한 인식을 꺼린다. 그리고 우리의 무의식이 이를 대신 해결해준다. 여기에 사용되는 방어기제들이 여러 가지 있다. 우리가 잘 알고 있듯이 억압을 비롯해서 전위와 투사를 하기도 한다. 불쾌한 경험을 했을 때 무의식적으로 다른 쪽으로 전위하는 것이다. 앞서 분리불안과 관련된 학교공포증을 이야기하면서 이 메커니즘을 이미 살핀 바 있다. 욕망이, 부족한 포만감이 채워지지 못하는 상황이 되면, '어쩔 수 없다'는 무력감이 해결되지 못하고 우리의 자아가 건강하게 돌봄을 받지 못하면, 물질적 보상이 그 자리를 메운다. 그리고 이는 우리에게 정확하고 확실하다는 착각을 준다.

사람은 누구나 가끔씩 '멋진' 물건으로 자신을 위로한다. 새로운 물건을 사면서 자신에게 '좋은' 일을 베푼다. 하지만 물질적인 것들이 더 많은 만족을 주지 못할 때 느끼게 되는 공허한 감정도 잘 알 것이다. 숫자들 또한 비슷하다. 우리는 통계의 세계에 살고 있다. 그리고 처칠이 남긴 명언처럼, 직접 조작한 통계가 아니라면 어떤 통계도 믿을 수 없다.

우리의 눈에는 언제나 다른 이들이 탐욕스러워 보인다. 우리는 탐욕이란 딱지를 욕심 많은 대기업 회장들에게 갖다붙이기를 좋아한다. 보통 사람으로서는 상상도 못 할 만큼 많은 돈을 버는 사람들은 탐욕스럽지만, 우리는 아니야!라고 주장한다. 안타깝게도 이것은 사실이 아니다. 오늘날에는 모두가 저마다 물질중심의 경제체제에 참여하고 있기 때문이다. 다른 것을 원하는 다수는 눈에 띄지 않는다. 그 결과를 우리는 지금 보고 있다. 이렇게 우리 아이들에게서 번아웃을 일으키는 또하나의 퍼즐조각이 나온다. 그것은 바로 성과주의를 비켜가는 것이 불가능하다는 것이다.

요구하는 가치 vs. 보여주는 가치

번아웃이란 심리현상은 주어진 일과 요구를 더이상 극복할 수 없을 때 발전한다. 모든 삶은 저마다 힘들다. 그것은 부정할 수 없는 사실이다. 하지만 어린 연령에서도 번아웃 사례가 증가하는 것을 보면서 중요한 질문 하나가 떠오른다. 사회의 강력한 요구들에 대응할 수 있는 개인적 밑천은 얼마나 될까?

평생을 쉬지 않고 일해도 청산할 수 없는 빚더미를 부모에게서 넘겨받는다면, 시작부터 압도적으로 거대한 짐을 지고 출발하게 된다. 하지만 그건 국가의 빚인데, 라고 이의를 제기할 수도 있다. 개인의 은행계좌에는 별문제가 안 된다고 말이다. 안타깝게도 나는 반박할 수밖에 없다. 국가의 부채가 개인의 삶에도 엄청난 부담을 주기 때문이다. 부정하기 힘든 이런 짐이 미래세대의 노동에 부담을 주면서 만들어내는 집단적 분위기는 아이들과 청소년들에게도 그대로 전해진다. 이 분위기 속에서 생겨나는, 또는 그런 분위기의 지원을 받는 세계적인 경제 흐름은 전문가들조차 우려할 만한 것으로 개인이 조망할 수 있는 수준이 아니다. 이는 아이들이 삶에서 좌절하게 되는 또하나의 지점이다. 부모세대마저도 삶의 '전망'을 잃었다면 이를 목도한 아이들로서는 좌절할 수밖에 없는 것이다.

어른들은 대개 이해가 안 되는 것은 전부 이른바 전문가에게 떠넘기곤 한다. 문제를 전가하는 것이다. 하지만 그렇게 하더라도 우리 아이들을 속이지는 못한다. 아이들은 부모조차도 꿰뚫어보지 못하는 '끔찍한 발전'을 목격한다. 그렇게 미래에 대한 불안이 많은 사람들을 압박한다. 어린아이들도 포함해서 말이다.

이런 압박은 경제적으로 빈곤할수록 더욱 심해진다. 2010년도에 실시된 '셸 청소년 연구'(석유회사 셸에서 지원하는 독일 청소년 연구 프로젝트—옮긴이)에 따르면, 한스의 예처럼 불우한 가정의 아이들이 주로 미래를 비관하는데, 그 비율이 무려 67%에 이른다. 경제적으로 중산층에 속하는 가족의 경우에는 이전 연도와 비교해 낙관론이 살짝 높아졌는데, 이는 좋은 조건에서 출발하는 아이가 더 낙관적으로 미래를 전망한다는 것을 보여준다.

아이들에게 나타나는 번아웃은 아직 충분한 조사가 이뤄지지 않았기 때문에 대다수 심리질환의 경우처럼 하위계층에 더 많은 영향을 끼친다고 확신할 수 없다. 우리 병원에서 보는 바로는 반반이다. 이를테면 요람에서부터 성과 지향을 타고난 유복한 상류계층 아이들이 있는가 하면, 비관적인 세계관을 품고 출발하는 불우한 아이들도 있다.

사회생활의 모든 영역을 경제논리라는 잣대로 바라보게 되면서 우리의 인식도 송두리째 변하고 있다. 의학에서도 이제는 의학적으로 꼭 필요한 것만 제공하지 않는다. 정비소에서 때로는 필요하지도 않은 수리까지 해주듯 의사들은 종종 경제적 이해에 따라 움직인다. 학계에서 어떤 성과를 획기적이라고 칭송할 때에도 정말로 의미 있는 의학적 진보를 이룬 것인지, 아니면 그저 제약회사가 뛰어난 기업적 성과를 올리게 되었다는 것인지 아무도 평가할 수 없다.

이런 세계에서 자라는 아이들은 성과가 언제나 모든 영역에서 보상과 연결되어 있다는 것을 빠르게 배운다. 하지만 인간관계는 애초에 그렇지가 않다. 애정관계는 인간성의 토대이지 결코 돈으로 주고 받는 관계가 아니다. 하지만 아이들에게는 이런 당위가 그저 이론에 머물고 만다. 관계가 항상 평가되고 감정되며 사람이 어떤 일을 하든지 보상에 신경써야 하는 곳에서는 각 개인이 활동할 수 있는 여지가 좁기 때문이다.

아이들이 인간관계를 맺고 유지하는 능력은 기본적으로 사라지거나 줄어들지 않는다. 임상 경험이 이를 뚜렷이 보여준다. 하지만 이러한 사회적 속박 속에서 자라는 아이들은, 끊임없이 성과의 압박 아래서 자라는 아이들은 관계를 맺는 것 자체를 힘겨워 한다. 모든 영역에서 성과와 보상이 요구되는 오늘날 홀가분하게 자유롭게 살아갈 수 있다고 우리들 중 누가 말할 수 있을까.

인간관계의 기본

경제는 인간 삶이 지닌 특유의 행위다. 모든 경제의 기초이자 전제는 상품가치 확립이다. 상품가치라는 전제가 있어야만 거래가 시작될 수 있다. 가치는 개인적으로 물물교환을 하면서 매겨지기도 하고 가격이란 형태로 확립되기도 한다. 어린아이조차도 이를 잘 알고 있다. 예컨대 장난감을 다른 아이의 장난감과 맞바꾸려 하면서 직관적이고 자동적으로 상품의 가치를 결정한다. 이것은 소유권을 인정할 때, 그리고 근본적으로 경쟁을 인식할 때 비로소 이뤄진다.

경쟁은 먼저 형제자매 사이의 경쟁이라는 형태로 나타나지만, 아이들 집단에서도 나타날 수 있다. 아이들은 꼭 다른 아이가 가지고 놀고 있는 바로 그 장난감을 원하곤 한다. 이전까지는 내 것 네 것 없이 온 세상을 공유하거나 온 세상이 자신의 것이었다. 그러다가 한 살이 지날 때쯤 특정한 감정적, 인지적 발달이 이뤄지고 나면 자신과 타인을 구분하게 되면서 소유의 개념이 싹트기 시작한다. 그 무렵 어린아이들은 중요한 관계들에 대해 기초적인 심리내적 표상을 형성하고(내적 대상), 잡기와 걷기를 배우며, 언어적 표현이 처음 가능해진다. 이 단계에서는 어째서 다른 아이의 장난감을 마음대로 가질 수 없는지 이해하지 못한다. 점차 아이의 발달이 진행되면서 장난감을 다른 아이와 공유하고 함께 놀기로 타협할 줄 알게 되는데 그 정도는 개별 아이의 품성과 애착 정도에 많이 좌우된다.

근본적으로 모든 인간관계는 우리 자신의 소망과 이해가 다른 사람의 것과 충돌할 때 양쪽의 충동을 균형 잡는 일이다. 일반적으로 그중 많은 부분은 비언어적으로 순식간에 일어나며 상황이 복잡해지면 서로 협의를 해나간다. 이런 문화행위는 매우 중요하다. 그렇지 않으면 우리는 개인의 소유를 위해 상대편을 해치려고 할 것이기 때문이다. 이것은 개인적 관계에서는 물론 전쟁이라는 형태로 집단적으로도 일어난다. 따라서 인간사회의 문화행위는 타협점을 찾고, 많은 사람들 간의 이해관계를 조정해서 개인의 생존을 보장하는 것이다.

한 사회는 그리고 부모는 아이들에게 타인과 관계를 맺고 대립하고 갈등하는 이해관계를 조정하도록 가르치기 위해 안간힘을 쓰고 있다.

말과 다른 부모의 행동

아이들은 언제나 부모를 한껏 존경한다. 나와 면담을 할 때면 문제가정 출신까지 포함해 모든 아이들이 가족의 가치를 대변한다. 아이들은 자기 부모를 변호하고, 그럼으로써 가족의 가치를 또렷이 내면화했음을 내게 보여준다. 어떤 아이가 그렇게 하지 않는다면 그것은 아이가 보내는 의미심장한 신호가 된다. 가족 안에서 무엇이 문제인지, 어디에서 상처를 입었거나 실패했는지 말해주기 때문이다. 아이들은 결코 부모를 헐뜯으려 하지 않는다. 부모에 대한 충성심에 문제가 생길 경우에는 차라리 소극적으로 물러나는 쪽을 택한다.

내가 만나는 많은 부모들은 자신들의 가치가 본질적으로 교육을 통해 아이들에게 전달된다고 굳게 믿고 있었다. 물론 완전히 틀린 생각은 아니지만 훨씬 본질적인 것은 '가치의 경험'이다. 아이들은 부모가 생각하는 가치가 가족 안에서 어떻게 실천되는지 보고 배운다. 때때로 부모들은 아이가 예컨대 옷가지나 전자제품 같은 문제에서 무절제하거나 지나치게 까다롭다고 한탄한다. 그럴 때면 나는 언제나 먼저 가족의 재정 형편이 어떤지 물어본다. 그러면 그들은 아이에게는 교육 차원에서 일부러 적은 용돈을 주거나 돈의 소중함을 일깨우기 위해 원하는 것을 사주지 않는다고 말한다. 정작 본인은 아이에게 허락지 않은 생활수준을 영위하면서 말이다. 아이들은 당연히 이런 모순을 알아차리고 자기에게도 똑같은 가치 적용과 같은 수준의 물질생활을 요구한다. 그러면 많은 어른들은 아이들이 언제나 가진 것보다 더 많이 가지기를 원한다고 비난한다. 새끼손가락을 건네면 손 전부를 원하게 마련이라는 '선인들의 지혜'를 인용하면서 말이다. 이것은 아이들에 대한 근거 없는 의심이다.

나의 임상 경험에 따르면 아이는 배가 부르면 일반적으로 더 먹으려 들지 않는다. 모든 아이는 가족의 가치와 능력에 자신을 맞춘다. 물론 아이들이 특정 나이가 되어 학교에서 친구들과 자신을 비교하고 경쟁하게 되면 여의치 않은 집안 형편에 대해 불만을 터뜨리기도 한다. 하지만 이런 일이 안전하고 화목한 가정 안에서 일어난다면, 아이가 포기할 줄 모른다고 걱정할 필요가 없다. 일시적인 것일 수 있기 때문이다.

그러나 아이가 실제로 '탐욕'을 버리지 못한다면 부모 처지에서 먼저 자문해보아야 한다. 배불리 먹지 못한 공허함의 표출인 탐욕이 어디에서 비롯하는지를 말이다. 감정이나 심리적으로 배가 부른 아이는 물질을 포기할 줄 안다.

우리는 아이들에게 태어난 첫날부터 가치를 전달한다. 젖먹이에게 옷을 입히는 방식, 마주하는 방식, 반응하는 방식 등 내가 제공하는 모든 감정적, 물질적 환경이 영향을 끼친다. 여기서 중요한 문제는 전적으로 돈이 아니라 가치 평가다. 나는 놀랍게도 자기 아이에게 여러 세대 물려 입은 롬퍼스(아래위가 붙은 유아용 일상복)를 입히고 그 점을 특별히 자랑스러워하는 부모들을 가끔씩 만나곤 한다. 부모들 자신은 멋진 옷에 큰 가치를 두면서 아이에게는 색이다 빠져버린 옷을 입히는 것이다. 이것은 돈의 문제가 아니다. 가난한 부모가 아이에게 헌옷을 입혀도 세심한 주의와 사랑을 담는다면 물 빠진 롬퍼스는 문제가 되지 않는다. 결정적인 문제는 부모의 실제 삶과 가족 안에서 물질에 두는 가치에 차이가 벌어지는 것이다. 물질적인 문제를 두고 싸움이 벌어지면 악순환이 쉽게 일어나 모두가 싸움으로 지치고 결국에는 탈진해 서로 등돌리게 된다. 모두가 외적인 것을 두고 국지전을 벌이다 진이 빠지게 되면 이런 형태의 탈진 또한 번아웃에 기여할 수 있다.

물질적인 것만이 문제일까

이처럼 별것 아닌 듯 보이는 물건부터 가치를 전달한다. 나는 너도 나와 똑같이 대한단다. 너는 나에게 중요하단다. 이런 메시지가 물건을 통해서도 전달되는 것이다.

하지만 이와 더불어 삶으로도 가치가 전달된다. 사람이 아이를 가지게 되면 그 즉시 삶이 송두리째 도마에 오른다. 내가 종종 놀라는 것은, 부모들이 아이와 관련해 어떤 진실을 말로 표현하지 않으면 그것이 아이에게 전달되지 않는다고 믿는 것이다. 그들은 그런 진실을 개별면담 자리에서 내게 털어놓거나 아이를 문밖으로 내보낸 뒤 이야기하곤 한다. 그러고선 내가 들은 바를 아이에게는 비밀로 해주기를 거듭 당부한다. 나는 내가 부모 쪽의 비밀을 공유하는 사람이 된다면 진정한 심리치료가 힘들어진다고 곧바로 이야기한다. 심리치료는 환자와 의사 간의 신뢰와 존중이 가득해야만 효과가 있기 때문이다. 아이가 집에서 신뢰관계를 경험하지 못할 때는 더욱 그렇다. 물론 아이에 대해 되도록 많은 정보를 전해주려는 부모의 마음은 이해가 간다. 그리고 가족 간에도 언제나 모든 것을 말로 표현하지는 않는다는 사실도 알고 있다. 하지만 가정에서 부모와 아이 혹은 부부가 서로 성공적으로 관계맺기 위해서는 최소한 정직함과 진실함에 대해 공유하는 최저한도의 가치가 (되도록 포괄적으로) 있어야 한다.

다루기 힘든 아이를 데리고 온 부모에게 나는 우선 아이를 대하는 태도를 바꿔보라고 조언한다. 그리고 실제로 말로 표현되지 않은, 진심 어린 비언어적 태도의 변화가 관계에 영향을 끼친다는 가설이 확증되는 것을 목도하곤 한다. 그런 부모들은 다음 약속시간에 와서 놀라워하며 내게 이야기한다. 아이에게는 아무 말도 하지 않고 그저 부부가 마음속 태도를 변화시키려 힘껏 애를 썼을 뿐인데, 그 결과 아이에게서 의미심장한 행동 변화가 나타났다는 것이다.

나로서는 별로 놀랍지 않다. 우리가 다른 사람에 대해 품은 총체적 관점은 말이나 말투를 통해서만이 아니라 마음속 태도를 통해서도 전해지기 때문이다.

우리가 중요하게 여기는 가치와 그에 따른 행동양식은 비언어적이고 직관적으로 전달된다. 부모는 아이가 그것을 인지하고 수용한다는 점을 믿어도 된다. 아마 스스로 그다지 자랑스러워하지 않을 그런 특성까지도 포함해서 전해질 것이다. 이것은 막을 수가 없다. 이런 깨달음은 한편으로는 우리를 안심시켜주지만, 또다른 한편으로는 우리의 태도가 그것만으로도 어떤 가치를 전달하고 있으며 그것이 우리가 원하는 것인지 곰곰이 생각하도록 자극한다.

'물고기는 머리에서부터 악취를 풍긴다'는 속담이 있다. 기업이나 병원의 분위기는 그 대표가 결정한다는, 즉 회사 전체의 분위기는 대표의 태도를 본받는다는 뜻이다. 대표가 직원을 대하는 태도를 직원이 다시 고객이나 환자에게 전달하는 것이다. 물론 성인의 경우에는 각자 개성에 따라 행동하기 때문에 일대일로 딱 맞아떨어지지는 않는다. 하지만 어쨌든 이것은 사실이며, 그 때문에 경영 훈련 세미나마다 대표의 태도라는 주제를 자세히 다루고 있다.

번아웃 키드의 경우에는 이렇다. '엄마 아빠는 성적은 그리 중요하지 않다고, 중요한 것은 내가 행복한 거라고 맨날 그러지. 하지만 정말로 그렇게 생각할까? 아빠는 자기는 전혀 그렇게 살지 않으면서, 그리고 실업급여 받는 사람들보고 게을러빠졌다고 욕하면서 말이야.'

부모가 자신의 마음속 태도를 당장 변화시키기는 어려울 것이다. 하지만 메커니즘을 잘 이해하고 자기도 모르게 자신의 가치를 아이에게 전달하고 있다는 것을 깨닫는다면, 더 조심스럽게 행동하며 변화과정에 시동을 걸 수 있다. 부모로서 자신들이 어떤 가치를 전달하고 있으며 어떤 가치를 전달하길 원하는지 서로의 의견을 나누어보는 것이 좋다. 특히 아이들이 과로와 탈진의 위기에 처했을 때는 더욱 필요하다.

우리 사회는 어떤 가치를 소중히 여길까

부모의 개인적인 가치와 더불어 우리가 삶으로 실천하는 집단적인 가치도 있다. 최근 독일 연방 통계청의 평가에 따르면 평화(60%), 인권(46%), 민주주의(34%) 이 세 가지가 가장 중요한 사회적 가치로 꼽혔다. 낮은 순위에는 자아실현(7%), 평등(7%), 종교(4%) 등이 있었다. 가장 중요한 개인적 가치로는 친구(84%), 가족(78%), 행복한 파트너 관계(75%)가 상위그룹을, 새로운 학습(49%), 넉넉한 형편(34%), 예술 이해(10%) 등이 뒤를 이었다. 무척 만족할 만한 결과다.

하지만 이는 그저 희망사항일 뿐이다. 많은 사람들의 생활과 노동 현실 속에서 이는 절대적인 가치로 존중받지 못하고 있다. '일과 생활의 균형Work-Life Balance'을 1에서 5까지 점수로 매겼을 때(숫자가 작을수록 좋은 상황을 나타낸다) 독일은 2.74점으로, 유럽 기준에서 크게 뒤처진 체코 바로 뒤에 있다. 평균점인 2.5에도 못 미치는 것이다. 독일인 중 단 1%만이 자기 삶에 전혀 만족하지 못한다고 밝히고 있지만, 일하는 어머니들의 반 이상이 자신을 위해서도 아이를 위해서도 시간이 너무 모자라다고 진술하고 있다. 이것은 기대와 현실이 얼마나 동떨어져 있는지 보여주는 한 가지 예일 뿐이다.

부모들은 한결같이 자식에게 최고의 것을 주고 싶어한다. 아이의 일에 적극적으로 참여하고, 아이를 되도록 좋은 학교에 보내려한다. 이 때문에 외래진료소에서 가장 힘든 일은 나쁜 소식을 전하는 일이다. 잘 알려지지 않은 사실은, 많은 부모들이 우울증이나 불안장애 같은 진단보다 아이가 지능이 낮고 심지어 학습부진일수도 있다는 통보를 더욱 심각하게 받아들인다는 것이다.

나는 부모들의 이런 모습이 지나친 성과 지향을 드러낸 것이라 생각하지 않는다. 사람은 누구나 자기 아이가 우리가 지금 살고 있는 사회에 최대한 잘 적응하기를 바랄 것이다. 성과 지향 사회에 사는 우리에게 이러한 대응은 어쩌면 당연할 수 있다. 하지만 문제는 개인적인 재능이 아비투어 쪽에 맞지 않는 아이들도 있다는 사실을 때때로 간과한다는 것이다.

우리 사회에서는 모두들 예비학교와 학교에서 좋은 성적을 올려야만 이후에 잘 살 수 있다고 이야기한다. 게다가 동시에 우리는 성공적으로 일하려면 일과 삶의 균형은 포기할 수밖에 없다고 삶으로 증거하고 있다. 아버지들은 주말아빠가 되고, 어머니들은 번번이 한탄하듯 자신을 돌볼 시간도 없는 삶. 결국 아이들도 눈치챈다. 아이들은 섬세한 육감으로 가족 안의 가치를 느낀다. 그리고 다음과 같은 질문들을 품게 된다. 부모들이 아이들과 보내는 시간을 얼마나 소중히 여기는가? 우리가, 주변사회가, 아이들을 위해 얼마나 많은 시간을 쓰는가?

오늘날의 가족

경제논리에 사로잡힌 가족

잘살고픈 기대, 어머니와 아버지가 똑같이 일해서 가족의 살림에 기여했으면 하는 바람이 커지고 있다. 오늘날에는 독일에서 직업활동을 하는 어머니가 70%에 육박한다. 물론 모두가 종일근무는 아니지만 아이가 클수록 그 비율이 높아진다. 여기서 주목할 것은 여성 취업의 우선적인 목적이 미디어가 시사하는 바대로 여성들의 자아실현이 아니라는 점이다. 가족의 생계가 목적이다. 많은 어머니들이 원하든 원하지 않든 일을 해야 한다. 독일의 평균 가구소득은 연방 통계청의 보고에 따르면 3700유로(약 480만 원)다. 그중 16%의 가정은 소득이 2058유로(약 270만 원) 이하로 빈곤선 아래에 있다.

편모가정의 경우에는 이 비율이 16%에서 39%로 올라간다. 혼자서 아이를 키우는 어머니들은 더더욱 힘든 상황들을 맞닥뜨린다. 아동청소년 정신의학자들이 그런 형편을 잘 알고 있는데, 그런 가정의 아이들이 유난히 심리질환이 잦기 때문이다. 그렇다고 그 어머니들에게 잘못이 있다는 뜻은 결코 아니다! 그들은 대개 자기 것을 많이 포기한 채 아버지의 '빈자리'를 메우려 더욱 과로하고 있다. 아이들과의 다툼과 어려운 재정 형편은 이런 어머니들의 상황을 한층 어렵게 만든다. 그들은 아이들을 키우며 우울한 일상을 극복해야 한다. 아버지는 주말에 생색만 내면 되는 반면에 어머니들은 피로로 소진되어 실의에 빠진다. 그러면 아이들은 어떻게 될까? 아이들은 그 틈에서 잘해나가려 노력하다가 마찬가지로 과로에 지치고 만다.

이런 이야기를 여기서 강조하는 이유는, 번아웃은 그야말로 탈진우울증이기 때문이다. 탈진은 부모의 분열에서 기인할 수도 있다. 그런 경우 아이 또한 부모 양쪽에게서 상처를 받는다. 때문에 번아웃은 이혼이 낳은 많은 결과 중 하나일 수 있다. 물론 부모가 모두 있는 가족 또한 사회적 몰락과 싸운다. 빈곤이 증가하면서 아이들 또한 힘겹게 현실을 견뎌낸다. 또한 부모가 경제활동으로 시간이 없기 때문에 아이들은 홀로 서야 한다는 부담이 커진다.

내가 피오나를 만난 것은 이 열세 살짜리 소녀가 심각한 수면장애를 앓고 있었기 때문이다. 피오나는 이미 초기 면담에서 온 가족을 짓누르는 압박에 대해 설명했다. 아버지는 막 일자리를 잃었고, 부모는 상황이 더 악화되기 전에 집을 팔기로 결정했다. 피오나는 집에 애착이 강했다. 그 집에서 태어나 자랐고, 정원을 무엇보다 사랑했다. 피오나는 눈물을 글썽이며 자기 인생에 닥칠 변화를 이야기했다. "아빠랑 엄마한테 먼저 제 말부터 팔자고 했어요. 용돈도 지금 당장은 필요 없어요. 그저 우리가 그 집에서 계속 살 수 있고 엄마랑 아빠가 다시 행복해진다면 좋겠어요!"

나중에 아버지가 그 말은 별로 비싼 동물이 아니라고 내게 설명해주었다. 하지만 부부는 딸이 진심을 다해 헌신적으로 가족의 미래를 위해 애쓰려는 모습에 감동받았다. 그리고 피오나가 가족을 돕기 위해 그렇게 애쓰면서 자신의 모든 것을 주려는 것에 양심의 가책을 받았다.

부모 면담을 하면서 이 가족이 실제로 얼마나 위협감을 느끼는지 또렷이 드러났다. 아버지가 작은 사업을 하다가 파산했는데, 어머니도 쭉 아버지 회사에서 일을 거들던 차였다. 빚이 엄청나게 많이 생겼는데 앞으로 어찌해야 할지 아무도 몰랐다. 무서운 패배감이 가족을 둘러싸고 있었고, 미래에 대한 불안이 손에 잡힐 듯 가까웠다. 피오나의 가족에게 지속적인 경제적 도움을 줄 수는 없었다. 아이나 부모나 모두들 뭔가 다른 것이 필요했다. 첫번째는 심리치료를 통해 위로와 지지를 받는 것이었다. 나는 피오나에게 심리치료를 제안했고, 피오나의 슬픔과 걱정이 부모에게 부담이 되지 않는다는 것을 이야기했다. 가족 구성원 전체가 제때 개입을 받지 못한다면, 세 사람이 모두 번아웃에 걸리는 것은 시간문제였다.

분명히 피오나 가족은 실업급여를 받는 수준으로 금방 굴러떨어질 처지는 아니었다. 어쩌면 이것을 상류층의 엄살쯤으로 여길 이들도 많을 것이다. 집이랑 말만 팔면 해결된다니 그런 문제쯤 나라면 얼마든지 겪겠네, 라고 말이다. 하지만 가족 구성원에게 미치는 심리적 메커니즘은 실업의 경우와 같다. 당사자들은, 그러니까 아이들을 포함해 온 가족은 기댈 곳 없다는 사실에 혼란스럽고, 자신들의 무력감에 무섭도록 가치가 깎인 기분을 느낀다. 사람들은 하루하루 자신의 능력껏 일하는 데서 많은 자부심을 얻는다. 그러나 부모 자신의 노동력이 이제 아무런 쓸모가 없다는 사실을 깨닫는 상황에서는 피오나의 희생도 가족을 구하지 못한다.

자연재해가 집을 파괴하면 마찬가지 트라우마를 입는다. 하지만 이 경우 사회는 다른 식으로 '지지를 보낼' 것이다. 경우에 따라서 보험이 손을 내밀 것이고 죄책감을 느낄 필요도 없다. 그러나 경제적 파산이나 실업은 다르다. 무방비로 버려졌다는 느낌과 무능에 대한 자각은 무기력으로 이어진다. 다시금 명심할 것은 무방비로 방치된다는 사실이 스트레스를 낳는다는 점이다.

부모의 불안이 아이를 잠식한다

실업은 물론 대단한 위협이다. 하지만 그런 가족만이 문제는 아니다. 오늘날 많은 가족들이 겪는 문제는 경제 곳곳에서 드러나듯 노동시장 유연화와 노동력 강화이다. 아버지나 어머니가 매일같이 행복하고 활기차게 집으로 돌아와 만족스러운 직장 일에 대해 이야기해주는 일은 없다. 예전에도 늘 그렇지는 않았지만 그래도 기본적인 만족은 있었다. 평생 한 직장에서 일할 수 있다는 확신이 있었기 때문이다. 하지만 오늘날에는 연방 노동청의 통계에 따르면 30세 이하의 70% 이상이 기간제 노동 계약을 맺고 있다. 불안정한 일자리는 마음의 안정을 무너뜨린다. 이런 상황에서 아이들에게 마음의 안정을 삶으로 보여줄 수 있을까.

오늘날의 부모들은 집으로 돌아와 이야기한다. 늘어나는 일거리를 해결해야 한다고, 일터에서 부담이 가중되고 있다고, 새로운 컴퓨터 프로그램이 도입되고 새로 배울 게 또 생겼다고. 예전에는 그것으로 충분했던 전문능력들이 오늘날에는 쓸모없는 것이 되었고, 모두가 끊임없이 시험대에 올라 검사를 받는다. 변화에 잘 적응하는가? 빠르게 숙달하는가? 원래 할 일은 물론이고 개인비서 역할까지 잘 해내는가? 로봇 같은 속도로 반응하는가? 노동자 수요가 적을 때에도 고용주가 꼭 필요로 할 만한 귀중한 전문능력을 증명할 수 있는가?

이것은 상황의 한 측면일 뿐이다. 또다른 측면은 아이들에게 더 현실적이고 구체적이다. 올해는 휴가여행을 생략하는 편이 좋겠다는 이야기가 나올 때, 부모가 개학한 뒤 벌써 세번째로 투덜대면서 학용품 구입비 및 교재비를 줄 때, 또는 아이가 다른 친구들처럼 자기도 스마트폰을 갖고 싶은데 얻을 수가 없을 때도 그렇다. 부모들은 아이들의 물질적 요구에 비판적으로 대처한다. 오늘날에는 대개 먹고사는 문제는 없기 때문이다.

하지만 아이들의 물질적 굶주림은 이중으로 스트레스를 불러일으킨다. 부모는 아이의 요구하는 태도 때문에 스스로를 자책하면서 아이를 질책하고, 아이는 부모의 비난에 더해 또래들로부터도 부담을 받는다. 부모 또한 집에서 더이상 모든 요구를 다스릴 수 없다고, 모두를 '배부르게 할' 수 없다고 느낀다.

오늘날 부모들이 직업 세계에서 받는 요구는 더 많은 사람과 함께, 더 많은 동료와 함께 해마다 늘어나는 일을 해치우는 그런 부담이 아니다. 노동력 강화는 마법 같은 주문으로 효율성 증대, 작업과정 간소화를 뜻한다. 주관적으로나 객관적으로나 개인에게 할당된 근무량이 끊임없이 증가하는 것을 에둘러 표현하는 슬로건이다. 한때는 이례적인 성과였던 것이 금세 통상 사례로 변한다. 그러면 아이들에게는 기진맥진한 부모가 남는다. 그들은 집에서 아이들과 생활하면서 받는 '평범한' 스트레스에 더는 일상적으로 대처하지 못한다.

그런데 어째서 이것이 아이들에게 압박으로 이어질까? 아이들은 행복한 부모를 원한다. 그래서 적어도 마음속으로, 정신적으로 부모에게서 부담을 떼어내어 자기 어깨에 짊어진다. 아이들은 함께 나르기를, 함께 돕기를 원하며, 그러면서 종종 과로의 감정까지 넘겨받는다. 본인은 전혀 과로를 하지 않았음에도 말이다.

부모가 느끼는 과로와 지나친 요구라는 감정도 아이에게 전염된다는 사실을 나를 찾아온 많은 부모들은 이해하지 못했다. 아이들이 그럴 만한 '객관적인' 이유가 전혀 없는데도 과로로 지친 것에 부모들은 심지어 실망한다.

부모가 암과 같은 병에 걸린 아이들을 치료하면서 우리는 부모의 걱정과 두려움이 아이에게 전달되는 양상을 많이 보았다. 그리고 때로는 아이의 상태를 보면 온 가족의 상태가 어떤지 읽어낼 수 있다는 것도 알게 되었다. 이제 가족 구성원을 하나씩 다시 한번 자세히 살펴보기로 하자.

어머니, 아버지, 조부모

앞서 역사적 고찰에서 그랬듯이 조부모에서부터 시작해보자. 조부모가 살던 시대는 새롭게 출발할 수 있다는 희망과 평화의 축복이 어린 상태였다. 반면에 오늘날의 부모들은 자식들이 매일매일 스트레스를 해결하려 애쓰는 모습을 지켜봐야 한다. 자신들은 이제 더 힘겹게 일하지 않아도 된다는 사실에 어서 노동이 끝나기를 간절히 기다리고 있지만 실망스럽게도 자식들이 더 나은 삶을 살기를 바랐던 희망은 실현되지 못했다. 그들은 현대사회의 속도와 기술에 불안해하거나 불안까지는 아니라도 적어도 뒤처졌다는 느낌을 받는다. 벌써 오래전부터 이해하지 못하는 것들이 많아지고, 옛 가치를 소중히 간직하는 데에나 만족하고, (그럴 돈이 된다면) 여행과 신문과 오랜 벗인 책의 세계로만 물러나고 있는 것만 같다.

세계 경제 위기에서 비롯된 공포는 개인들에게 이런 실망감을 강화하고, 현재 진행되고 있는 종교적 광신과 계몽된 인권 사이의 이해하기 힘든 세계 분열이 이를 한층 북돋운다. 평화가 단번에 다시 불확실해졌다. 극단적인 모순들이 모든 이들을 당황시키고 특히 조부모들의 경우에는 심리적으로 방어기제가 작동하면서 후퇴하려는 경향을 강화한다. 가족으로 후퇴하는 것이 아니다. 가족은 이제 가까이에 살지 않기 때문이다. 그보다는 차라리 고립으로 후퇴한다.

오늘날의 조부모는 자신들이 물려주는 유산을 불안해한다. 자식들과 손자 손녀들에게 평화롭고 살 만한 세상을 남겨주지 못할까봐 걱정한다. 결국 상황을 제대로 통찰하지 못하고 잘못된 길을 선택했다는 실망감이 조부모세대의 가슴속에 쌓였다.

이런 불쾌한 기분은 미래세대에게 너무 많은 빚을 남긴다는 죄책감이 추가되면서 더욱 강력해진다. 국고에 너무 많은 빚더미를 쌓은 것이다. 이런 기분을 안고 조부모세대는 퇴장한다. 그들은 자식들에게 자랑스럽게 왕관을 넘겨주지 못하고 우울하게 물러나면서 조심스럽고 울적한 눈으로 손주들을 바라본다. 아직 때묻지 않고 '순결하고' 아이답게 행복해야 할 손자 손녀들. 그들이 그렇지 않다는 것, 아동청소년정신과 의사에게서 번아웃을 진단받았다는 것을 아는 순간 조부모들 마음속에서 저항심이 일어난다. "절대 그럴 리가 없어! 이게 다 아동정신의학과 아동심리학의 새로운 유행인 거지. 내 손자 손녀를 억지로 불행하다고 말하려는 거야!"

매우 드문 일이지만, 우리가 개인 면담에서 만나 차분하게 대화하기 시작하면 조부모들은 반발심보다 아이들을 걱정하는 마음과 죄책감을 표현한다. 조부모들은 정말로 손자 손녀들이 편해질 수 있도록 힘을 보태고 싶어한다. 외래진료소에서 내가 겪는 바로는, 조부모들에게 감정적으로 다가갈 수 있다면 그들도 아이들을 쉽게 이해할 수 있다는 것이다. 조부모들의 위로는 아이들에게 많은 도움이 되며, 번아웃을 악성 물질처럼 신속하게 손자 손녀와 가족에게서 제거하려 하는 것보다 더 중요하다.

노동 세계의 요구에 갇힌 부모

부모는 자신의 스트레스를 극복하는 것만으로 바쁘다. 정신없이 일하면서 매일 안팎에서 받는 요구들 사이에서 곡예를 부린다. 노동력 강화를 비롯한 노동 세계의 요구 같은 것들이 외부적인 압박이라면 안으로는 자신의 관심사를(바라건대 배우자와 조화를 이루면서) 실현하고픈 욕구와 가족과 아이들의 욕구를 잘 조정하려는 바람이 있다.

아버지들이 홀로 떨어져 자기 일에만 관심을 두려는 경향이 큰 반면, 어머니들은 양쪽 사이에서 균형을 잡느라 그만큼 더 힘을 소모시킨다. 일을 하고 자아를 실현하려는 욕구는 아이를 돌보는 일과 자동적으로 경합하고, 그러면 어머니들은 자신의 욕구를 가장 뒤로 물린다. 아이를 갖는다는 것은 언제나 변함없이 포기를 뜻한다. 어머니들은 자기 부모를 보면서 그리고 우리 사회의 관념을 통해 이 태도를 내면화했다.

어떤 경우 이러한 포기는 아이들에게서 느끼는 기쁨과 아이들의 사랑으로 보상받는다. 수면 부족이라든가 아이에 대한 걱정 등으로 보람보다 포기가 크게 느껴지는 시기가 있더라도 극복할 수 있다. 언젠가 큰 기쁨과 깊은 사랑, 감사의 시간들로 상쇄되리란 것을 직관적으로 알기 때문이다. 하지만 잿빛 일상에서, 특히 아이가 청소년으로 자라고 부모로서 한계를 느끼게 될 경우 긍정적인 느낌은 쉽게 사그라질 수 있다. 그러면 어머니들은 (반나절) 일을 마치고 녹초가 되어 집에 돌아와 이것저것 요구만 많은 아이들을 만난다. 아이들과 실랑이를 벌이며, 요리사와 가사도우미로 전락한 기분을 느낀다. 경제적인 압박이 클수록 체감하는 생활의 질이 그만큼 떨어져 극단적인 양상으로 흐르기도 한다.

부모, 특히 어머니들은 소용돌이에 빠져 밑으로 빨려들어가는 기분을 느낀다. 휴가를 가더라도 이러한 일상의 무게에서 빠져나오기란 불가능해 보인다. 물론 거기에는 많은 사람들이 너무 큰 기대를 걸고 휴가를 가는 탓도 있다. 그러나 모든 욕구가 다 충족될 수 없다는 사실은 금세 드러난다. 어머니들이 휴가를 가서도 여전히 살림꾼 역할을 맡아야 한다는 것을 깨닫는 순간, 적어도 직장 일까지 동시에 하는 부담은 덜겠지만, 즐거움은 순식간에 사그라든다. 탈긴장우울증*인 셈이다.

탈긴장우울증*

사람들은 이상하게도 한껏 고대했던 휴가를 떠나면 처음 며칠 동안 앓곤 한다. 이런 현상을 탈긴장우울증이라고 부른다. 상당한 기간 동안 긴장이 지속되면 선을 넘지 않는 한 면역체계도 이러한 요구에 상응하는 조건에 맞춰진다. 그러다가 요구가 갑자기 약해지면 면역체계 또한 이에 반응해 효력이 떨어지고. 그러면 신체가 방어태세를 잃어서 감기에 걸리나 다른 질환에 감염될 수 있다. 이런 현상은 정신적 차원에서도 발견된다. 예컨대 내가 만나는 많은 의대생들이 실망과 당혹스러움을 내비치며 이야기하곤 한다. 시험이 끝나기를 기다렸는데, 막상 시험이 끝나면 갑자기 기운이 빠진다고 말이다.

내 외래진료소 이야기로 다시 돌아오자면, 내가 만나는 많은 부모들이 청소년 자녀가 집안일을 좀체 거들지 않는다고 불평하며 실망과 분노를 드러내곤 한다. 쓰레기 좀 버리고 오라고 부탁해도, 혹 부탁을 들어준다면 몇 시간이나 지나서야 들어준다. 그런 가정에서는 심심찮게 실망과 다툼의 악순환이 일어나고, 그러면 청소년들은 더욱 집에 있기를 꺼리게 된다. 현관문을 들어서자마자 나쁜 기분이 덮쳐오고, 그러면 그들은 축 처진 어깨로 반응하고, 부모는 다시 그것을 자신을 공격하는 행위로 이해한다. 그런 식으로 모두에게 불쾌한 부정적인 악순환이 생겨난다.

우리 분야에서는 이런 말이 있다. '아이와 권력다툼을 하는 사람은 이미 진 것이다!' 자신의 뜻을 관철시킬 자신이 없다면 차분하고 조리 있는 대화가 가능할 때까지 '싸움 구역'을 벗어나야 한다. 또 실제 자신의 뜻을 반드시 관철시킬 필요가 있는 경우는 드물기도 하다.

집안일의 분배는 꼭 나누어서 일할 필요가 있을 때에만 진짜로 의미가 있다. 집안일은 가정의 설립자, 즉 부모의 일차 과제라고 지적하면 반감을 보이는 부모들도 있다. 특히 아버지들은 교육 차원에서 아이들이 어떤 것을 '인생을 위해 배워야' 한다고 생각한다. 하지만 인생을 헤쳐나가는 법을 아이들에게 실천으로 충분히 보여준다면 걱정할 필요가 없다. 정작 아버지들 자신은 어머니와 가사노동을 전혀 나누지 않는 경우도 종종 있다. 모든 가족은 저마다 서로를 대하는 최대한 자연스러운 방식을 찾아야 한다. 가사분담문제도 마찬가지로, 이것은 무엇보다 먼저 어른들의 일이다. 아이들이 부모의 강요에 대응하던 것을 멈추고 무기력한 태도를 보인다면 이 문제에서 부모는 그만 평화롭게 후퇴할 차례다.

이것이 아이들의 번아웃과 무슨 관계가 있을까? 말로 드러내지 않는 요구와 불만족도 영향을 끼친다. 가족 안에서 높은 긴장이 퍼졌다면 부모에게만 힘든 것이 아니다. 긴장 상황에서는 내적이고 심리적인 상태만으로도 견디기 힘든 스트레스가 생겨난다. '객관적으로' 보았을 때 외부에서는 과도한 스트레스 요인이 발견되지 않더라도 말이다.

때때로 나는 가족들에게 가족 안의 긴장이 얼마나 뜨거운지 묻곤 한다. 그리고 그 온도에서는 탈진이 확산되는 것이 놀랄 일이 아니라고 말해준다. 아이들의 경우 고집이나 반항 같은 태도는 그 자체로 과로를 요하는 힘든 일이다. 아이들과 청소년들이 병원에 입원해 부모에게 반항할 일이 없어지면 놀랍게도 홀가분하고 편안한 반응을 보이곤 한다. 우리가 꼭 그런 이유만으로 입원을 지시하지는 않지만 인상 깊은 부수 효과임에는 틀림없다. '싸우다 지친' 아이들은 과로로 지친 아이들이다. 그리고 그런 많은 아이들이 부모의 모습을 그대로 따라간다.

오늘날 가족은 작은 기업 같다. '아이들이 장차 더 나은 삶을 살도록' 소득과 부를 늘리는 데 신경쓴다. 그리고 물질적인 환경이 현재의 조건에서 후퇴하지 않도록 모든 가족 구성원이 분투한다. 신분 상실이나 계층 하락은 경험상 절대 일어나서는 안 되는 것으로 규정한다. 때문에 그런 일을 당한 가족은 극도의 스트레스를 받고 때로는 트라우마까지 입는다. 이를 보면 가족의 경제적 살림이 얼마나 중요한지 알 수 있다. 꼭 언제나 극적인 양상을 보이는 것은 아니지만, 이혼으로 인한 물질적 변화도(오늘날 독일에서는 전체 결혼의 47%가 다시 이혼을 맞는다) 마찬가지로 중요하다. 살림을 꾸려가기가 어려워지고 이혼 후 양육비나 위자료로 인한 이중의 살림비용이 가족의 부양자들을 괴롭힌다.

아이들에게는 이 경우 단순히 물질적인 것만이 문제가 아니다. 아이들은 언제나 새로운 생활 환경으로 부모를 따라갈 각오가 되어 있기 때문이다. 하지만 부모가 갈라서면서 버림받고 배신당했다는 느낌, 쓰라린 감정적 상실이 마음속에 들어서면 이런 감정은 쉽게 물질적인 것으로 전위된다. 그러면 상실감은 유명 청바지나 다른 명품에 대한 허전함으로 대치된다. '엄마 아빠가 나한테 이런 짓을 저지르고 나를 버린다면, 나는 적어도 옷은 멋지고 좋은 걸로 입어야지. 나는 이제 기댈 곳이 별로 없어. 나랑 우리 집이 어떤 상황인지 파티에서 아무도 알아채선 안 돼.' 아이들이 물질적인 것에 집착하는 과정이다.

경제논리의 덫에 걸린 아이들

오늘날 우리 아이들이 어른들과 마찬가지로 경제성이라는 좁은 건물에 갇혀 살고 있다는 것은 이미 뚜렷하게 드러난 사실이다. 아이들은 모든 일을 잘해내려 애쓰는 부모를 본다. 부모가 달리 배출구를 찾지 못해 가족 안에서 압력이 높아지고 "이거 해라, 저거 해라" "다 했니?" "왜 안 했지?" 같은 훈계가 늘어날 때면 이를 외면해버린다. 그러고는 근심 걱정 없는 피상적인 디지털 세계로 달려가 친구들로부터 언뜻 중요해 보이는 온갖 정보들을 숨가쁘게 주워모은다. 아동청소년 정신의학자들이 예전에는 아이가 사회에 잘 편입되었는지 알아보기 위해 친구의 생일에 초대를 잘 받았는지 물어보았던 반면, 오늘날에는 페이스북 친구가 얼마나 되는지 물어보곤 한다. 숫자가 아이의 통합 정도를 가리켜준다. 번아웃 키드들은 이런 관계에서 변두리에 속하는 편으로, 또래집단에 끼어드는 데 어려움을 겪는다. 소외는 이 밖에도 여러 양상으로 나타난다.

오늘날의 아이들은 삶의 일부가 늘 공개된 환경에서 자란다. 아이들은 거대한 디지털 경제의 구성요소다. 그곳에서는 조부모가 살았던 경제 기적(!)의 시대처럼 더 크게, 더 빨리, 더 멀리가 다시 살아나고, 단시간에 얻는 명성과 돈이 중요하게 여겨진다. 디지털 미디어에서는 누구에게나 기회가 균등하다는 신화가 대번에 유명하고 중요한 사람이 될 수 있다는 순진한 환상을 부채질한다. 하지만 이런 자아도취적 환상의 이면에는 별 볼일 없는 존재로 남거나 순식간에 추락할 위험이 도사리고 있다. 죄인을 기둥에 묶어두고 조롱하는 시스템이 활성화되고, 아이들이 인터넷에서 신상이 털리고 놀림받을 수 있는 가능성이 늘어났다. 텔레비전에서 방송

되는 무수한 관음증적 포맷에서 이미 보인 바 있듯이 승리와 패배, 숭배와 비웃음 사이의 경계는 종이 한 장 차이다.

　오해를 피하기 위해 밝히자면, 아이들이 디지털미디어 때문에 자동적으로 더 피상적이 되고 관계에 문제가 생기는 것은 아니다. 아이들이 디지털 세계의 영향을 받는 정도는 가족 안에서 감정적 관계가 어떻게 형성되어 있는지 그 결과에 달려 있다. 관계가 어떻게 작용하는지에 대해 아이들이 배우는 곳은 다름아닌 가정이기 때문이다. 또한 아이들은 발달과정에서 건전한 자아도취˚가 필요하기도 하다.

자아도취(나르시시즘)˚

그리스 신화에 나오는 나르키소스는 강의 신 케피소스와 요정 리리오페의 아름다운 아들로, 물에 비친 자신의 모습에 반해서 줄곧 이 아름다운 젊은이를 쫓다가 결국 죽음에 이른다. 나르키소스가 죽은 것은 자기 자신을 제2의 인물로 생각하지 못했기 때문이다. 자아도취는 일종의 자기애다. 자기애는 어느 정도까지는 꼭 필요한데, 자기애가 없다면 자긍심을 가질 수 없으며 항상 다른 사람이 가치를 지정해주고 승인해주는 데 의존하기 때문이다. 반대로 자아도취가 도를 넘은 사람은 오로지 자신만을 생각하고 자신을 주변 사람들보다 소중하고 뛰어나고 중요하다고 여기면서 남을 사랑하지 못하고 고독에 빠실 위험이 있나. 신화에 등장한 본보기는 병리학적이고 병적인 자아도취의 예다. 반면에 건전한 자아도취는 훌륭한 자긍심과 자기애를 갖추고 세상으로 나가 힘든 요구들을 견디는 데 꼭 필요하다. 아이가 거울에 비친 자신을 뿌듯하게 바라보며 기쁨을 느낀다면, 다른 이들도 자신을 좋아해줄 것이라 생각할 수 있을 것이다. 이것은 살아가는 데 중요한 것이다.

아름다움과 부, 성공의 세계에서 언제든 추락할 수 있는 낭떠러지 옆에 선 오늘날의 사람들은, 적당량의 자의식과 건전한 자아도취가 있어야만 정글을 똑바로 헤쳐나갈 수 있다. 수많은 유혹과 방대한 정보와 모호한 길들로 이루어진 정글을.

우리는 아이들에게 좀더 쉬운 세상을 마련해주지 못했다. 우리의 시대정신은 병적인 자아도취적 가치들이 지배하고 있다. 남들에게 아름답거나 사랑스러운 존재가 되는 것이 아니라 거울에 비친 '완벽한' 모습이 중요하다. 내가 충분히 아름답고 똑똑하고 성공했는가와 같은. 누가 내게 중요한지, 혹은 누가 내게 관심 있는지가 중요한 것이 아니라 외부의 잣대로 거울에 투영된 내 이미지를 내가 충족시키고 있는지가 중요하다. 이를 통해 충분하지 못하다는, 성공하지 못했다는 감정이 끊임없이 생겨나면 자기 자신이 만든 이상적 이미지를 좇는 힘겨운 추격이 시작된다. 이런 추격은 목표에 도달할 수가 없다. 그것은 사람을 과로하고 좌절하게 만들며, 결국에는 아무것도 얻을 수 없게 만든다.

외적인 것에 가치를 둘수록 완벽한 거울상은 충족시킬 수 없거나 극도로 과로해야만 충족시킬 수 있다. 오늘 유행하는 옷은 다음 날에는 유행에 뒤처져 낡은 구닥다리가 된다. 그러니 끊임없이 유행을 좇아야 한다. 그렇게 우리는 우리 아이들을 실제로 나르키소스의 복사본으로 만든다. 나르키소스에게 결국 탈출구는 죽음뿐이었듯이, 완벽한 외모를 좇는 추격은(이것이 내적인 자존감과 자기만족감으로 전이되면 좋으련만) 우리 아이들을 과로와 탈진, 때로는 우울증으로까지 이끈다.

누군가는 긍정적인 자의식이나 자기만족도 가능하지 않겠느냐고 할 수 있다. 하지만 좋은 자의식은 최선의 경우에도 제한적으로만 생긴다. 거울에 비친 자신의 모습을 보고 느끼는 만족과 자존감 사이에는 관련이 있다. 아침에 거울을 보면서 미소가 지어지면 하루가 더 만족스럽게 시작되는 경험을 모두들 해보았을 것이다. 하지만 아이들이 거울에 비친 모습과 이상적 이미지를 견줄 때, 그 목표가 도달할 수 없는 목표일 경우 부정적 순환이 생겨난다. 그러면 거울을 볼 때마다 결핍을 확인하게 되고, 왜곡된 열정만 높아져 목표를 향한 속도만 가속화된다. 동시에 결코 해내지 못하리란 확신이 커진다. 이런 좌절은 사람을 주눅들고 과로하게 만든다.

미래를 알 수 없는 막막함

전문가로서 나는 부모들이 양육에 대한 정보가 넘쳐나는 세계에서 너무나도 쉽게 과부하를 느끼는 모습에 때때로 놀라곤 한다.

물론 나는 여러 해 동안 수많은 아이들을 겪었으니 그들보다 혼란을 덜 느낄 것이다. 그럼에도 어쨌든 과부하라는 감정이 확산되고 있다. 부모들은 모든 일을 제대로 잘해내고 아이들에게 최고의 것만 주려 한다. 그러면서 멀티태스킹과 경제성의 압박과 정보의 홍수로 이루어진 이 회전목마 속에서 극도로 과로하며 완벽주의를 추구하다가 당혹감에 빠진다. 당혹스러움은 정확히 어디에서 비롯하는지도 모르게 사람을 힘들게 한다.

여기서 긍정적인 측면이 있다면, 이런 가족들은 나를 더 빨리 찾아온다는 것이다. 하지만 회의적인 측면은 오늘날 가족들이 스스로에 대한 자신감을 잃었다는 것이다. 반드시 옳거나 도움이 되리라는 보장은 없지만 어쨌든 신뢰와 확신을 주던 전통들이 이제는 사라져버렸다. 가족 구성은 핵가족으로 축소되었고, 모든 일을 전적으로 올바르게 해야 한다는, 실수를 용납할 수 없다는 책임감과 바람 속에서 막막하다는 감정이 만들어진다. 이런 상황에서는 길이 어디로 통하는지 알고 있을 때보다 훨씬 힘이 들 수 있다.

시선을 가족에서 사회로 넓혀보면 미래를 알 수 없거나 확인할 수 없다는 막막함은 보편적인 감정이란 인상을 받게 된다. 지역적으로나 세계적으로나 급박한 정치, 경제 문제들에 직면해 지속 가능한 대응전략을 찾지 못하고 있다는 느낌을 떨칠 수 없다. 한편으로는 다루는 주제들이 복잡한 까닭에 명쾌하고 세세한 대답이 드물 수밖에 없어 보인다. 전문가들의 말 또한 당연히 서로 모순되어 명확한 대답을 주지 못한다. 막막함이 불가피하게 주요한 생활감정으로 자리잡는 이유다. 사람들이 길 한가운데서 내버려지고 방치되었다는 감정은 번아웃의 원인을 이루는 또하나의 퍼즐조각이 된다.

열아홉 살 조시가 근심 어린 표정의 아버지와 함께 찾아왔다. 조시는 1년 전 아비투어를 통과했다. 성적이 별로 좋지는 못해 평점이 '고작' 2.2점이었다. 아비투어를 앞두고 2년 동안은 가족 모두에게 힘든 시간이었다. 조시는 합격하지 못하리란 생각에 시달리며 무척 애를 썼다. 그리고 이제 적어도 아비투어를 통과했으니 계속 나아갈 길을 찾을 수 있으리라 모두가 믿고 있을 때, 조시는(가족도 함께) 앞으로 어찌해야 할지 모르겠다고 이야기했다. 이것저것 온갖 노력을 해봐도 아무런 결실이 없었다. 직업 상담과 다양한 분야에서의 온갖 실습, 미국에서 보낸 갭이어 등등, 벌써 1년이나 지났지만 조시는 자신이 무엇을 하고 싶은지 알아내지 못한 채 점점 우울해했고 홀로 뒤처진 기분에 빠졌다. 조시가 느끼는 절대적 막막함에, 아버지도 절망적인 기분이 되어 딸과 함께 내 앞에 앉아 있었다.

조시는 아비투어를 '형편없이' 치러서 모든 길이 막혔다고 생각했다. 조시는 의학을 전공하고 싶었지만 가성 형편상 입학정원제를 피해 헝가리나 다른 곳으로 유학을 갈 수도 없었다. 또한 이제는 의학이 자신에게 올바른 길이라는 생각도 들지 않았다. 아버지는 딸의 미래가 몹시 불안했다. 어머니는 이 막내딸과 싸우기만 하는지라 아예 함께 오지도 않았다. 조시는 오빠와 언니가 '성공적으로' 대학에 다니고 있는 '건강한 가족상'을 파괴할 수 있는 존재였다. 아버지는 조시가 어딘가 장애가 있는, 그러니까 '생활장애'가 있는 듯한 생각마저 들었다. 조시 본인도 강력한 자기회의에 빠져 이를 시인했다. 조시는 '사리 분별 못 하고' 가족에 얹혀산다며 죄책감을 느끼고 있었다. 곰곰이 생각할수록, 자기 문제에 골몰할수록 생각들이 머릿속에서 길을 헤매는 듯했다.

조시에게는 두 가지 문제가 있었다. 한편으로는 간과할 수 없는 탈진우울증이 있었고, 다른 한편으로는 막막함과 혼란스러움이 조시를 괴롭혔다. 아비투어에서 좋은 성적을 거두어야 한다는 요구가 충족되지 못했을 때, 그리고 달리 어떤 것에 또 흥미가 있는지 알지 못했을 때 그런 감정이 쉽게 생겨난다. 종종 심리질환으로 귀결되는 이런 태도를 나는 안타깝게도 너무 자주 만난다. 관심 육성이나 재능 계발은 독일어권에서 수업과목이 아니다. 자신이 무엇을 원하는지 모르거나 아비투어를 뛰어나게 치르지 못하면 실패나 포기가 기다린다. 이제는 전 산업이 세계적으로 갭이어(문자 그대로 '공백기간'이라고 번역하는 편이 잘 어울릴 듯하다) 상품을 내놓고, 오늘날의 대학들은 아무것도 모르고 뛰어드는 아비투어 합격자들을 위해 전공 탐색과정을 제공하는 형편이다. 그런데도 소수점 앞이나 뒤의 숫자가 정말로 학생들을 가려내는 데 적합한지 아무도 큰 소리로 따지지 않는다.

나는 모든 아비투어 수험생들이 이런 강제에 따르기를 거부하면서 대학 앞에서 항의할 날을 기다린다. 아시아 국가들에서는 대입시험에 실패한 뒤 곧바로 자살로 이어지는 급성 우울증을 많이 볼 수 있다. 이것은 우리를 위한 모범이 될 수도 없고 되어서도 안 된다. 그런데도 오히려 대학 입학시험을 추가로 치르는 바로 그런 시스템을 독일에도 도입하자는 목소리들이 있다. 다른 나라, 다른 사회가 더 나은 길을 찾았다고 맹목적으로 믿기보다는 대안을 토론하는 편이 낫지 않을까. 물론 아비투어나 대학 공부, 첫 기간제 노동 계약이 문제없이 예정대로 이어진다면 적어도 경제 시스템으로, 노동생활로 더 빨리 들어갈 수 있을 것이다. 하지만 현실은 그렇게 단순하지 않다. 현실에서 사람들은 소질이나 타고난 지능, 또 인내력이나 회복탄력성 같은 것이 저마다 다르다. 그리고 오늘날에는 자신이 어떤 길을 가야 할지 여유 있게 자신만의 속도로 알아내고 결정할 시간이 부족하다. 우리는 지난 10년간 학제를 12년으로 단축했다. 국제적 기준에 맞추고, 우리 아이들이 제때 성공적인 직업생활로 출발할 수 있도록 배려한다는 이유로 말이다. 그것이 옳은 선택이었을까?

조시의 우울증은 다행히도 치료가 쉽다. 조시의 꽉 막힌 전망은 다른 식으로 공략할 필요가 있다. 나는 조시가 심리치료를 받으면서 자율성을 계발해 용기를 갖고 자신의 주제와 관심을 찾는 법을 배우기를 바란다. 물론 그러려면 시간이 필요하다. 학제 개편에 따라 대다수의 아이들은 이에 적응하여 잘해나가고 있지만, 어떤 아이들은 시간이 더 필요하다. 그리고 그렇게 더 필요한 시간을 굳이 학교를 다 마친 뒤에 가질 필요는 없다. 우리의 학교 시스템은 유연하지 않아서 아이들의 다양한 요구에 전부 반응하지 못한다. 경직된 시스템은 아이들 개개인에게 좌절을 만들어내고, 좌절은 번아웃으로 귀결될 수 있다.

성인 세계의 문턱에서 좌절하는 십대

인생을 계획할 때 맞닥뜨리는 막막함, 이것은 사람이 살아가는 동안 부딪히게 되는 수많은 부담 중 하나일 뿐이다. 최근 나에게 진료를 문의하는 젊은이들이 늘고 있다. 공식적으로는 이미 성인이 되었지만 성인 세계로 넘어가는 과정에서 지나친 부담을 느낀 이들이었다. 우리는 성인정신과와 힘을 합쳐 17~25세 연령집단을 대상으로 청년병동을 설립했는데, 원래는 아동청소년정신과에서 성인정신과로 넘어가는 과정이 다소 부실해 보여서 이 부분을 튼튼히 다지자는 게 목적이었다. 하지만 놀랍게도 대다수 환자가 18~21세로 정신과 병원에 처음 오는 사람들이었다. 그들은 하나같이 청소년에서 성인으로 넘어가는 과정에서 좌절을 겪었다. 병동을 설립할 때 우리는 예전 환자들을 다시 만나게 되리라고 가정했다. 그들이 뒷날 성인정신과로 잘 옮겨가도록 돌봐주는 데 힘쓰게 될 것이라고 생각한 것이다. 하지만 병동을 찾아온 것은 이런 환자들이 아니라(그들은 우리가 충분히 치료한 모양이다) 새로운 집단의 환자들이었다. 이 청소년들은 성인의 삶으로 넘어가는 문턱에서 좌절을 경험했다. 그들 가운데 많은 경우는 현실적인 전망을 발견하기가 무척 어려웠다. 특별히 이 연령집단을 위한 교육적, 치료적 방편이 제대로 갖춰져 있지 않기 때문이다. 그리하여 전문적인 조력자를 포함한 모두가 환자들과 함께 막막함에 빠져들게 되었다. 대안을 제시하는 일은 우리가 할 수 있겠지만, 대안을 만들어내는 것은 우리 사회의 과제이기 때문이다.

성인 세계로 넘어가면서 겪는 미래에 대한 불안은 이 병동에서 환자가 증가하는 한 가지 원인일 뿐이다. 능력자와 성공이 지배하는 우리 사회의 이면을 바라볼 필요가 있다. 주변에 다들 능력 있는 이들만 사는 듯한 기분을 느낄수록, 그들만이 삶에서 성공을 거두고 행복할 권리를 누린다고 느낄수록 젊은이들은 자신들의 좌절감을 은폐한다.

신체를 다루는 의사들은 어째서 정신적 변화는 약물치료나 수술 같은 개입으로 신속히 바로잡을 수 없는지 쉽게 이해하지 못한다. 이를 설명하기도 쉽지 않다. 정신적 변화는 시간이 필요하고 만날 수 있는 감정적 공간이 필요하다. 이것은 신뢰가 깊을 때에만 가능하다. 신뢰할 수 있는 만남이라는 장이 마련되어야만 비로소 변화를 가능케 하는 과정이 생겨난다. 처음에는 미래에 대한 막막함을 인정하는 단계가 오고, 우리가 그 원인을 분석하고 나면 비로소 그 감정이 극복되거나 적어도 제한될 수 있다. 하지만 결코 이러한 좌절을 겪은 적도 없고 겪어서도 안 된다고 생각하는 이들에게 이를 설득하기란 쉽지 않다. 그렇게 해서 조시의 아버지도 길게 면담을 하고 나서야 자신이 딸에게 부담을 줌으로써 미래에 대한 불안을 더욱 키우고 있었다는 사실을 애써 받아들일 수 있었다. 그리고 딸이 순전히 요구들을 충족시키려 필사적으로 애를 쓰다가 결국 과부하에 걸려 탈진에 빠지고 우울증이 발현되었음을 인정하게 되었다. 2.2점이라는 아비투어 평점에 좌절하는 것, 우리 사회가 소망하는 현실이 이런 모습일까.

부모의 부담이 되어버린 아이들

자녀를 키우고 뒷바라지하는 일은 부모에게 힘든 일이다. 하지만 그들은 자신의 감정을 아이들 앞에서 숨길 수도 비밀로 할 수도 없다. 성공적인 부모 노릇은 하늘에서 떨어지는 것이 아니라 대개 노력으로 얻어야 한다. '한 아이를 키우려면 온 마을이 필요하다'는 아프리카 속담이 이제는 전 세계적으로 퍼졌다. 하루하루 생존을 위해 싸우느라 학교는 뒷전으로 밀려난, 소위 교육과 동떨어진 지역에서도 부모들은 어쩔 수 없이 다른 어른들의 지원을 받고 부담을 덜어야 한다는 점이 강조되고 있다. 나는 우리가 교회 영역

밖에서 대부代父라는 제도를 포기한 것이 너무 성급하지는 않았는지 종종 생각한다.

부모가 아이들을 좀더 세심하게 대한다는 측면에서 부모의 과로가 지닌 의미를 찾을 수 있겠지만, 이는 번아웃의 중요한 원인이 되기도 한다. 오늘날 아이들은 많은 보살핌을 받으며 자란다. 하지만 그렇게 보살펴주는 일이 부모를 힘들게 만든다는 것도 온몸으로 느낀다. 사랑하는 사람이 나를 대할 때 그 일이 그 사람에게 힘겨운 의무라고 느낀다면 그 결과가 어떻게 될까. '내가 너무 힘들게 하나? 덜 힘들려면 내가 어떻게 해야 하지? 힘든 존재가 안 되려고 이미 애쓰고 있는데 말이야.' 아이들에게는 이런 것도 힘들 수 있다. 아이들은 부모에게 걱정 끼치기를 싫어하기 때문이다.

아이들은 부모에게 기쁨을 주기를 원한다. 자랑스러운 사람이 되고 자신을 통해 부모의 삶이 더 행복해지기를 바란다. 하지만 대부분의 가족이 느끼는 생활감정은 그렇지가 못하다. 설령 자기 입으론 만족하고 행복하다고 말하더라도 말이다. 우리 사회에서 방과 후 돌봄이나 퀄리티 타임quality time(퇴근 후 자녀와 함께 보내는 시간) 같은 개념들이 개발되고, 어린이집의 돌봄문제를 둘러싼 싸움이 안건에 오르는 것은 괜한 일이 아니다. 부모들은 삶의 모든 면에서 능력을 보여야 한다는 압박을 받고, 아이들은 어릴 적부터 자신이 부모가 처리해야 할 부담에 포함된다는 것을 인식하게 된다.

'자연'스러움이 정말 자연스러운 것일까?

자연스러운? 그게 무엇일까? 나는 아이들의 정신적 발달이나 성장과 관련해 '자연스럽다'는 개념을 오래 파고들수록 점점 그 뜻을 알 수가 없다. 마치 각 사람마다 씨앗이 잠들어 있어서 별다른 외부 영향을 받지 않고도 싹이 트고 나무가 자랄 수 있다는 것일까. 하지만 그것은 사실이 아니다. 우리 인간들에게 가장 중요한 삶의 원칙 하나가 바로 관계다. 젖먹이는 사랑 가득한 신뢰관계를 충분히 경험하지 못하면 죽거나 심한 내적 손상을 입는다. 모든 관계는 필연적으로 영향을 주고받는 과정이다. 성공적인 애정관계를 이루려면 사람들은 서로를 맞춰나가야 한다. 그렇게 어머니와 아이 사이에서도 상호작용의 동시화가 일어난다. 서로 행동을 주고받으면서 서로의 언어가 해석되고 교류가 이루어지는 것이다. 어머니와 아이 사이에서 이런 상호작용이 성공하지 못하면, 유아 정신의학의 도움을 받아야 한다. 조절장애, 영아산통, 급식장애, 성장장애 같은 진단들이 그런 경우에 속한다.

우리의 환경은 끊임없이 변한다. 그리고 부모와 그 밖의 환경에 적응하지 못하는 아이는 이상을 보이며 치료가 필요해진다. 자연환경만으로(숲이 정말로 도시보다 자연스러울까?) 아이들의 자연스러움을 계발할 수 있으리란 바람은 더없이 이해가 가면서도 동시에 낭만적이다. 내 경험으로 볼 때 사람들이 그런 바람을 품는 것은 자신이 경험하지 못한 것을 아이에게 겪도록 해주려는 노력

때문이다. 소위 숲 유치원을 보내면 그런 것을 만회할 수 있으리라 기대하는 것이다. 아이를 그 개성대로 존중해주고, 왜곡해서 바라보지 않고 후원해주며, 아이가 갑자기 이탈하더라도 사랑해주는 것은 무척 어려운 과제다. 그 때문에 교육학, 심리학, 의학 분야의 전문가들이 나서 이런 지난한 과제를 최선의 방향으로 실행하도록 도와주는 것이 무척 중요하다. 최선이란 매일 변한다는 점을 명심해야 한다!

최선을 다했음에도 아이가 번아웃에 빠진다면 실망과 과로는 특히 커진다. 그러나 번아웃은 결국 '부자연스러운' 생활조건을 시사하는 증거인 셈이다.

아이에게 다양한 가능성이 열려 있고 주위에 수많은 조언자가 넘쳐나는 현실에서 부모들이 확신을 잃는 것은 이해할 수 있다. '자연스러운' 아이들은 '자연스러운' 생활조건만큼이나 드물다. 우리가 하는 모든 일은 문화행위로, 사회적으로 규정된 지침을 따라 생각하고 행동한다. 인간이려면 관계에 종속될 수밖에 없다. 늑대아이는 살아갈 능력이 없다. 오늘날 기술에서 멀리 떨어져 '숲에서 자라난' 아이는 디지털 장비 없이는 살아갈 수 없는 이 세상에 무방비로 노출된다.

서로 상반되는 견해들이 매일같이 우리에게 쏟아진다. 하지만 사람들이 여러 측면을 깊게 따져보지 않았고 어머니와 아버지는 저마다 그때그때 육감과 직감을 따르기만 했던 예전이 더 나았다는 견해는 낭만적인 신화다. 그런 견해는 이전 시대를 장밋빛으로 미화하면서 그 시절 아이들의 형편이 삶의 모든 지점에서 지금보다 더 열악했다는 사실을 간과한다. 아마 유일하게 공감할 만한 개탄은 오늘날 아이들이 밖에서 덜 논다는, '신선한 공기'를 덜 마신다는 한탄일 것이다. 하지만 번아웃이 도시보다 시골지역에서 드물다는 신호는 없다.

아이들의 삶이 되도록 자연적으로 흐르기를 바라는 소원은 충분히 이해할 만하다. 부모라면 아이와 관계를 맺으면서 어떤 기준을 가질 수밖에 없다. 그렇다고 해서 아이의 개성을 간과하거나 부모의 뜻대로 왜곡하라는 뜻은 아니다. 부모의 생각이나 바람 같은 외부의 요구나 지원과 아이의 능력과 관심 사이에서 적절한 균형을 이루어내는 것은 오랜 시간이 걸리는 과정이다. 이는 18세로 완결되지는 않는다.

오늘날의 생활 환경

언제나처럼 좋은 소식부터 전해야겠다. 나이 어린 환자들을 살필 때에도 나는 습관적으로 먼저 긍정적인 신호부터 모은다. 그럴 경우 병증이 훨씬 또렷이 보이기 때문이다. 우리 일상을 바라볼 때에도 그렇다. 아이들의 생활 환경은 단연코 더 건강해졌다. 많은 소아질환이 예방접종 덕분에 사라졌다. 아이들이 소아병원에 머무는 평균기간은 단 3일로 줄어들었다. 수많은 질환이 이제 외래진료로 치료가 가능하다. 우리는 거기에 필요한 의료시설을 갖추고 있으며, 소아과 의사들이 아이들을 적극적으로 돌보고 있다. 심리학자와 아동정신의학자도 점점 늘어나고 있다. 만성질환을 앓는 아이들의 기대수명도 꾸준히 올랐다. 이런 목록은 얼마든지 늘릴 수 있다.

그렇게 우리가 힘을 모아 아이들을 갈수록 훌륭하게 보살피고 있으며 아동정신과 의사로서 내 일도 안정된 후반기로 접어들고 있다고 생각된 순간, 탈진한 아이들과 청소년들이 내 앞에 불쑥 나타났다. 처음에 나는 무시하고 싶었다. 하지만 그것은 결국 나의 직업관과 맞지 않았다. 첫 사례들을 대하면서 나는 마음속으로 끊임없이 갈팡질팡했다. "넌 호들갑 떠는 거야"와 "넌 뭔가 해야 해!" 사이에서 말이다. 하지만 어느 순간 번아웃 키드들이 실제로 증가하고 있다는 깨달음을 더는 떨쳐버릴 수 없었다.

어쨌든 긍정적인 목록으로 다시 돌아오자면, 비록 사회적 격차가 점점 벌어지고 있기는 해도 우리의 생활 세계는 일반적으로 더 부유하고 안전해졌다. 아이들은 평균적으로 더 나은 교육을 받고, 점점 많은 학생들이 아비투어 합격 성적을 가지고 학교를 떠난다. 어른들은 아이들을 세심하게 관찰하고 적극적으로 이해하려 한다. 심지어 아이들의 문제조차도. 그런 점에서 아이들은 더 나은 후원을 받고 있다 할 만하다. 하지만 보살핌도 받고 있을까? 아이들이 우리에게 어려움을 털어놓을 때 진심으로 새겨듣는가? 아니면 그저 아이들이 자기표현을 잘한다고 좋아하기만 하는가? 우리는 그저 아이들의 말을 귀담아듣는다고 자화자찬하는 것은 아닌가? 정말로 행동으로도 나서는가? 아이들의 문제를 해결해주는가?

나에게는 무척 중요한 질문이기에 다시 반복하겠다. 우리 사회는, 우리 모두는 아이들과 청소년들을 정말로 '잘' 돌보고 있는가?

산산조각난 세계

　오늘날 세계는 유례없이 많은 군사적 충돌을 겪고 있다. 대개 종교를 둘러싼 대립과 증오에 근거하지만 그 살상의 규모가 실로 끔찍하다. 관심이 있든 없든 우리는 뉴스를 피하지 못한다. 그리고 아이들 또한 그런 뉴스와 부모의 당혹감에 맞닥뜨린다. 유럽은 제2차세계대전이 끝난 뒤 처음으로 소위 평화유지군 파병을 넘어서는 군사 충돌에 연루될 위험에 놓였다. 심리적 우려는 공간적으로도 우리 경계선 안으로, 우리가 주의를 기울이는 시야 안으로 다가오고 있다. 아이들과 청소년들은 우리가 느끼는 경악과 속수무책을 눈치챈다. 한편으로는 우리의 보호 가능한 세계가 있고, 그 세계는 우리 아이들의 발달에 긍정적인 영향을 미친다. 하지만 또다른 세계도 있다. 내적으로 더욱 괴리되고 더욱 산산조각난 세계가.

　나는 이런 분열을 어린 환자들과 일할 때에도 느낀다. 한편으로는 후원과 주의가 늘어났지만, 다른 한편으로는 사회의 보살핌과 존중이 부족한 지점도 보인다. 그리고 여러 아이들과 청소년들에게 비인간적인 과로를 요구하는 데서 생기는 지나친 부담들도 보인다.

　당연한 일이지만, 이러한 삶의 다양한 퍼즐조각들을 하나로 맞추는 것은 쉬운 과제가 아니다. 어른들도 갈수록 거기에 좌절하고 있지 않은가. 미디어의 머리기사들이 스트레스, 번아웃, 탈진우울증을 이야기하는 것만 보아도 이는 명백하다. 그중 일부가 우리 아이들에게로 흘러넘친다고 해도 놀랄 일은 아니다. 평화로운 세계 내에서 그 안의 소우주와 소중한 관계를 맺는 모습을 바라보는 시선과 크고 넓은 세계인 대우주에 만연한 증오 서린 위협을 바라보는 시선을 통합하기란 우리 '큰' 어른들에게도 불가능하다. 아이가 여덟 살쯤 되어서 처음으로 신문을 집어들었다가 의아하고 당황하고 깜짝 놀라 우리에게 질문을 해도 우리가 거기에 명확하게 답해주지 못한다면 어떻게 될지, 부모로서는 가슴 아프게도 지켜볼 수밖에 없다.

이것은 우리 시대의 가장 큰 정신적 도전 가운데 하나다. 우리는 산산조각난 세계를 우리 안에서 이어붙여야 한다. 그래야 심리적인 위협을 덜 받으며 살 수 있다. 그렇지만 어떤 조각들은 끝내 서로 조화되지 못한다. 우리가 사는 세계에서 평화와 존중이 실제로 구현된다는 경험, 폭력은 결코 갈등을 해결하는 좋은 길이 아니라는 인식, 이 모든 것은 사람들이 신앙이 다르거나 다른 민족이라는 이유로 잔인하게 살해되거나 온 땅이 전쟁에 휩싸이는 소식들과 어울리지 않는다. 어른들은 이를 극복할 자신만의 전략을 발전시킨다. 이런 균열을 완전히 분리해서 사고하는 것이다. 폭력적인 세계에 증오와 경멸로 화답하고 그 결과 종교전쟁을 자신의 문제로, 자신들의 나라로 끌어들이지 않는 노력은 우리에게도 현저한 과로를 요구한다. 이런 까닭에 아이들의 성장은 전체적으로 쉽지 '않은' 일이 되었다. 비록 우리의 생활 환경이 큰 진전을 이루었고 아이들의 내적 성장을 위해 어떤 것이 필요한지 깨닫게 되었지만 말이다.

우리는 지난 30년 동안 예컨대 품행장애처럼 환경조건에서 비롯되는 심리질환을 줄이는 데 성공하지 못했다. 물론 대부분의 아이들은 심리적 장애를 지니고도 가족 안에서 안전하게 자란다. 하지만 우리는 근래 들어 아동청소년 번아웃이라는, 전에는 이 연령 집단에서 없었던 질병을 만들어내고 있다. 일련의 원인들을 처음부터 살펴야 한다. 우리 아이들이 교육기관을 거쳐가는 경로에 따라 먼저 어린이집부터 살펴볼 것이다.

어린이집

세 살 이전의 어린아이는 결코 제 발로 어린이집에 가지 않는다! 이 문장은 오늘날 도발처럼 들릴 것이다. 얼마나 많은 아이들이 매일같이 오늘도 유치원이나 어린이집에서 정말 재미있었다고 이야기하는가. 물론 어린이집에서 즐겁게 지내는 어린아이들도 있다. 하지만 아이들은 직관적으로 부모에게 걱정 끼치길 싫어하고 부모가 좋다고 생각하는 것은 자기도 좋게 생각하려는 경향이 있다. 어린이집과 유치원이란 시스템이 존재하는 것은 우리가 매일 불가피하게 아이들을 맡기는 데 유효한 시설이 필요하기 때문이다.

하지만 이 시스템은 적어도 두 가지 차원에서 비판적으로 따져볼 수 있다. 한 가지는 인적, 공간적 설비(시설) 문제와 관련이 있다. 이상적인 바람에 따르면, 독일의 모든 어린이집은 최고의 교육자들과 도움이 필요한 어린 영혼들을 만족시킬 만한 직원 수를 갖춰야 한다. (만 3세 미만 아동의 이상적인 비율은 교사 1명당 아이 3명이다―옮긴이) 많은 단체들이 이를 촉구하며 제안을 내놓았지만 일반적으로 실행되지 못하고 있다. 독일에서 유아들이 받는 이런 홀대가 어째서 논란거리가 되지 못하는 것일까?(2013년 독일 통계청 조사 결과 만 3세 아동의 보육교사 1명당 아동수는 3∼6명이다―옮긴이)

두번째로 짚어볼 점은, 어린이집이란 시스템이 존재하는 것이 여자는 가정과 직장에서 두루 잘해내야만 인정받을 수 있다는 사회적 기대치와 관련이 있다는 것이다. 풀기 힘든 논란이다. 그리고 남자 또한 아내가 집에만 있을 경우 마초처럼 굴면서 아내를 부엌에 잡아두려는 것 아닌가 하는 의심을 쉽사리 사게 된다.

아동청소년 정신의학자로서 나는 언제나 내 임무에 따라 아이들의 발달에 초점을 두고 있다. 대개 아이가 한 살을 넘으면 어린이집에 반나절 맡기는 것은 해가 되지 않는다. 사회적 상황과 계층에 따라 아이들은 오히려 어린이집에서 더 나은 후원을 받을 수도 있다. 하지만 한 살 전 교육기관에서의 돌봄은 아이들에게 눈에 띄는 심리적 과로를 전한다. 그리고 효과보다 심리적 해가 더 크기 때문에, 남의 손에 맡기는 일을 생각해보려면 생후 1년은 기다리는 편이 낫다. 한 살이 지나서 세 살에 이르기까지는 어린아이를 외부에 맡길 만하지만, 그래도 일반적으로는 집에서 돌보면서 놀이와 음악, 운동모임으로 점차 보충해나가는 편이 가장 낫다.

오해를 피하기 위해 밝히자면, 아이는 언제나 둘이서 낳는다! 따라서 아이를 돌보는 것도 어머니'와' 아버지의 임무다. 적어도 젖을 뗀 시점부터는 아버지도 분명히 아이를 돌볼 수 있다. 이를 위해 부모수당이라는 좋은 제도도 마련되어 있다. 하지만 우리가 정말 전 사회적으로 가족을 소중하게 생각하고 있을까? 오늘날까지 우리는 성공적인 잡셰어링 모델이나 다른 유연한 일자리 나눔 모델을 만들어내지 못했다. 그리고 실천해볼 만한 모델이 있더라도 실행에 옮기는 경우가 너무 드물다.

핵가족은 가정적, 사회적 구조 면에서 독립적일 뿐 아니라, 아이를 돌보는 문제에서도 혼자 힘으로 서 있다. 늦게 일을 마친 아버지가 탈진한 채 집에 돌아와 마찬가지로 탈진한 어머니와 마주치고, 아버지와 부담을 나누기를 바랐던 어머니의 희망이 곧바로 깨지는 모습은 지금까지도 전형적이다. 실망은 과로의 감정을 강화하고, 그것은 다시금 원만한 부부관계를 위협한다. 과로하지 않고 부부 사이의 갈등도 줄이면서 집안일을 더 잘하겠다는 생각으로 과로하다보면 결국 성과주의의 악순환이 성립된다. 그렇게 아이들은 과로한 부모와 함께 자라며, 부모가 이것저것 끊임없이 스스로를 정당화하는 것을 보게 된다. 그리고 마침내 아이들도 과로와 탈진에 빠진다.

엄마들의 병참 업무

어머니들이 다시 일을 시작해볼까 고민할 때쯤 아이가 (예비) 학교에 들어가고, 그러면 즉시 어머니들은 '엄마 택시(한국에서는 '엄마 셔틀'로 불린다―옮긴이)'로 전환된다. 자녀를 조기 발달을 위한 모임에 데려다주고 다시 데려오는 병참 업무는 엄청난 과제로서 오후를 통째로 잡아먹는다. 그 오후 동안 어머니들은 자기 욕구는 희생하면서 체육관이나 발레연습실 앞에서 서로서로 잡담을 나누며 시간을 때워야 한다.

"엄마도 이젠 완전히 지쳤어요." 샤를로테가 내게 말했다. 아기를 돌보면서 동시에 샤를로테를 진정시키고 학교로 보내는 일이 어머니에게 얼마나 힘든 일인지 샤를로테도 알고 있었다. 두 사람 모두 과로의 소용돌이에 빠져 조금 더 냉정해지거나 창조적인 해결책을 모색할 여유를 잃었다. 그렇게 어머니와 딸이 같이 내 앞에 앉아서 눈물을 흘렸다. 나는 그들이 과민하다는 생각이 들지 않는다. 함께 수행해야 하는 심리적 작업이 그저 너무 과한 것이다.

엄마들의 보충수업

날마다 어머니에게 보충수업을 받지 못한다면 학교수업을 따라가지 못할 아이들이 독일에 얼마나 많을까? 학교의 교육 임무가 오후에는 어머니들에게 전가된다. 학교 측에서는 숙제가 힘든 학생은 다음날 교사에게 도움을 청하라고 안내하고 있다. 하지만 실제로도 그런가? 교사들이 그런 것을 기대하는가? 학생이 부탁하면 다시 설명해주는가? 얼마나 많은 아이들의 파워포인트PPT 프레젠테이션이 어머니의 사무실이나 아버지의 컴퓨터에서 만들어지는가?

물론 부모의 도움과 보조는 반대할 이유가 없다. 하지만 내가 보기에는, 많은 아이들이 숙제를 할 때 어머니의 도움이 없다면 눈에 띨 만큼 큰 곤란을 겪을 것이다. 교사들의 수업이 충분치 못할 때가 많지만 어머니들의 보충수업은 대개 인정도 받지 못한다. 그러고 나서도 아이가 좋은 성적을 내지 못하면, 죄책감은 도리어 교사가 아니라 어머니의(아이는 말할 것도 없고) 몫이 된다. 이 점에서 학교가 제 기능을 못 하는 것이 우리 사회에서는 충분히 공론화되지 못하고 어머니들끼리의 대화 소재에 머물고 있다. 이것은 번아웃이란 맥락에서 무척 중요하다. 어머니들의 노동이 과로라는 총체적 감정을 수반하면서 아이들에게 똑같은 감정을 전이하는 것이다. 번아웃을 만드는 또하나의 블록인 셈이다.

양심의 가책을 느끼는 엄마들

어머니들은 대개 언제나 자식에게 최선을 다하지 못한다고 느낀다. 어머니들은 자신의 욕구를 포함해 천차만별인 가족들의 요구를 아우르려 노력하지만 뜻대로 잘되지 않음을 깨닫는다. 어머니들이 진료시간에 와서 문제의 책임을 아이에게 지우는 일은 드물다. 아이를 향한 책임 전가는 어머니의 심리적 이상을 가리키는 신호이기도 하다. 그런 어머니의 경우 일반적으로 '간직하기'*를 잘해내지 못하는 것으로 이해된다.

간직하기*

간직하기란 어머니나 아버지 또는 치료사가 아이의 여과되지 않은 감정들을 자기 안으로 받아들인 후 그것을 아이가 받아들일 수 있도록 여과해서 다시 넘겨주는 능력이라고 이해할 수 있다. 젖먹이가 울부짖을 때 "넌 배가 고프구나"라든지 "넌 졸린 거란다"처럼 다정하게 말해주면, 그리고 그러한 해석이 맞다면 아이는 자신의 감정 상태가 무엇을 뜻하는지 배우고 그런 감정 상태가 어떻게 다루어지는지 경험하게 된다. 하지만 관련자의 해석이 지속적으로 틀릴 경우 아이는 잘못된 감정 상태를 배우고 나중에는 예컨대 불쾌함은 무조건 배고픔을 뜻하며 그에 걸맞게 충족되어야 한다고 잘못 생각하게 된다. 경계성 인격장애를 지닌 어머니들 같은 경우에는 기본적인 정신적 구조 때문에 아이의 신호를 알맞게 해석할 능력이 없기 때문에, 고의는 아니지만 자신이 앓고 있는 감정의 혼란을 아이에게서도 똑같이 만들어낸다.

이런 경우를 제외하면, 어머니들은 아이에게 문제가 생기면 책임이나 원인을 자신에게서 찾는 경향이 있다. 특히 어머니들이 자기 일도 같이 신경쓸 경우, 예컨대 직업 같은 자신의 관심에 몰두할 경우 어려움이 생기는 순간 이런 의혹이 대두된다. 당장 문제가 되지 않더라도 서서히 마음속에 쌓인다. 그렇게 되면 어머니와 아이 둘 다 악순환에 빠진다. 어머니들은 아이에게 최선을 다하고자 하며, 아이가 잘 발달하게끔 전력을 다한다. 하지만 아이에게 문제가 생겼을 때 어머니가 당장 그 원인을 자신에게서 찾는다면 이로 인한 아이의 부담이 엄청나게 커진다. 아이들은 좋은 의미에서 무척 순종적이고 남의 마음을 잘 이해하는 존재로, 어떤 경우에도 어머니에게 근심과 걱정을 끼치길 싫어한다. 도리어 어머니의 짐을 덜기 위해 모든 노력을 한다. 그리고 물론 그것은 종종 엇나간다.

이것은 우리 사회가 모성 또는 어머니들의 사회 참여를 어떻게 대하는지와 관련이 있다. 어머니들이 느끼는 양심의 가책은 우리 사회가 모성에 부여하는 가치와 꼭 들어맞는다. 어머니의 가치는 그녀가 어머니라는 사실로 책정되지 '않는다'. 인정을 받는 쪽은 온전히 직업활동을 하면서도 가정에(때로는 되도록 많은) 아이들을 둔 어머니들이다. 오해를 피하기 위해 되풀이해 말하자면, 여자는 남자와 똑같이 자기실현을 할 권리가 있다. 하지만 그런 권리는 자녀가 생긴 순간부터 온전히 보살핌받을 아이의 권리와 경쟁한다. 당연히 여기서도 해당되는 것은, 가족은 언제나 '한 쌍의' 부모로 이루어져 있다는 것이다. 놀랍게도 대부분의 아내들은 남편에게 별 요구를 하지 않고 알아서 모든 것을 메우려 한다. 남편들이 적극적으로 지원에 나서는 일은 없거나, 있더라도 여전히 너무 드물다.

스마트폰은 아이들만의 문제인가

사회의 모든 구성체가 그렇듯 가족도 끊임없는 변화에 지배된다. 디지털 가족은 각자 개인적인 목적을 위해 전자미디어에 많은 시간을 소비하지만, 한편으로는 끊임없이 서로 교류한다. 오늘날 부모들은 자기 아이가 지금 어디에 있는지, 저녁때 언제까지 온라인에 있었는지, 심지어 어느 친구들과 함께했는지도 언제든지 알 수 있다. 사람들은 페이스북이나 스냅챗, 인스타그램, 왓츠앱 등 수많은 디지털 네트워크에서 만난다. 결국 은밀함은 사라지고 사적 관계는 폭로된다.

오늘날 아이들은 모든 측면에서 주목이나 감시를 피해서는 아무것도 할 수 없다. 이는 속박이란 측면과 보살핌이란 측면으로 나뉜다. 부모들은 아이와 연락이 된다는 확신 덕분에 안심할 수 있다. 그래서 "왜 휴대전화 안 받았니?" 같은 질문이 나오곤 한다. 아이가 일부러 응답하지 않는 것을 알 수 있기 때문이다. 많은 경우 상대방이 자신의 메시지를 언제 보았는지까지 확인할 수 있기 때문이다. 숨는 것은 거의 불가능하다.

"엄마가 휴대전화 가지고 맨날 짜증나게 해요." 데니제가 이런 상태를 설명한다. "항상 알고 싶어해요. 제가 뭘 하는지, 어디 있는지, 누구랑 있는지 말이에요. 엄마를 페이스북에서 일부러 차단까지 했는데 다 소용이 없어요. 엄마가 저를 좀 가만 내버려두면 싸울 일도 훨씬 줄어들 텐데 말이에요."

아이들이, 특히 딸이 아버지의 휴대전화를 확인하다 아버지의 외도를 알게되는 일을 나는 숱하게 보았다. 가족 간에 은밀함을 부분적으로 포기해야 하는 일에 더해, 디지털미디어를 통해 정보의 홍수도 밀려온다. 매일같이 쏟아지는 정보들을 선별해야 한다. 아이들이 싫든 좋든 아직 이해하기 힘들고 부담스럽거나 불안한 뉴스와 정보에 노출된다는 사실을 사람들은 늘 염두에 두어야 한다. 우연히든 아니든 인터넷에서 포르노사이트를 쉽게 접할 수 있다는 것, 반면에 아이들의 그런 경험이 집에서 툭 터놓고 이야기되는 일은 드물다는 것은 생각해볼 문제다. 비록 아이들이 포르노그래피라는 문제에서 어른들의 생각보다 훨씬 침착하다는 것을 대부분의 조사들이 보여주고 있지만 말이다.

나는 여기서 도덕을 따지며 화를 내려는 것이 아니다. 나에게 중요한 질문은 우리가, 그러니까 우리 사회가 아이들이 서로 어떤 식으로 교제하길 바라는가 하는 것이다. 포르노그래피에서 그려지는 모습은 남자아이들에게 여자아이들과 정중하게 교제하는 법을 보여주기에는 적합하지 않으며, 더 나아가 어린 소녀들에게 남자아이들을 순순히 따르는 것만이 행복을 가져다준다는 메시지를 전달한다. 기대했던 것이든 강요에 의한 것이든 남자아이들과 관계를 갖고서 상처입고 불안해진, 당황한 여자아이들의 사례를 점점 많은 산부인과 의사들이 보고하고 있다. 뭐든지 제대로 해야 하고 모두의 기대를 다 만족시키려드는 완벽주의 성향의 소녀들은 여기서도 자신의 한계를 넘어선다. 스스로를 신중하게 돌보지 못하고 상황을 받아들이는 것이다. 번아웃 성향의 순응적인 소녀들은 결국 이 문제에서도 소년들을 만족시키길 원한다.

노출과 시선에 익숙한 아이들

우리 아이들을 번아웃 키드로 만드는 원인을 단 하나만 찾아낼 수 있다면 일이 얼마나 쉬울까. 많은 이들은 디지털미디어에 혐의를 둔다. 디지털미디어는 우리 아이들을 중독된 듯 화면 앞에 달라붙게 만든다. 그 안에서는 새로운 형태의 집단괴롭힘도 일어난다. 또한 소셜네트워크는 우리 아이들의 행동과 생각 패턴을 빨아들여, 데이터마이닝data mining을 통해 구매행위를 정확히 예측하고 새로운 제품을 내놓는 데 사용한다. 끊임없이 화면을 응시하는 아이들의 모습은 우둔하고 고독해 보인다. 그런 점에서 스마트폰의 종말을 원하는 것은 수긍이 간다.

그러나 기술적 진보에 한 가지 특징이 있다면, 그 진보는 결코 퇴보하지 않는다는 것이다. 페이스북이 몇 년 안으로 이용자 수가 폭락하리란 예측들도 있고, 개인정보 보호를 위한 솔루션들이 한창 개발중이거나 이미 사용되고 있다. 하지만 내가 확인할 수 있는 한, 디지털미디어를 심도 있게 변화시키기를 바라는 어른들의 반응은 전 세계적으로 눈에 띄지 않는다. 우리 모두가 디지털미디어를 이용하고 있으며, 그 때문에 어쩔 수 없이 더욱 순응된 형태로 우리 아이들도 이용자가 된다.

아이들이 디지털미디어의 사용 때문에 고독해진다는 신호는 보이지 않는다. 실제로 아이들이 서로서로 맺는 관계의 질이 변했다는 징후는 없다. 교우의 수와 질은 여전히 개인적으로 만나고 함께 노는 일에 따라 결정된다. 단짝친구는 앞으로도 계속 있을 것이다.

변한 것이 있다면 오늘날의 아이들은 자신의 사진을 네트워크에 올리는 일에 열을 올리며 그것을 당연히 여긴다는 것이다. 사진으로, 셀카로 자신을 세상에 전하는 일이 다 무슨 쓸모가 있는지 사람들은 의아해한다. 타인의 눈길과 평가를 꺼리지 않는 자부심의 표현인가? 아니면 그보다는 친밀함을 위한 것일까? 어쨌든 우리 아이들은 노출과 시선, 이를 향한 감정을 끊임없이 안고 자란다.

네트워크의 빠른 템포와 또래집단에서 하차할 수 없다는 막중한 압박은 우리 아이들이 걷고 있는 트랙의 속도를 높인다. 아이들이 더는 버틸 수 없을 때까지.

가족은 대안이 없다
모든 변화에도 불구하고 가정은 여전히 아이들의 신체적, 심리적 발달에 중요하고 확실한 장소다. 가족은 서로 간에 신뢰가 쌓였을 경우 보호와 안전을 제공하고 삶의 방향을 잡아준다. 그런 가족 환경에서 자란 아이는 장차 건강한 성인으로 사회에 나갈 가능성이 크다. 그리고 다시 가정을 꾸려 아이를 낳고 건강하게 기르리라 기대할 수 있다.

하지만 이런 주춧돌이 없다면 어떻게 될까? 집에서는 누군가에게 속마음을 털어놓을 수 있다는 보장이 없다면, 누군가의 곁에 주저앉을 수 있다는 보장이 없다면 심리적 발달은 질병에 훨씬 취약해지고 예측이 어려워질 것이다. 회복탄력성 연구를 보면 진부하지만 동시에 중요한 문장 하나가 있다. '정서적으로 안정된 관계가 정서적으로 안정된 사람을 만들어낸다!' 가족은 대안이 없다. 코뮌과 키부츠 등의 온갖 실험도 그 사실을 보여주었다. 모든 사회는 마땅히 가족이라는 구조를 후원하고, 지키고, 의심스러운 경우에는 다시 건강하게 만들기 위해 되도록 많은 일을 해야 한다.

대부분의 경우 가정은 보살핌과 사랑의 장소다. 그리고 동시에 번아웃이 생기는 장소이기도 하다. 우리는 가족 안에서의 생활이 얼마나 힘든지, 또 부모의 희생이 구성원 개개인의 힘을 얼마나 소모시키는지 부정하려 든다. 하지만 가족이란 늘 그래왔다. 다만 과로의 원천이 그때그때 다를 뿐이다.

물질적으로 안정된 덕에, 우리는 오늘날 부모들이나 아이들이나 살아가기가 한결 수월해야 한다고 은연중에 생각한다. 하지만 내가 날마다 확인하는 바로는 가족 안에서 수행해야 하는 심리적 교류에 대한 부담은 여전하다. 가족이 순전히 물질적인 생존을 위해 분투하느라 이런 심리적 교류가 뒷전으로 밀려날 경우 사람들은 이에 대한 결핍을 깨닫는다. 하지만 우리 사회에서 정신적 교류를 위한 가족관계는 대개 충분한 시간과 공간을 얻지 못한다. 활동공간이 너무나도 작다.

부모 노릇과 자식 노릇은 전체적으로 쉬워지지 않았다는 사실을 받아들여야 한다. 우리 스스로를 속이지 말자. 우리 모두는 가족이라는 관계를 유지하는 인간임을 배워야 한다. 그리고 경험이 보여주듯, 가족의 특성과 가족관계가 유발하는 문제가 과로를 야기한다는 인식을 배제하지 않고 인정하기만 한다면, 우리는 개인으로서나 사회적으로도 막연한 고립감과 맞서 싸우지 않아도 된다. 그러면 억지로 쾌활함을 가장할 필요 없이, 어른 아이 가리지 않고 우리 모두를 압박하는 성공에 대한 강박에 굴하지 않고, 더욱 침착하게 변화된 일상생활을 헤쳐나갈 수 있다.

핵가족은 사회의 다른 모든 영역들이 겪는 변화에 똑같이 예속되어 있다. 핵가족은 대가족을 벗어나 그 자체로, 계속해서 사랑과 안전함의 장소로 남기 위해 많은 노력을 기울인다. 하지만 전통적인 대가족 공동체의 지원을 받지 못하고 핵가족 안에서 살아가려면 우리 부모들이 얼마나 많은 힘을 써야 하는지 생각하지 않는다. 우리는 그 사실을 부정하려 든다. 그리고 우리 아이들이 얼마나 많은 힘을 써야 하는지도. 이제 가족 안에서 긍정적인 분위기를 지탱하는 것은 아이들 몫이다. 예전에는 이런 부담이 여러 아이들에게 나누어졌다면, 이제는 외동아이에게 모든 초점이 집중된다.

그렇게 해서 가족은 이미 과로와 탈진과 번아웃의 많은 원천을 품고 있다. 그렇다면 오늘날 학교에서는 아이들이 어떻게 지낼까? 지금까지 기술한 것들을 넘어 또다른 번아웃 원인들이 그곳에서도 발견될까?

오늘날의 학교

 이 문제는 따로 책 한 권도 쓸 수 있을 것이다. 학교는 가정과 더불어 우리 아이들의 생활 중심이다. 그런 까닭에 학교를 자세히 들여다보면, 여기서도 번아웃에 원인으로 기여하는 몇몇 퍼즐조각들이 발견된다. 어떤 직업에서보다도 많은 동료들이 자발적으로 조기 퇴직하는 것, 연금 수령 연령에 이를 때까지 노동력을 끝내 유지하지 못하는 것은 시사하는 바가 있지 않을까? 교사들을 소진하게 만드는 구조가 우리 아이들에게도 고통을 주는 것이 아닐까? 이 점은 일단 대략 언급만 하기로 하자. 지금 중요한 것은 번아웃 교사들이 아니라 그 교사들에게 우리 사회가 맡긴 우리 아이들이니까.

호기심 많은 아이들에게 '재미없는' 초등학교

유치원에서 예비학교를 거쳐 초등학교로, 그리고 결국에는 중등학교로, 이렇게 한 체제에서 다음으로 넘어가는 일이 독일을 비롯한 독일어권 유럽에서는 잘 조직되어 있지 못하다.

아이들과 이야기를 나누어보면 오늘날 아이들이 느끼는 바를 쉽게 알 수 있다. 주요 주제는 일반적으로 학교다. 물론 학교를 마칠 때까지 그 과정을 아무런 문제없이 잘 따라가는 아이들도 있다. 하지만 많은 아이들이 공통적으로 이미 초등학교에서부터 과로의 감정이 발달한다.

유치원에서는 전적으로 놀이 '만'이 중요했다면 이제는 공부와 시험 합격이 전면에 대두된다. 유치원에서 공부는 오히려 금지당하기까지 해서, 유치원이 끝날 무렵 벌써 읽고 쓸 줄 아는 아이가 있다면 부모가 지나치게 성과 지향적이란 의심을 사게 된다.

다섯 살인 파울리나가 말한다. "전 벌써 쓸 줄 알아요. 이름이랑 다른 단어들을요. 그런데 유치원 선생님은 안 좋아하세요. 맨날 이러세요. 글씨 쓰는 거보다 노는 게 중요하단다. 그래도 전 글쓰기를 해요. 친구 한나랑 정원에 숨어서 서로 편지를 써요. 빨리 학교 갔으면 좋겠어요."

임상적인 관점에서 볼 때, 대여섯 살 먹은 영리한 아이들이 곧 학교에 갈 수 있다고 즐겁게 이야기하는 모습을 보면 종종 감동을 받으면서도 동시에 마음이 무겁다. 그런 아이들은 '마침내' 학교에 가서 더 배우고 자기 안에 숨어 있던 잠재력을 보여줄 수 있으리라 기대한다. 하지만 내 안의 임상의는 1년 뒤에 일어날 일을 예감한다. 실망한 아이들이 내 앞에 앉아 학교가 재미없다고 털어놓는 것이다. 공부가 너무 어렵기 때문에, 혹은 대개는 공부가 너무 시시하고 여자 교사들이(유감스럽게도 초등학교에는 남자 교사가 별로 없다) 서로 다른 재능을 지닌 학생들에 제대로 대처하지 못하기 때문에 말이다. 그렇게 해서 나는 흥미 촉진과 동기 부여는 학교에서 뚜렷한 목표가 아닌 것 같다고 깨닫게 되었다. 어쨌든 나로서는 아이들의 진술을 믿지 않을 이유가 없다.

"공부가 재미없어요. 맨날 베껴 쓰기랑 네모 칸에 숫자 써넣기만 해요. 엄청 많이요! 네모 칸은 진짜 지겨워요. 새 단어나 산수에서 새로운 걸 배우는 건 재미있어요. 하지만 그러려면 언제나 한참 기다려야 해요. 마이어 선생님은 다른 아이들을 기다려줘야 한다고 맨날 그러세요. 그리고 제 글씨가 아직 똑바르지 않다고, 더 연습해야 한다고 그러세요."

이 아이들이 유치원에서는 공부를 금지당했던 반면, 이제는 공부가 재미없으며 삶에 별 도움이 되지 않는다는 것을 경험하게 된다. 유치원에서, 또 부분적으로 예비학교에서도 특별히 뛰어난 아이들은 공부벌레로 탄압받으며 부모가 극성인 것으로 간주된다. 이제 아이들은 배움과 앎이 얼마나 흥미진진한지 아무도 전해주지 못하는 상황을 극복해야 한다. 대체로 아이들은 재능을 지원받지 못하고, 지식이 아니라 그저 규율만을 익히게 된다.

여기에 사회적 학습도 더해진다. 게다가 지적인 학습을 위해서도 사회적인 학습을 위해서도 한 학급의 인원수는 일반적으로 너무 많다. 아이들은 초등학교에서부터 수업뿐 아니라 25명의 또래들로 구성된 학급이란 사회조직에서 잘 지내야 한다는 요구까지 충족시키려 힘들게 노력한다. 오늘날 학급생활에 가치를 두는 것은 좋은 일이지만, 그 모든 게 적지 않은 아이들에게 부담감으로 이어진다. 초등학교 3학년, 늦어도 4학년부터는 다수의 아이들이 김나지움에서도 지금처럼 지내리란 것이 명백해진다. 장차 사회생활에 적극적이고 주도적으로 참여할 수 있으리란 감정을 느끼며 자라는 아이들과 소외된 기분을 느끼는 아이들 사이에 간극이 점점 벌어진다. 물론 후자의 아이들도 참여를 위해 애를 쓴다. 대부분 사람들이 가정하는 것보다 긴 시간 동안 피로를 느끼면서.

하지만 결국에는 이상하게도 우리 사회의 '승리자들'이 더 큰 과로의 감정을 표현한다. 왜냐하면 이런 아이들에게는 압박에 응하는 것 말고 다른 여지가 없기 때문이다. 그 애들은 대안이 없다. 열성적인 어머니가 숙제를 처음부터 같이 봐주기 위해 오후에 집에서 기다린다. 아이의 중등학교 진학을 부모가 마음대로 정할 수 없는 바이에른 주의 어머니들은 초등학교 4학년 기간이 모두를 얼마나 안절부절 불안하게 만드는지 생생하게 들려준다. 어떤 경우에도 아이들의 성적표에 1점이나 2점만 있도록 신경써야 하기 때문이다.

아홉 살인 카를의 어머니가 하소연을 늘어놓는다. "4학년 내내 굉장한 스트레스였어요. 카를은 무조건 김나지움으로 진학하길 원했고, 또 그래야 했어요. 눈앞에 실패가 보이는 것 같고, 이 장애물을 못 넘을까봐 전 정말이지 녹초가 되고 불안했는데, 그 정도일 줄은 생각도 못했어요. 카를은 정말 학습 태도가 좋지 못해요. 여전히 놀기를 좋아하죠. 인지능력은 의심할 게 없지만, 그걸로 김나지움에 가진 못하잖아요. 우리 둘이서 같이 하지 않았다면 카를은 낙제했을 거예요. 그럼 가족들과 남편은 저를 질책했겠죠. 물론 저 스스로도요."

말할 것도 없이 특정 계층에서는 김나지움을 다른 대안이 없는 필수로 여긴다. 자기 아이들에게 개인적이고 직업적인 발전을 위해 장차 최고의 길이 열려야 한다. 그리고 그것은 김나지움에 가서 아비투어를 치러야만 가능하다. 적어도 독일에서는 다수의 부모가 그렇게 평가한다. 다른 연방주에서는 이 단계가 바이에른 주만큼 사람을 지치게 만들 정도는 아닐 수도 있다. 하지만 거기서도 부모들은 아이가 김나지움 추천서를 받기를 원한다. 추천서를 받지 못하면, 대부분 부모는 반발하면서 추천서가 없음에도 아이를 김나지움으로 보낸다.

"엄마랑 저는 요즘 공부를 아주 많이 해요. 저는 꼭 형이 다니는 김나지움에 가고 싶어요. 그런데 선생님은 그러려면 지금부터 공부를 더 열심히 해야 한다고 그러셨어요. 친구는 저한테 완전 화가 났어요. 제가 자주 놀러오지 않는다고요. 저는 종종 배가 아픈데, 특히 일요일 저녁이 심해요."

물론 되도록 많은 아이들이 아비투어를 치를 수 있다면 좋은 일이다(적어도 아이들을 보살피고 후원하는 아동청소년 정신의학 관점에서는 그렇다). 하지만 예전에는 재능이 평균 이상인 아이들이 가던 학교가 이제는 일반학교가 되었고, 학교를 세 가지 형태로 분화하던 것은 시대에 뒤떨어져버렸다.

늦어도 3학년이 되어 첫 성적표를 받으면 아이가 학급에서 어떤 위치에 있는지 뚜렷해진다(그 전까지 받던 점수 없는 통지표는 부모와 아이들이 항상 자기가 원하고 기대하는 대로 해석한다). 지금까지도 공부에서 이미 재미는 중요하지 않았지만, 이제는 상황이 더욱 심각해진다. 3, 4학년에 다니는 생각 깊은 아이들은 공부라는 일상에 완전히 묶여서 하고 싶은 일을 할 여지가 점점 없어지는 느낌이라고 내게 이야기한다. 물론 이미 기술된 바와 같이 학교와 더불어 적어도 악기와 운동도 하나씩 습득해야 한다.

"화요일까지는 되도록 숙제를 다 해놓아야 해요. 수요일에는 점심 먹고 피아노 치러 간 뒤에 또 합창단에 가거든요. 엄마가 늘 차로 태워다줘요. 엄마는 그런 다음 중간에 장을 보기도 하고 차에서 기다리기도 하고 그래요. 피아노 선생님은 가끔씩 화를 내요. 제가 연습을 너무 적게 한대요. 엄마도 맨날 그렇게 말해요. 하지만 연습할 시간이 어디 있다고요!"

오해를 피하기 위해 말하자면, 아동청소년 정신의학의 관점에서 볼 때 아이들을 인지적, 정신적 발달의 모든 영역에서 후원하는 것은 좋은 일이다. 그리고 음악과 운동은 입증되었다시피 아이의 발달을 촉진하는 두 영역이다. 어머니들은 자신의 아이를 위해 최선을 다해 노력한다. 아이들이 좌절하거나 최선의 지원을 받지 못했다 해도 어머니들을 탓해서는 안 된다.

하지만 우리는 규율화된 어른들의 세계가 점점 더 이른 시기에 아이들의 삶 속으로 파고들고 있음을 분명히 알아야 한다. 부모의 충분한 지원과 아이들 발달의 '극대화'는 아무도 반대할 수 없지만(!) 이런 식의 목표 지향적인 지원은 성인들의 삶을 특징짓는 노동과 똑같은 특성을 지니게 된다. 과로가 일찍부터 생활감정이 되는 것이다.

열일곱 살인 글로리아가 자신의 삶을 되돌아본다. "유치원 내내 선생님들이 저한테 주의를 주셨어요. 제가 만들기나 그리기를 좋아하지 않아서요. 저는 인형놀이 코너에서 노는 게 더 좋았고 또 혼자 있는 편이 좋았어요. 저는 친구 하나로 충분했어요. 더 큰 집단에서는 감당할 게 너무 많아서 금방 부담을 느껴요. 초등학교에서 반 크기는 저한테 공포였어요. 게다가 선생님은 계속 제가 수줍음이 너무 많다고 더 나서야 한다고 하셨어요. 시끄러운 남자애들 사이에 앉아 있으려니 정말 불편했어요. 쓰기 성적이 좋았지만 가까스로 김나지움 추천서를 받았을 때, 저는 벌써 스트레스가 쌓인 상태였어요. 좀더 공격적이고 적극적이려 애쓸수록 그만큼 더 경직되었어요. 그리고 공부에 더해서 다른 아이들과의 관계에서도 스트레스가 보태졌어요. 제가 파티에 가는 걸 안 좋아한다는 이유만으로 다른 아이들은 저를 따돌렸어요. 빛의 속도로 돌아가는 거대한 쳇바퀴를 제가 더 이야기해야 할까요?"

오늘날의 아동기는 과도한 지원으로 과적되어 있다. 아이들을 위한 최상의 선택지를 준다는 이름으로 다양한 지원을 아끼지 않는다. 모순되게도 이런 여지는 홀가분한, 자유로운 감정이 아니라 과로로 가득차 있다. 오늘날 자유는 아이들이 배우는 강좌, 언어, 악기, 운동종목의 선택에만 있다. 나머지는 벌써 정해져 있다. 크고 무거운 입학 선물과 호기심 어린 즐거운 기대를 안고 출발한 학교생활은 금세 실망과 힘겨운 공부의 나날로 변한다.

성적으로 줄 세워지는 김나지움

학교와 관련해 번아웃이 일어나는 역학은 김나지움에서 가장 명백히 드러난다. 내가 여기서 김나지움에 한해 서술하는 것은 그런 까닭이다. 김나지움은 다른 형태의 학교들에 비해 성적에 대한 요구가 뚜렷한 탓에 번아웃을 유발하는 학교의 전형이 되었다.

유치원에서 예비학교로, 또 초등학교로 넘어갈 때처럼 김나지움으로 넘어가는 이행과정도 매끄럽게 조직되어 있지 못하다. 조금 전까지는 열성적인 여교사들(!)이 아이들을 돌보았다면, 이제 학생들은 6~8명의 남녀 학과목 교사들을 만나는데, 이들은 김나지움을 시작할 때부터 자율을 강조한다. 자신의 아이에게서 너무 많은 것을 떠맡는 어머니들은 과잉보호*를 한다고 책망받는다.

과잉보호, 또는 헬리콥터 어머니*

보살핌은 부모가 자녀를 키우는 중심 토대다. 이때 지원과 요구 사이에서, 보호와 방치 사이에서 올바른 균형을 찾기란 언제나 쉽지 않다. 안타깝게도 이를 측정할 척도는 없다. 하지만 병원에서 우리는 의심할 여지 없이 과잉보호하는 어머니를 본다. 그들은 종종 '우리'라고 부르기까지 하면서("우린 성적이 나빠요." "우린 오랫동안 불안해요.") 아이를 대변해 이야기한다. 자신의 아이가 지금 무엇을 느끼는지 정확히 알고, 대학 졸업 뒤 면접에서도 밖에서 기다리며 아이의 전 인생을 함께하려는 어머니. 의심할 것 없이 그런 어머니는(물론 헬리콥터 아버지도 있지만 더 드물다) 아이의 생활능력을 죽인다. 그런 아이들은 결코 스스로 요구에 맞설 필요가 없으며, 게다가 자신들이 아무것도 믿고 맡길 수 없는 존재라는 것을 지속적으로 경험하기 때문이다. 신뢰 없이는 발달도, 호기심도, 새로운 시도도 생겨나지 않는다. 과잉보호하는 어머니는 치료가 필요하다.

김나지움 시기가 시작되면 학교의 태도는 아이들의 자부심과 확신에 명확한 영향을 미친다. 아이가 뭔가를 못한다면, 뭔가를 이해하지 못했다면 그것은 아이의 문제이지 교사의 문제가 아니라는 것이다. 성인의 삶에서라면 어떤 영역에서든 이런 결론은 불합리한 것으로 여겨지고 아무도 이런 책임 전가의 원칙을 유지해야 한다고 생각하지 못할 것이다. 대학 순위가 나쁠 때 그 탓을 학생들의 우둔함만으로 돌릴 대학은 세계 어디에도 없을 것이다. 오히려 당장 대안적인 교수법으로 학생들의 성과를 개선하기 위해 엄청난 애를 쓸 것이다. 어떤 회사도 계약 체결에 결함이 생길 때 견습생에게 홀로 책임을 떠넘김으로써 자신들의 직원 양성을 폄훼하지 않으리라.

하지만 매주 내 앞에는 자신의 지능과 능력을 의심하는 아이들과 청소년들이 앉아, 번번이 교사들의 평가(절하)를 통해 얼마나 우둔한지 지적받고 있음을 상세히 이야기한다. 종종 여기서 인용할 가치가 없는 본격적인 명예훼손까지도 일어난다. 때로 그런 모욕은 심지어 전 학급을 향하기도 한다. 그러면 학생들은 자신들이 얼마나 버릇없고 멍청하고 게으른지 똑똑히 듣게 된다.

중등학교로 넘어온 뒤 아이들이 받는 압박은 많은 새로운 과목들, 새로운 급우들, 낯설고 긴 새로운 시간표 등으로 가중된다. 숙제를 하는 오후는 대개 어머니와 함께 작업하고 학습하는 시간이 된다. 독일어권에서는 수업시간에 확실하게 배운 것을 숙제를 통해 혼자 힘으로 연습하고 익혀서 확실한 지식으로 다지는 것이 통상적이지 않다. 아이들은(어머니들도) 빈번히 새로운 연습과제와 새롭게 배워야 할 숙제들에 직면한다. 보습학원 문화가 계속 확산되고 숙제를 어머니나 다른 성인의 지도 아래 완성하는 현상은 가정학습이 배운 것을 반복하는 복습이 아니라 고유한 학습이 되었다는 사실을 여실히 보여준다.

나날의 가정생활에서 얼마나 많은 갈등이 숙제 때문에 일어나는가. 학교가 가족 안으로 깊숙이 뻗어들어온다. 교사의 사람됨이 저녁밥상에서 중요한 역할을 한다(그 역할은 종종 긍정적이지 않다). 거기서 부담이 나타난다. 아무리 애를 써도 자꾸만 한계에 부딪히는 아이는 저녁마다 학교가 대화에 오르면 마음이 편할 수가 없다. 그러면 많은 아이들이 움츠러든다.

그런데 어째서 학생들은 일반적으로 부모가 특정 교사에 대해 불평하는 것을 좋아하지 않는 것일까? 나는 이런 현상을 끊임없이 마주치는데, 이는 아이들이 학교를 믿지 못하고 있음을 보여준다. 부모가 학교를 찾아가더라도 학교가 진지하게 받아들이는 대신 불이익을 줄 것이라 생각하는 것이다. 즉 교사들로부터 추천서를 받아야 하는 부모들은 대개 교사들의 어떤 교육적 조처나 태도에 대해 선뜻 불평하지 못하고 움찔 물러선다.

소아과 의사가 아이나 부모에게서 항의를 받은 뒤 다음 검사 때 그애를 일부러 막되게 다룬다면 사람들이 어떻게 생각할까. 하지만 많은 부모들이 자기 아이의 교사에게는 그런 것을 허용한다.

"제가 교사에게 찾아가 불평하면 아이가 그 때문에 (더욱) 고생하겠죠." 내가 이런 말을 얼마나 자주 들었던가! 성공적인 부모 교사 사이의 대화란 없으며, 더욱이 학생의 만족도를 폭넓게 파악하거나 체계적인 학생 의견 조사를 바탕으로 학교와 교사를 평가하는 것은 말할 것도 없다. 오늘날 독일에서는 어떤 대학도 자신의 고객을 홀대하는 사치를 누릴 수 없을 것이다. 우리 함부르크-에펜도르프 대학병원은 교수 질에 대한 대학생들의 판단이 각 과에 배분되는 교수 예산에 직접적인 영향을 끼친다. 우리는 거기에 오래전부터 익숙해졌다. 그리고 나는 교사들도 우리 사회가 요구한다면 그런 비평에 익숙해질 수 있으리라 생각한다.

수업일수가 늘어나고 매해 학년이 올라갈수록 수업시간 역시 늘어난다. 그리고 아이들은 해마다 반복되는 현상을 이야기한다. 시험 일정이 원래 있든 없든, 학년이 운행되면서 쪽지시험이나 필기시험이 극단적으로 몰리는 시기가 있다는 것이다. 축제나 소풍, 교원회의나 학부모 면담 등을 번번이 고려해야 하고, 다른 외적인 사정도 중요하기 때문이다. 그런 것들이 전체적으로 학생들의 학습을 최적의 상태로 후원하는 것보다 중요한 듯 보인다.

학교 다닐 나이의 아이들은 자연히 시간감각이 채 무르익지 않아서 특정 시험에 대비해 공부를 미리 계획적으로 시작하기가 어렵고, 따라서 몇 주 동안 몰아치기로 시험을 준비한다. 중등과정이 끝날 무렵 나를 찾아온 아이들은 이렇게 일상을 설명하곤 한다.

"자유시간이 없을 때가 너무 많아요. 날마다 어머니랑 싸워요. 그리고 피곤한데도 잠을 못 자고 침대에서 뒤척여요. 다음날이 두려워요. 완전히 지쳐서 깨어나면 어떻게 하루를 견뎌야 할지 모르겠어요. 집중이 어렵고 공부가 생각만큼, 또 필요한 만큼 잘 안 돼요. 친구들은 정말 중요하지만 같이 놀 시간이 없어요. 학교에서 허겁지겁 집으로 돌아와, 빨리 밥을 먹곤 운동이나 음악수업에 가요. 다음에는 숙제를 하고, 그러고 나면 완전히 지쳐요. 스마트폰이 계속 진동하고, 모두 저를 가만두지 않아요. 폰을 계속해서 확인하지 않으면 따돌림당하지는 않을까 불안해요. 메시지에 바로 답하지 않으면 안 되잖아요. 엄마 아빠는 제가 휴대전화를 치워버리길 바라지만, 그건 불가능하다는 걸 전혀 이해하지 못해요. 저도 가끔씩 방해받지 않고 잘 잘 수 있게 폰을 저녁때 미리 부엌에 두곤 해요. 하지만 그러면 다시 불안해져요. 그러니까 말인데, 전 너무 두려워요. 상급학년을 나쁜 성적으로 올라가 시작하면 아비투어를 포기해야 하거든요. 상급학년을 대비해서 기초지식을 잘 쌓는 게 얼마나 중요한지 모두들 거듭해서 말해요. 전 정말 피곤하고……" 열여섯 살인 라리사가 말한다.

상급학년으로 넘어가면 이 모든 감정이 더욱 강화된다. 11학년에 들어서서 첫 성적표가 나오고부터는 아비투어를 위한 예측이 실시된다. 성적과 점수가 이런 식으로 계속된다면 무슨 일이 일어날지 또렷이 통보받는 것이다. 많은 일을 시도해보고 자신과 타인,

또 이성과 여러 경험을 쌓는 일이 중요한(중요해야 할) 삶의 시기에 청소년들은 '불타는 금요일'을 이야기한다.

"제가 아이들과 어울려 노는 유일한 저녁은 금요일이에요. 저희는 다들 한껏 멋을 부려요. 그리고 가장 중요한 건 예열이에요. 술을 살짝 마시고 출발하는 게 정말 중요한데, 그러면 저녁에 더 잘 놀 수 있거든요. 또 그게 더 싸기도 하고요. 클럽에선 음료가 아주 비싼데, 입장하는 것만으로도 용돈을 많이 떼먹히니까요. 게다가 모두들 술에 취해 있고요. 다들 벌써 한 번씩 토했는데, 역겹기는 해도 어쩐지 그게 당연한 거 같기도 해요. 얼마 전에는 친구가 너무 취해서 못 걷는 바람에 구급차를 불러야 했어요. 저는 처음에는 무슨 일인지 몰랐는데, 곧 친구가 엄청 걱정됐어요. 친구 부모님은 진짜 화가 났고, 그래서 그애는 이제 외출도 못 해요. 저라면 물론 그런 일은 없었을 거예요. 다른 친구가 구토 동영상을 인터넷에 올리기도 했어요. 진짜 끔찍해요! 모두들 그애를 놀리고 '좋아요'를 눌러서 금세 모두가 보게 됐어요. 금요일이 지나가면 토요일 오후에는 다시 공부를 시작해요. 그러면 저녁때는 완전히 지쳐서 나갈 생각도 나지 않아요. 그리고 일요일은 저희 집에선 어차피 일하는 날이에요. 다들 자기 책상에 앉아 있다가 저녁때가 되면 습관적으로 텔레비전을 봐요. 그리고 월요일에는 다시 쳇바퀴가 돌아가고요." 열일곱 살인 비올라가 자신의 일상을 이렇게 묘사한다.

다소 걱정스럽게도 청소년들이 알코올을 소비하는 이런 축제의 방식은 학교생활의 숨막히는 리듬에서 빠져나갈 도피처로서 아른거리는 반대 세계를 점점 일찍 제공해준다. 청소년들의 생활에 작은 틈이 생기고 희망이 떠오른다. 자신의 매력을 발휘하고 타인의 갈망과 시선을 받을 희망. 한번쯤 중요한 사람이 될 희망. 일주일에 적어도 한 번이라도! 그런 자아도취적 메커니즘은 이 시기에 매우 중요한 것으로, 건강한 정신적 발달에 꼭 필요하다. 그러니 과도한 음주는 일주일이라는 생활 가운데 거의 유일하게 생긴 작은 틈을 되도록 집중해서 체험하기 위한 것이다. 분위기를 억지로 띄우고 다른 이와 만나는 두려움을 완화하려는 것이다. 즐거워야 한다는 강제가 학교에서 친구들에게 거부당할 두려움을 해소해준다. 그러다가 다음날 학교생활로 돌아가면 거부당할 두려움은 다시 강화된다. 하지만 집단 안에서 잘 지내지 못하리란 두려움은 상황의 한 측면일 뿐이다.

여자아이들은(갈수록 많은 남자아이들도) 매력에 대해 엄청난 압박을 받으며 자신의 신체를 주목하게 된다. 열여섯 살인 헨리케는 이렇게 설명한다. "저희는 모두 몸에, 그러니까 몸무게에 잔뜩 신경써요. 어떤 애가 가족과 주말휴가를 갔다 와서 몸무게가 늘었으면, 적어도 누군가 한 명은 이런 말을 해요. 저런, 주말에 엄청 먹었나보네. 하지만 문제는 그 반대예요. 어떤 애가 살이 빠지면 다른 애들이 온통 달려들어요. 그리고 얼마나 질투하는지 느껴져요. 다들 자기 몸무게랑 씨름하고 있으니까요. 때로는 다른 애들은 각자 뭘 먹는지 열심히 살피기도 해요. 간식 빵은 벌써 다 먹었나? 그리고 스낵바에서는 물론 샐러드만 먹고요. 저희 엄마도 자기 몸매에 신경쓰는걸요. 그리고 얼마 전에는 아빠가 제 허리 살을 두고 놀리기도 했어요. 정말 상처받았는데 아빠는 그것도 몰라요. 어떤 날에는 아침에 거울을 보는 걸로 하루가 어떨지 결정돼요. 체중계도 거기 한몫하고요. 저는 제 몸이 정말 불만이에요. 제가 아는 다른 애들도 다들 마찬가지고요. 얼마 전에 거식증 친구가 병원에 가느라 학교에 못 왔을 때 저희는 모두 진짜 기뻤어요."

변화하는 신체라는 거대한 공사장 주변엔 또다른 공사장들이 있다. 사람들이 많은 여자아이들에게 마음속 공간을 넉넉히 마련해두고 자신의 신체적, 정신적 발달에 몰두할 것을 바라지만, 아이들은 이외에도 공부해야 한다는 일상의 요구에 번번이 치인다. 결국 어떻게든 스스로를 위한 시간이 없다. 다음 금요일까지는 말이다.

그러면 남자아이들은? "가장 중요한 건 항상 멋져야 한다는 거예요. 멋져야 한다, 멋져야 한다…… 가끔씩 정말 짜증이 나요. 그걸 다 어떻게 해내야 할지 진짜 모르겠어요. 엄마랑 아빠는 제 성적이 별로라고 엄청 스트레스를 줘요. 친구는 벌써 여자친구가 있는데. 저는요? 여자애한테 어떻게 다가가는지는 물론이고 어떻게 찾아야 하는지도 모르겠는걸요. 그래도 어쨌든 스포츠 팀에서는 아주 잘 지내고 있어요. 거기선 다들 친구예요." 열여섯 살인 프리츠가 말한다.

남자아이들은 전체적으로 스트레스 저항력이 더 있어 보이지만, 그 대신 높은 성과 요구에 모종의 반항을 보인다. 여자아이들이 성과 요구를 순순히 받아들이는 반면에 말이다. 남학생들이 내세우는 "전 성적 따윈 상관없어요" 같은 말은 종종 공연한 허세처럼 들린다. 하지만 갈수록 남자아이들도 요구에 응하고, 이를 극복하려다 지친다. 그러면 더이상 여자아이들과 구분되지 않는다. 탈진이란 현상이 그들에게도 똑같이 도달하는 것은 시간문제일 뿐이다.

짜맞춰진 퍼즐, 성과주의

퍼즐이 서서히 짜맞춰진다. 우리는 우리의 최근 역사에서 하나의 퍼즐조각을 찾았다. 개별적인 가족사 안에 불씨가 깊숙이 숨어 있고 트라우마와 죄가 세대를 거쳐 전해지는 모습을 보았다. 부정과 절망, 하지만 희망과 성과와 각오 또한 전달되는 모습도. 손자세대에까지 이어지는 메커니즘이 과로와 탈진으로 엮인 새끼줄처럼 모습을 드러낸다. (증)조부모 세대의 바람에도 불구하고 가족 안에서 해방이 아니라 짐을 함께 끄는 작업이 여전히 이어지고 있다.

역설적이게도 이것은 재건과 도약의 시기에도 계속되었다. 가볍고 활기차게, 자유롭고 성공적으로 다가와야 했던 시대는 막대한 빚더미를 안고 왔다. 1968년의 혁명이 창출한 새로운 사회적 구조조차도 결국에는 오늘날의 관점에서 보면 아이들의 영혼을 무겁게 누르는 구속들을 만들어냈다. 부채 위에 건설된 꿈이 비눗방울처럼 터질 위험에 놓였기 때문이다.

이중의 성과주의가 확립되었다. 실제적인 민주주의의 건설과 발전이 커다란 집단적 성과로 자리잡은 반면, 동시에 사회의 전 분야에 걸쳐 경제화 원칙이 확고하게 자리잡은 것이다. 세대에서 세대로 넘어가면서 부담이 가벼워져야 하건만, 오늘날에는 지나친 과로와 탈진이라는 집단적 감정이 고개를 든다. 우리 아이들은 의심할 여지 없이 탄탄하게 건립된 복지국가에서 자라고 있다. 하지만 동시에 조부모들이 무조건 막고자 했던 불안과 위협감도 함께 전달받고 있다. 이것은 아마도 조금씩 변화된 형태로 서방 세계 전체에 퍼져갈 것이다. 우리가 아이들을 보내는 길은 잘 확장된 고속도로가 아니라 여기저기 구멍이 파인 낡은 아우토반이다. 그 길에서는 수리비용을 조달하기 위해 통행세 시스템을 한창 도입하는 참이다.

역사적 퍼즐조각은 가족이라는 미시적 차원에서 보충된다. 우리 사회가 빠진 집단적 경제화의 덫이 가족이라는 내적 구조에까지 반영되어 나타나기 때문이다. 아이들은 부모가 일정한 생활수준을 유지하기 위해 과로하는 것을 보며 자란다. 그리고 부모가 언제라도 실패할 수 있다는 위협이 '다모클레스의 칼'처럼 아이들 머리 위에서 끊임없이 흔들거린다. 생활수준은 저절로 유지되지 않는다. 그 때문에 부모들에 대한 요구들이 끊임없이 생겨나고, 부모들은 과로하고, 그 결과 가족을 짓누르는 압박이 커져간다. 그렇게 해서 역사적으로 계승된 과로가 계속 누적되어 이어진다.

우정과 가족 같은 가치들은 우리 삶의 본질이다. 설문조사도 그것을 증명해준다. 하지만 우리는 우정을 돌볼 시간을 좀체 마련하지 못한다. 우리 모두가 동경하는 가벼움과 자유로움을 가족의 일상으로 가져오지 못한다. 어른들은 과로와 탈진에 빠졌고 이런 생활감정을 비록 여과한 형태라 할지라도 아이들에게 넘기고 있다. 정말로 저지할 수가 없다. 그리고 종종 부모들은 탐욕스러운 아이들이 자신들을 다 빨아먹는다는, 마지막 힘까지 빨아먹는다는 감정 때문에 더욱 궁지로 몰린다. 자신이 부모에게 불쾌한 짐이라는 인상을 받는다면 그애가 어떻게 자랄까?

세대를 아울러 모두를 묶는 중심감정은 막막함이다. 미래에 대한 희망 없음 그리고 불안이다. 비록 우리 모두 지식이 늘어나고 있지만, 많은 어머니와 아버지가 어찌할 바를 모르고 낙오한다. 일상의 문제들을 전문적인 도움 없이 해치워야 하기 때문이다. 여기서 위험한 것은, 막막함이란 주된 감정이 모든 우울증적 정서 상태를 동반한다는 것이다. 막막함은 출구가 없는 곳에 버려졌다는 감정에 길을 마련해준다. 그러므로 부모들과 아이들을 끝내 괴롭히는 과로는 높은 요구와 과도한 일 때문에만 생겨나는 것이 아니라 막막함이라는 심적 상태에서도 생겨날 수 있다. 당사자가 맞서 싸우려 해보아도 이런 상태가 해결되지 못하고 끝나지 않을 거라는 두려움이 들수록 그들은 막막함과 과로의 소용돌이 속으로 더욱 빨려들어간다.

우리 아이들의 생활 세계는 전방위에 걸쳐 삶의 경제화가 뚜렷한 특징으로 드러나고 있다. 모든 것이 경제논리로 파악되고 측정되고 숫자로 변환된다. 관리 제어는 우리 사회의 마법 주문이다. 모든 것에는 등가가, 반대급부가 따른다. 이러한 성과주의는 생활 영역 전반에서 영향력을 발휘한다. 하지만 이런 원칙에 대적할 수 있는 사람들은 갈수록 적어진다. 갈수록 많은 가족들, 또 갈수록 많은 아이들과 청소년들이 굴복한다. 그들에게는 삶이 흡사 통제 불가능한 것으로, 점점 빨라지는 벨트컨베이어처럼 변하고 있다. 작동을 멈출 조절기가 없다.

우리 아이들은 한편으로는 끝없는 요구들로 가득하고 다른 한편으로는 증오에 찬 전쟁이 늘어가는 분열된 세계에서 자란다. 그리고 그를 통해 점점 이른 나이에 낙관주의와는 한참 동떨어진 감정 상태에 빠진다.

아이들이 보고 겪는 어머니들은 우리 사회에서 극한의 서비스업 종사자다. 그들은 아이의 양육과 직장 일을 조화시키는 과제를 홀로 감당해야 한다. 좋은 어머니, 보충수업 교사, 셔틀버스, 훌륭한 요리사, 헌신적인 아내 역할에 더해서 가족기업에 자기 몫의 유로화를 보태기 위해 온 힘을 다한다. 이런 어머니들의 두드러진 특징은 죄책감이다. 그 모든 일을 다 수행하기란 거의 불가능하기 때문이다. 그 결과 과로와 탈진 같은 감정을 아이들에게 전염시킨다. 비극적이게도 우리 아이들의 어머니들은 종종 그 자신이 번아웃의 한가운데에 빠져 있다. 다름아닌 자신과 아이들에게서 번아웃을 멀리 떼어놓으려 과로하는 탓에 말이다.

이런 소진은 아버지들의 호위를 받는다. 그들은 일에 파묻힌 채 그 자신의 쳇바퀴에서 빠져나오지 못하는 듯 보인다. 그들은 어머니들과 마찬가지로 번아웃을(자신의 번아웃도 포함해) 촉진하는 원인과 조건으로 이루어진 퍼즐에 틀을 두른다.

이런 구조를 지원하는 것은 디지털 가족이 빠른 템포와 무거운 압력 속에서 뒤처지지 않으려 노력한다는 사실이다. 부모와 아이들은 스마트폰, 태블릿, 컴퓨터의 올바른 사용을 놓고 다툰다. 그리고 아무런 반대 없이, 비용도 받지 않고 자신들의 데이터를 벌써 오래전에 팔아버렸다. 디지털미디어 세계는 숨가쁨과 관음증이 특징이다. 우리는 관찰된다. 자신의 사생활을 드러내놓고 또 타인의 사진을 탐욕스럽게 주시하며 논평하는 이런 관음증적 진열에서 생겨나는 분위기는 우리를 나르시시즘으로 몰아댄다. 현대판 나르키소스는 자신의 완벽한 상을 좇지만 그것에 결코 닿을 수 없다. 나르키소스는, 남자든 여자든 관계없이, 예측이 불가능하고 위험이 도사린 세계를 과로하여 질주한다. 그러면서 안식은 물론 자기 자신마저도 찾지 못하게 된다. 여기에 더해 우리 모두는 다른

이의 메시지를 하나라도 놓치지 않으려고 애쓰느라 숨이 가쁘다.

디지털미디어를 규탄하는 사람은 우리 어른들이 거기에 책임이 있으며 그럼에도 대안을 제시할 능력은 없다는 사실을 이해하지 못한 것이다. 우리도 디지털미디어의 수중에 있으며 스스로를 혹사하지 않도록 이를 다루는 법을 찾아야 한다. 그러고서야 아이들이 우리를 뒤따르도록 할 수 있다. 아이들은 어떤 부분에서는 심지어 우리보다 앞서가기도 한다. 청소년들이 파티를 할 때 모두들 합의해 스마트폰을 탁자에 쌓아두고 먼저 다가가는 사람은 지는 것으로 하는 경우도 있다. 그런 일이 더 자주 실행된다면 좋을 것이다.

원인이란 퍼즐은 학교를 언급하지 않으면 완성되지 못한다. 내가 한 가지 먼저 짚고 넘어가고 싶은 것은 우리가 내적, 외적 원인을 혼동해서는 안 된다는 것이다. 우리는 변화하는 환경에 대한 외부 대책, 즉 전일제로 일하는 어머니와 아버지를 위한 구제책으로서 수업시간을 늘릴 것을 요구한다. 그러면서도 교사들이 우리 아이들에게 학과목에 대한 열망과 의욕을 북돋우면서 아이들을 존중하고 인정하는 데 실패하고 있다는 사실은 간과한다.

열다섯 살인 조피가 병원으로 나를 찾아왔다. 조피는 부모가 헤어진 것에 잘 대처하지 못하고 우울증으로 반응한 탓에 반년 동안 외래진료소에서 치료를 받았다. 조피는 현재 8주 전부터 영국 기숙학교에서 공부하고 있다. 그리고 그곳에서 받는 요구들이 함부르크의 (엘리트!) 김나지움에서보다 훨씬 높다고 이야기한다. 하지만 그것은 문제가 안 된다. 조피는 하루종일 학교에서 보내는 환경을 기꺼이 감수한다. 헌신적이고 잘 설명해주며 조피의 이해를 중요하게 여기는 교사들을 만났기 때문이다. 뭔가 애매하다는 신호를 보내면 다시 한번 설명해준다. 우리의 경우처럼 학생에게 혼자 힘으로 나머지공부를 하면서 심화하도록 요구하는 대신 말이다.

학교라는 환경에 대해 이런저런 불만이 제기되지만, 그럼에도 학생들은 학교의 요구들을 충족시키려 엄청난 과로를 한다. 이것은 우리 사회에서 교육학이 파산했다는 선고나 다름없다! 이때 학교에 대한 만족이란 외적인 환경조건의 문제가 아니라 교육방식과 내적 태도의 문제다. 하지만 증명된 바와 같이 독일사회에서 교사가 되는 건 아비투어 성적이 가장 좋은 수험생들이 아니라 가장 나쁜 수험생들이다. 이 또한 우리 교육이 현재와 같은 상황이 되는 데 기여하고 있을지 모른다.

이렇게 역사적, 개인적, 집단적 요소들로 조합되는 퍼즐에서 나오는 것은 완전한 그림이 아니라, 우리 아이들 주위로 점점 좁혀들어오며 숨통을 죄는 고리다. 그것은 너무 높은 의자에 기어오르려는 아이의 발버둥 같은 반동을 이끌어낸다. 이것은 아무도 오래 견뎌내지 못한다. 번아웃의 원인들은 우리 삶 곳곳에서 발견할 수 있다.

번아웃 키즈

하지만 이런 삶에 책임이 있는 것은 아이들과 청소년들 본인이 아니라 우리 어른들이다. 부모인 우리와 사회로서의 우리. 종종 우리는 모든 것을 다 바꿀 수는 없기에 속수무책인 기분을 느낀다. 하지만 우리에겐 현 상황을 변화시킬 책임이 있다. 우리는 촉각을 곤두세우고 아이들의 과로를 주의깊게 관찰해야 한다. 무엇보다 미리미리 예방책을 생각하고 용의주도하게 행동해야 한다. 항상 어떤 경우에도 아이가 번아웃 키드가 되지 않도록 막을 수는 없을 것이다. 하지만 소진되지 않은 아이는 저절로 얻어지지 않는다. 그들은 우리의 노력으로 쟁취한 아이다.

무엇을 해야 하는가

: 우리 아이들에게 필요한 것

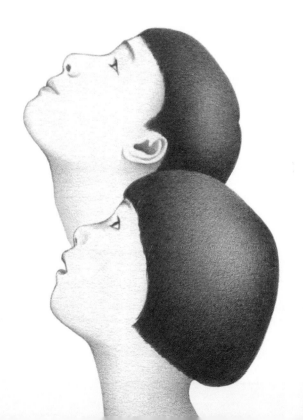

번아웃이 진단될 때 나는 다른 정신적 질환의 경우와 똑같은 단
계로 조처한다. 첫번째로 내 진단이 정확한지, 실제로 탈진우울증
이 맞는지 확실하게 확인한다. 두번째 단계에서는 중증도를 평가
한다. 세번째로는 예컨대 우울증처럼 공존질환을 판정하는 것이
중요하다. 즉 질병을 다양한 형태의 우울증에 알맞게 분류해넣어
야 한다. 이 책에서도 나는 정확히 이런 방식에 따라 먼저 소견을
작성했고, 진단을 확정했으며, 원인을 분석해 질환의 '근본'을 구
명하려 시도했다. 마침내 네번째 단계에서 비로소 치료가 도입된
다. 번아웃의 경우 약물치료와 심리치료를 병행하기도 하고 전적
으로 심리치료만 수행하기도 한다.

아동정신의학에서 약물치료를 한다고 하면 대개 미심쩍은 눈으
로 바라보며 심지어 불안해하기도 한다는 것을 나는 알고 있다. 이

런 의약품은 대개 평판이 좋지 못하다. 하지만 약물치료는 다른 정신과 치료와 마찬가지로 번아웃의 경우에도 탈진의 순환을 깨뜨릴 유일한 수단일 때가 있다. 약물*의 도움을 받아야 환자가 사고의 순환에서 벗어나고, 슬픔과 욕구 부재를 극복하며, 수면장애에서 빠져나올 수 있다.

항우울제를 활용한 치료*

우울증이 생기면 그 형태와 원인을 막론하고 뇌에서 세로토닌이 결핍된다. 세로토닌은 신경전달물질로, 몸에서 혈압 조절 등을 담당하며 뇌에서는 기분을 담당한다(일명 '행복호르몬'). 또한 불안과 통증 인지도 제어한다. 이렇듯 항우울제는 세로토닌의 균형에 개입하는 약이다. 오늘날 가장 널리 사용되는 항우울제는 선택적 세로토닌 재흡수 억제제SSRI, Selective Serotonin Reuptake Inhibitors다. 즉 세로토닌이 세포 속으로 재흡수되는 것을 지연시켜 뇌에서 좀더 오래 작용할 수 있게 해주는 약이다. 아동과 청소년 연령에서 이 약은 대개 오프라벨(off label, 정부기관에서 의약품을 허가한 이외의 적응증에 약을 처방하는 행위—옮긴이)로만 허용되고 있다. 18세 이하 연령군에게는 공식적인 사용 허락이 없다는 뜻이다. 부모들이 깜짝 놀랄 만도 하다. 당연히 이 약들이 아이들과 청소년들에게 특별히 해로우리라 생각할 수도 있다. 그러나 그것은 사실이 아니다. 허락이 없는 이유는 제약회사들이 돈과 시간을 절약하기 위해 허가를 위한 임상시험을 꺼리기 때문이다. 18세 이하 환자 쪽은 시장이 너무 작다. 그 결과 아이들과 청소년들은 몸에 잘 받는 최신식 약들로부터 쉽게 배제된다. 하지만 원칙적으로 의사는 존재하는 모든 약을 처방할 수 있다. 연구를 통해 그 약이 아이들과 청소년들에게도 효과가 있고 부작용이 적다고 알려졌다면 더욱 그렇다. 이 경우 오로지 제조회사만 생산물에 대한 책임에서 자유롭다. 어쨌든 아동청소년 일반의학과 정신의학에서도 일련의 약품들이 오프라벨로 사용되고 있다. 그것이 허락된 것보다 더 잘 듣는다는 사실이 학문적 조사를 통해 증명되었기 때문이다.

스트레스가 오래도록 지속되면 뇌에서 세로토닌 결핍이라는 신체적인 원인이 발생한다. 이에 맞서려면 약물을 이용해야 한다.

우리 전문 분야에서는 일반적으로 12~14세 이전 아이들에게는 약물치료를 극도로 자제한다. 연구 부족 때문이기도 하지만, 이 시기에는 뇌라는 기관이 성숙과정에 있기 때문이다. 탈진 상태가 오래 지속되면 나타나는 통증 증후군은 오늘날 약물 없이도 효과가 좋은 치료 방법이 많이 있다. 심리치료 요법을 비롯해 물리치료, 도수치료, 이완기법처럼 스포츠의학에서 유래한 처치들이 그것이다.

나는 다른 요법들이 변화를 불러오기까지 너무 오랜 시간이 걸리거나 전혀 효과가 없으리라고 판단될 때에만 약제를 처방한다(우리 의학 분야에서는 향정신성의약품을 말한다). 물론 그렇다고 심리치료를 병행하지 않는다는 뜻은 아니다.

번아웃 키드는 되도록 빨리 진단받고 제대로 치료받을 권리가 있다. 문제의 아이들과 청소년들은 엄청나게 과로하고 있기에 우리는 과로가 신속히 줄어들도록 돌봐주어야 한다. 지목된 원인을 얕보아서는 안 되며 치료를 지체해서도 안 된다.

전문가가 부족하다는 딜레마

독일에는 아동청소년 정신의학 분야에 대략 1000명에 가까운 전문의가 있다. 그들은 약 500개의 개인병원에서 근무하고 있으며, 또 일부는 약 150개의 종합병원에서 수련의들과 함께 일하고 있다. 종합병원은 입원치료를 제공하면서 더불어 외래진료소도 운영하는데, 외래진료와 치료는 대개 아동청소년 정신의학 개업의들이 수행한다. 그들과 함께 치료센터나 개인치료실에서 약 2500명의 아동청소년 심리치료사들이 일하고 있다.

어쨌든 양쪽 직업군은 전체 아동과 청소년의 25%를 차지하는, 진단과 치료가 필요한 아이들을 상대해야 한다. 달리 말해 총 3500명의 의사와 치료사들이 270만 명의 아이들과 청소년들을 맡아야 한다는 것이다. 통계에 따르면 이 분야에서는 의사와 치료사 한 사람마다 아이들을 770명씩 담당한다. 메클렌부르크포어포메른 주나 니더작센 주 북부처럼 가장 가까운 개인병원까지 50킬로미터를 가야 하는 지역들도 있다. 상대적으로 의료 환경이 좋은 대도시에서조차 첫 면담까지 여섯 달이나 대기해야 하고, 심리치료소는 아이들과 청소년들이 1년까지 기다려야 한다.

독일에서 아동청소년 정신의학 분야로는 가장 큰 대학병원인 이곳 함부르크의 병원에서도 각 병동마다 일반적으로 20~40명의 아이들과 청소년들이 대기자 명단에 있다.

상황이 이러한데 어째서 아무런 조처도 시행되지 않는 걸까? 어떤 성인 질병에 전문가가 턱없이 모자라다고 상상해보라. 주민들이 아우성을 칠 것이고, 정치권은 부랴부랴 부족한 전문의를 양성하는 프로그램을 설립하려 들 것이다. 아이들은 여기서 또다시 차별대우를 받는다!

치료의 실마리

탈진우울증은 반응성 우울증인 까닭에 환자가 병에 걸리는 이유가 있다. 원인은 여러 가지가 동시에 있을 수도 있고, 종종 그물처럼 완전히 얽혀 있을 수도 있다. 거기에서 비롯한 스트레스와 지속적인 긴장이 결국 탈진우울증을 동반한 번아웃으로 이어지는 것이다. 따라서 아이들과 청소년들이 장차 스트레스와 번아웃 없이 살아갈 수 있도록 긴장 상황을 신속하게 영구적으로 변화시키기를 원하는 것은 당연한 일이다. 안타깝게도 그것은 말처럼 쉽지가 않다.

우울증이 특정 수준을 넘어서 외부에서 개입하기 어려울 만큼

탄력이 붙었다면 앞서 기술한 대로 약물치료가 불가피해진다. 안타깝게도 번아웃을 일으키는 갖가지 원인은 단번에 찾기가 어렵고, '손바닥 뒤집듯' 변화시키는 것은 더 말할 것도 없이 어렵다. 학교와 학습량, 학업 부담, 학습 태도, 가족 상황과 그 밖의 스트레스 요인들처럼, 책의 첫 부분에서 아이들이 털어놓았고 나 또한 '원인'을 다룬 장에서 기술한 바 있듯이 원인은 수없이 많다.

심리치료는 언제나 청소년들이 그런 스트레스 요인을 다루는 법을 겨냥한다. 우리는 치료를 통해 아이들의 '스트레스 내성'을 키워주려 애쓴다.

열여섯 살인 헬레나는 첫 면담 때 내 앞에서 거의 내내 울었다. 우울과 탈진이 얼마나 심한지 명백했다. 1년 전 부모가 사람 진을 빼놓으며 갈라섰고, 금세 '장미의 전쟁'으로 악화된 것이 원인이었다. 헬레나는 견디기 힘든 충성 갈등을 겪었고 그와 더불어 학교 성적도 점점 나빠지며 악순환에 빠져들었다. 예전 성적을 회복하려 과로할수록 상황은 더욱 나빠졌다. 고독감이 밀려왔고 친구들과도 거리를 두게 되었다. 자신의 삶을 어떻게 극복해야 좋을지 몰랐다. 그러다가 석 달 전에는 남자친구가 '우울증에는 흥미가 없다'며 떠나갔다. 그렇게 헬레나는 깊은 슬픔과 절망에 빠져 내 앞에 앉아 있었다. 부모가 갈라선 아픔은 사실 극복되었다. 하지만 오래 지속된 과로 때문에 탈진우울증이 상당한 중증도로 발전해 있었다.

　나는 항우울제를 처방해 신속히 약물치료를 시작했다. 헬레나는 이렇게 설명했다. "처음에는 두통이 좀 있었고 입이 말랐어요. 손이 축축했고, 몸도 약간 떨렸어요. 사흘 뒤에는 괜찮아지더라고요. 일주일쯤 지나고 보니 기분이 더는 그리 나쁘지 않았고요. 그리고 이제 4주가 지나고 나니까 기분이 확실히 더 안정됐고, 이제는 그렇게 이유도 없이 쉽게 울지 않아요. 집중력도 좋아졌고요. 약을 먹어서 다행이에요. 처음에는 싫었지만 말이에요. 이렇게 기분이 좋기는 정말 오랜만이에요."

　현대 항우울제가 대부분 그렇듯이 약물치료가 몸에 잘 받고 응분의 효과가 있다면, 심리치료로 보조해가면서 충분히 안정 상태에 접어들 때까지 치료를 계속해야 한다. 그 과정은 일반적으로 반년쯤 걸린다. 약물치료는 너무 일찍 중단해서는 안 된다. 그리고 미심쩍을 경우에는 약을 더 오래 복용하는 것이 원칙이다. 우리는 헬레나의 경우 심리치료를 병행해 헬레나가 쳇바퀴에서 빠져나올 수 있도록 계속 도우려 노력했다.

심리치료

　심리치료법은 대략적으로 말해 행동치료와 심층심리학적 치료법으로 나뉜다. 행동치료는 이미 이름에서 암시되었듯이 인간의 행동을 변화시키고 그럼으로써 생각이나 관점에도 영향을 주도록 시도한다. 반면에 심층심리학적 방법은 트라우마를 일으키거나 마음을 괴롭히는 삶의 경험이나 요인, 또는 정신 내적 갈등을 처리하는 데 주안점을 둔다. 번아웃의 경우 행동치료는 환자나 그 가족과 함께 탈진우울증을 북돋운 특정 행동양식을(예컨대 완벽주의나 지나친 성과 추구) 행동 분석과 그에 따른 연습을 통해 변화시키려 시도하는 것을 뜻한다. 심층심리학적 방법에서는 이미 언급한 가족 내 역학을 포착해 모두가 인지하게끔 만드는 일이 중요하다.

치료소를 고를 때는 아이와 '궁합이 맞으며' 병증에 조예가 깊은 치료사를 찾는 일이 중요하다. 병원에서 받는 전문가의 치료와 더불어, 가정에서 무엇이 아이의 번아웃을 북돋웠으며 예방과 지원을 위해서는 무엇을 할 수 있는지 살펴보는 일도 중요하다. 그러려면 환자 본인의 행동을 분석하는 것도 중요하지만, 부모나 교사의 행동과 일반적인 우리 사회의 입장도 잘 분석하는 것이 필요하다.

가족을 위한 질문

당신의 달력은 안녕하십니까

나는 빽빽한 달력으로 자신이 얼마나 중요하고 꼭 필요한 사람인지, 얼마나 시간이 없는지 드러내는 세대의 전형적인 대변자다. 내가 이것을 냉소적이고 자기비판적으로 따져볼 수도 있겠지만, 그런다고 달라질 것은 없다. 나는 스스로를 달력의 노예로 만들었으며, 자꾸만(특히 휴가 뒤에) 어떻게 하면 여지를 더 만들어 내가 늘 하는 환자 돌보는 일에 더해 돌발적인 일이나 일상적인 일까지도 달력에 쑤셔넣을까 골몰하고 있다.

나는 지난 몇 해 동안 다양한 모델을 시험해보며 날마다 밀려드는 이메일을, 특히 일과시간 외의 수많은 메일을 어떻게 처리할까 모색해보았다. 심지어 내가 부재중 메시지를 켜놓아도 휴가 때조차 모든 메일이 스마트폰으로 들어온다. 결국 적어도 하루 가운데 얼마의 시간은 중요한 메일을 골라 응답하게 된다. 나는 휴가 뒤에 곧장 모든 메일을 청산하는 방안을 대안적으로 시험해보기도 했다. 하지만 그렇게 하니 매번 일을 시작하기가 어려워졌고, 차라리 지속적으로 온라인 상태에 있는 것을 감수하는 쪽이 나았다.

내 일에서 특별한 문제는 환자와의 약속을 미루기가 쉽지 않다는 것이다. 환자들은 여기서나 저기서나 대기해야 하는데, 그들이 처한 어려움이 종종 너무 커서 두 달 지나서 오라고 말하기가 어렵다. 그러면 내 근무시간은 매일같이 열두 시간으로 늘어나고, 자세한 메일에 응답하는 일은 일요일로 넘어가게 된다.

나는 내 아이들에게 끔찍한 본보기다. 나는 아이들이 인생은 대부분 일 차지라고 배우며 자랄까봐 두렵다.

파울은 강박장애가 심한 아이다. 특히 저녁때면 장난감이나 책상, 책 같은 자기 방의 물건들을 특정한 방식으로 정확하게 정리해야만 한다. 1밀리미터라도 틀어지면 잠이 오지 않는다. 그 결과 저녁이 되어도 침대에 눕지 못하고 밤늦은 시간에야 녹초가 되어 잠든다. 파울의 강박장애는 치료가 시급하다. 하지만 내가 정기적인 약속을 잡으려고 보니 파울은 매일 오후마다 자기 일정이 꽉 차 있었다. 파울은 일주일에 두 번 축구를 하는데, 토요일에는 토너먼트 경기도 자주 있다. 그리고 클라리넷수업에도 가야 하고 체스 동아리에도 가입되어 있다. 일주일에 두 번은 오후 세시까지 학교수업이 있다.

규칙적인 심리치료를 하려면 적어도 일정 하나는 생략해야 하는데, 파울의 강박적인 성격 탓에 무척 어려운 일이었다. 더 어려운 점은 집에만 있으려는 파울의 강박 증후군에도 불구하고 많은 활동들이 몇 시간씩 집 밖에서 이루어진다는 것이다. 파울이 얼마나 탈진했는지 언급할 필요가 있을까. 파울은 순환 속에, 쳇바퀴 속에 갇혀 있어서 되도록 일주일에 두 번씩 집중적으로 치료를 받아야만 빠져나올 수가 있다. 결국 모든 것이 제자리를 맴돈다. 파울은 마음을 안정시켜주는 활동을 하나 생략하고 심리치료와 맞바꿔야 하는 것이다.

파울에게는 치료에 응할 동기가 부족하다는 것을 쉽게 알 수 있었다. 치료사도 파울의 쳇바퀴 속으로 들어가서 포기하라고 얘기해주는 것 외에 달리 좋은 해결책을 선뜻 제안하기가 어렵다. 심리치료를 위한 출발조건이 그리 좋지 못했다. 파울은 달력에 사로잡힌 전형적인 사람들의 어린이 버전이다. 개입이 없으면 완전히 탈진해서 우울증이 막기 힘들 정도로 발전하는 것은 시간문제일 것이다.

나는 파울과 달리 아이들의 세계에 있지 않다. 내 세대는 번아웃에 필요한 토대를 스스로 만들어낸다. 틀림없이 우리가 보여주는 본보기 탓에 그렇게 많은 아이들이 오늘날 번아웃을 앓는 것이리라. 이 문제로 책을 한 권 써보면 도움이 될까. 적어도 내가 양심의 가책을 더는 데에는 도움이 될 것이다. 물론 나는 소진할 위험에 있지는 않았다. 그러기에는 내 일이 매우 흥미롭고 만족스럽기 때문이다. 하지만 나는 가령 감기에 걸렸다고 당장 집에서 쉬는 동료들을 깔보는 태도를 보일 우려가 있다. 그런 사람들은 내가 무슨 말을 하지 않아도 내게서 멸시당한다고 느끼게 될 것이다. 이런 무언의 메커니즘이 가정에서는 더욱 큰 역할을 한다. 가족 구성원끼리는 서로 공감도가 높기 때문이다.

그렇다면 가족으로서 자기 아이들의 번아웃을 막으려면 어떻게 해야 할까? 각자 자기 가족을 위해 먼저 다음과 같은 질문들을 해보아야 한다.

- 나는 시간을 어떻게 쓰는가?
- 나는 일에 어떤 위상을 부여하는가?
- 내가 일하면서 아이들에게 보여주는 모습은 어떤 모습인가? 일이란 만족스러운 것인가 아니면 필요악인가?
- 내 삶에서 스트레스의 원천은 어디에 있는가?
- 나는 일을 얼마나 방패로 삼는가?
- 일을 핑계로 가족을 회피하는가?
- 내 목표는 어떤 의미가 있는가? 나에게는? 가족에게는?
- 나는 내 일의 어떤 '주작용'(가령 생계유지를 위한 경제활동)을 위해 어떤 '부작용'(가령 소홀한 가정생활)을 감수할 각오가 되어 있는가?

- 내 아이들의 달력은 어떤 모습인가?

- 가족끼리 얼마나 많은 시간을 함께 보내는가?

- 나는 아이들의 정신적 상태에 대해 얼마나 알고 있는가?

- 우리는 얼마나 자주 교류하는가?

- 관심사를 공유하는 공동의 섬이 있는가?

- 나 스스로에게 어떤 질문을 더 해야 할까?

가족이라는 세계

내가 이 책에서 거듭해서 마주치는 깨달음은 우리가 삶의 우선 가치로 생각하는 것이 아이들의 삶과 스트레스 지각에 결정적인 영향을 준다는 것이다. 우리는 이런 가치에 대해 추상적으로, 그러니까 세계적이고 집단적인 차원에서 질문해볼 수도 있지만, 또한 아주 구체적으로 자신의 가족과 관련해서도 물어볼 수 있다. 우리는 어떤 가치를 삶으로 실천하고 있으며, 어떤 가치를 전달하길 바라는가?

부모로서는 잠시 차분히 반복해서 이런 질문을 생각해보는 것이 좋다. 왜냐하면 우리가 중요하게 생각하는 마음속 가치는 굳이 드러내놓고 말하지 않아도 아이들에게 자동적으로 전달되기 때문이다. 물론 우리는 우리에게 무엇이 중요한지 아이들과 함께 이야기를 나눈다. 하지만 또한 많은 가치들이, 우리 스스로도 만족하지 못하는 가치들을 포함해서 우리의 행동을 통해 건네진다.

많은 부모들이 가치는 교육적 행동을 통해서만 전달되며 마음속 태도를 통해서는 전달되지 않는다고 생각한다. 나는 그런 것을 보며 놀라곤 한다. 부모들이 스스로에게는 요구하지 않는 바를 아이들에게 요구하는 모습이 드물지 않게 보이기 때문이다. 누군가 어떤 가치를 높게 평가하면서도 그 가치를 자신의 삶에서 실행으로 옮기지 않거나 전혀 딴판으로 살 경우, 외부인의 눈에는 그 점이 훨씬 쉽게 보인다. 단도직입적으로 말해서 그런 교육적 조처는 효과가 없다.

요즘 시대에는 디지털미디어나 음주문제가 바로 그렇다. 많은 부모들이 아이들을 되도록 컴퓨터에서 멀리 떼어놓고 술을 가능한 한 늦게 배우도록 하는 데 성공할 경우 뿌듯해한다. 그러면서 자신은 날마다 컴퓨터로 일하고 인터넷 서핑을 하고 게임을 하며, 아주 당연하게 저녁마다 규칙적으로 술을 마신다. 결국에는 그런 부모들이 나를 찾아와 청소년인 자녀가 알코올의존증으로 병원에 실려가야 했다거나, 알고 보니 친구 집에서 한없이 컴퓨터 앞에 '달라붙어' 게임을 하더라며 걱정을 토로한다.

가치는 우리의 행동을 통해, 우리의 존재를 통해, 가족 안에서 형성되는 우리의 관계를 통해 전달된다. 아버지가 자기 아내는 멸시하면서 동시에 다른 여자들에게는 비위를 살살 맞춘다면, 딸은 분열감을 느끼고 자신도 잘못된 척도로 평가받는 기분이 들 것이다. 이것이 좋은 자존감으로 이어질 리 없다.

내가 내 아이들에게 갈등은 평화롭게 해결해야 한다고 '훈계'하면서 부부간의 갈등이나 아이들과의 갈등에서 큰소리를 지른다면, 훈계는 공허하게 사그라질 것이다. 중요한 것은 내가 실천해보이는 본보기다.

이것은 가족 밖의 영역에도 해당된다. 나는 한 가지 예를 숨기지 않고 말하고 싶다. 내 환자들이 들려주는 교사와의 경험이 충격적이기 때문이다. 내가 아이들에게 까다로운 교사와도 대화를 나누어야 한다고, 경우에 따라서는 부모들이 신경써줘야 한다고 말하면, 아이들은 교사들이 두 얼굴을 가졌다고 대답한다. 한 얼굴은 학부모 면담에서, 또 한 얼굴은 학급에서 말이다. 교실 문이 닫히면 그들은 무례해지고 인신공격을 일삼고 모욕을 퍼붓는다.

공식적으로 내세우는 가치와 일상적인 행동은 이렇게 일치하지 않는다. 허와 실의 이런 엇갈림이 시스템을 파먹는다. 그러니까 아이들이 학교에 가기 싫어해도, 의욕이 없어도 아무도 이상하게 여길 것이 없다. 안으로 실천하는 것과 밖으로 보여주는 것이 따로따로인 우리 어른들의 행동을 넘겨받는다 해도 마찬가지다.

사실 해결책은 아주 간단하다. 삶으로 모범을 보여주면 되는 것이다. 물론 그것이 문제이기도 하다. 아이들에게 바라는 모습만큼 자신이 완벽하지 않기 때문이다. 비록 우리가 우리 부모보다 잘하려고 다짐은 해보았겠지만 말이다. 역설적이게도 우리가 이 지점에서 과로하고 꾸미기 시작할수록 아이들의 심리적 발달에 해가 된다. 우리가 스스로를 되돌아보고 아이들에게는 우리의 참된 모습밖에 보여줄 것이 없으며, 그 모습이 꼭 완벽한 이상형일 필요는 없다는 사실을 받아들일 때에만 발달을 위한 공간이 생겨날 수 있다.

나는 직업생활을 하면서 아이들과 청소년들을 수없이 만나보았다. 그리고 수많은 아이들이 아버지나 어머니의 전형적인 태도를 그대로 따라 하고, 수많은 청소년들이 묻지도 않았는데 가족의 가치를 변호하고 부모를 옹호하는 모습을 보았다. 부모로서 믿을 만한 것이 있다면 그것은 바로 자기 아이들의 충성심이다. 그런 충성심이 처음 변하는 것은, 아이들이 속았다고 느끼고 부모의 실제 삶과는 다른 것을 요구받는 경험을 할 때다.

가족 세계도 마찬가지다. 당신의 가족을 한번 밖에서 바라보라.

- 무엇이 보이는가? 어떤 가족인가?
- 현실 모습이 당신의 이상과 얼마나 어긋나는가?
- 누가 누구와 어떻게 서로를 이해하는가?
- 어떤 개성들이 충돌하는가?
- 어디에 공통점이 있는가?
- 그런 공통점들은 어떻게 실천되는가?

가족은 하나의 소집단이다. 그 안에서는 다른 집단에서도 통용되는 법칙과 규칙이 똑같이 작동한다. 다만 가족이라는 간판이 붙은 것이 조금 다를 뿐이다. 왜냐하면 가족은 학교, 직장, 스포츠클럽 같은 다른 모든 집단과 달리 일차적으로 애정관계라는 특징이 있기 때문이다. 이런 사랑에는 수많은 신화들이 뒤얽혀 있다. 그 가운데 하나가 무조건적인 사랑이라는 신화다. 부모에게 일어날 수 있는 최악의 일은 자기 아이를 미워하는 것이다. 우리는 그런 부정적인 감정의 결과를 잘 알고 있기에 가족 간의 사랑이란 기치를 높이 쳐든다.

물론 어머니와 아버지 사이의 사랑은 가족의 중요한 토대다. 이렇게 말하면 모두가 열심히 고개를 끄덕이겠지만, 오늘날 전체 결혼가정의 절반가량이 이혼을 맞는 것이 엄연한 현실이다. 결혼생활은 위기가 있게 마련이고 부부 양쪽이 자신들의 사랑을 위해 적극적으로 행동해야만 유지될 수 있다. 이를 의심할 사람은 없을 것이며, 시간이 지나면서도 위기를 겪지 않는 결혼이 있다면 모두들 (조심스레 표현해도) 이례적이라 여길 것이다. 하지만 아이가 더해지면 곧바로 모든 것이 달라진다. 아이가 있으면 헤어질 수 없다는 생각이 암묵적으로 부모를 짓누르면서 부담이 커진다. 그리고 이런 위험을 억압하다보면 결국 이상화理想化가 일어난다.

이상화는 방어기제로서, '화를 복으로' 바꾸고 힘든 일을 고쳐 해석하는 방법으로 불쾌한 것을 거부하고 두려움을 무력화하려

할 때 나타난다. 그러면 예컨대 나에게 섬뜩한 사람이 갑자기 매우 경탄스러운 인물로 변한다. 이상화는 현실과의 대면을 회피하게 해준다. 안타깝게도 아동정신의학 관점에서 보면 이상화는 적어도 가까운 관계에서는 건강하지 못하다. 내가 내 아이를 때로는 끔찍하게(힘들게) 생각한다는 사실을 스스로 인정할 수 없다면, 그리고 그 대신 내가 얼마나 훌륭한 아이를 두었는지 스스로와 세상 앞에서 늘 강조해야 한다면, 억압된 격정은 다른 곳에서 분출될 것이다. 물론 그렇다고 해서 자기 아이를 때로 얼마나 끔찍하게 생각하는지 아이에게 대놓고 말해야 한다는 뜻은 결코 아니다. 하지만 마음속으로 어려움을 인정하는 것이 이상화보다 정신건강에 좋다.

나는 이제 자기 아이가 얼마나 '매력적이고 훌륭한지' 강조하는 부모를 만나면 특별히 주의하고 심지어 의심까지 한다. 바로 그런 매력적인 아이들이 자세히 들여다보면 종종 특별히 까다로운 아이로 판명되곤 한다.

가족관계의 근본요소인 사랑은 개별 구성원이 문제와 갈등을 인정하지 못할수록 더욱 깨지기 쉬워진다. 이상화가 쉽게 일어나는 한 가지 경우는(물론 다른 방어기제들도 있다) 둘째 아이가 태어날 때다. 부모 처지에서는 형제자매가 서로 경쟁한다는 것을 인정하기란 무척 어렵다. 두 아이 모두 사랑하기 때문이다. 손위 아이가 손아래 동생을 정말 깊은 사랑으로 대한다고 생각하는 것은 거의 언제나 부모의 자기기만이다. 아이들의 경쟁과 갈등을 더 쉽게 견디려는 나름의 방편이다.

따라서 자신의 가치들을 현실(!)과 맞춰보고 양자가 가끔씩은 멀리 동떨어져 있다는 것을 인정하는 것은 심리적 발달에 더 건전한 일이다. (그렇다, 부모도 정신적으로 계속 발달한다.)

아이들이 다름과 차이를 인식하는 눈을 뜬 뒤 처음으로 다른 가정에 방문하면, 가족이 기능하고 살아가는 모습이 다양하다는 사실에 놀라곤 한다. 다른 냄새와 다른 습관, 다른 친밀관계. 그에 대한 반사작용은 거의 언제나 이렇다. 우리 집이 더 좋은데! 자신의 가족 세계는 확실하고 안전한 장소이며, 모든 것이 일어나는 소우주다. 그곳은 '정신적 세계를 구성하는' 요소의 본보기이자 이를 가르치는 무대이며, 모든 가치들이 내면화되는 장소다. 내가 부모들에게 아이들 앞에서 꾸며 보이지 말고 진실하게 살라고 얼마나 자주 부탁해야 하는지!

이 모든 게 번아웃이란 주제와 무슨 상관이 있을까? 삶으로 실천되는 가치들은 강한 흔적을 남긴다. 우리의 경제 지향적, 사회의 성과적 사고 그 이상의 의미를 지닌다. 가족의 가치는 외부에서 아이들에게 운반돼온 가치보다 우세하다. 그 때문에 우리는 번아웃의 토대를 따질 때 자기성찰부터 해야 한다. 그리고 가족이라는 영역에서 번아웃을 막는 데 도움이 될 조처를 어떻게 취할 수 있을지 살펴보아야 한다. 다음 질문들을 한번 자문해보자.

- 나는 보상을 어떻게 다루는가?
- 아이들의 용돈과 옷 문제를 어떻게 다루는가?
- 아이들을 나의 세계에, 나의 가치들에 얼마나 참여시키는가?
- 그런 문제로 토론할 준비가 얼마나 되어 있는가?

부부도 일반적으로는 기껏해야 신혼여행 동안에나 삶의 가치에 대해 의견을 나누고(그러면서 가치를 최대한 일치시킬 것을 서로에게 맹세시킨다) 그 이후로는 암묵적으로 맹세를 믿는다. 삶의 가치나 우선순위에 대한 문제로 대화를 계속하는 것이, 의견을 교환하고 건설적인 싸움도 하는 것이 좋다. 부모라는 (휘황찬란한) 외양 뒤에 아이들 자신이 매일같이 경험하는 불안과 혼란스러움이 마찬가지로 숨어 있다는 것을 아이들이 덜 느끼며 자랄수록, 아이들은 자신들이 가지는 의혹이나 부조화를 감추는 데 힘을 소모할 필요가 적어진다. 그리고 단언컨대, 솔직하지 못한 꾸며진 세계는 '완벽한 사람은 없다'는 좌우명에 따라 결점을 솔직하게 시인하는 것보다 더 큰 힘이 든다.

가치를 투명하게 실천하는 것이 당연해질수록 아이들은 자의식이 커져 어려운 상황도 다룰 줄 알게 되고, 실수로부터 교훈을 얻으며, 부모들도 늘 모든 것을 단번에 성공하지는 못한다는 것을 알게 된다. 즉 실패를 겁내지 않게 된다.

자의식을 갖춘 부모

어떻게 하면 자의식을 갖출 수 있을까? 부모들을 만날 때 나는 자녀의 문제에 대해 그들의 의견과 판단을 많이 묻고 존중하는 편이다. 부모들은 그처럼 아이에 대한 전문가로 간주되고 요구받는 것에 놀란다. 나의 임상 경험에 따르면, 부모와 면담할 때 내가 전문가로서 해결책을 내놓기만 하는 것보다는 그들과 힘을 합쳐 해결책을 찾는 쪽이 효과가 있다.

부모들은 자신의 직관적인 공감능력을 잘 믿지 못한다. 하지만 여러 이유로 부모 자신의 공감능력이 부족하다고 생각된다 하더라도 아이와 자신의 관계를 신뢰해야 한다. 아이가 털어놓는 이야기에 세심하게 귀기울이고, 자신감을 갖고 아이의 욕구를 명료하게 포착해야 한다. 그래도 자신이 없다면 전문가에게 조언과 도움을 구하는 것도 자의식의 표시라 할 수 있다.

자의식 있는 부모란 아이에게 무슨 문제가 있는지 늘 알고 있거나, 아이가 어떻게 될지 정확하게 내다보는 부모가 아니다. 자의식 있는 부모는 아이와의 관계에서 전문가로서, 예컨대 학교에서 불가피한 경우에는 교사에 맞서 아이를 변호하기도 하고 자신의 아이에게 세심하게 응답할 줄 알면서 응석받이로 키우는 일이 없는 부모다. 그리고 아이들에 대한 지원과 요구를 적절히 할 줄 알고, 자신의 아이를(그리고 스스로를) 자랑스러워하는 부모다.

나는 아이들이 지난 30년 동안 얼마나 훌륭하게 발전했는지 되풀이해서 언급했는데, 그것은 유능한 부모들 덕분이다. 자신의 능력을 의심해서는 안 된다. 하지만 다양한 전문 분야와 유능한 의사들이 있는 종합병원에서 일하듯이 행동할 필요도 있다. 종합병원에서는 의심스러운 경우 '협진'을 의뢰한다. 전문지식이 부족한 다른 전공 분야의 동료들을 끌어들이는 것이다. 물론 치료는 언제나 협진을 요구하는 의사의 몫이다. 이처럼 부모 또한 조언을 구할 수 있으며, 때로는 꼭 그래야만 한다. 부모나 아이를 배제한 채 (유일하게) 옳은 길을 정확히 아는 사람이 있다면, 그런 사람은 반드시 의심해봐야 한다.

이런 뜻에서 자의식 있는 부모는 번아웃 키드에게 도움이 된다. 문제를 전문가에게 보여주고 들려주고, 그러면서 멋대로 휘둘리지 않을 자신이 있기 때문이다.

가족 안에서 관계 형성과 의사소통이 원활하지 못하거나 위기가 나타난다면 가족치료가 중요해진다. 그렇게 해서 내가 만나게 되는 가족은 흔히 한 가지가 부족한데, 바로 성공적인 의사소통이다. 그러면 나는 치료사로서 이른바 번역작업에 중점을 둔다. 이해하지 못하는 서로의 행동을 해석해서 알려주는 것이다. 그런 가족은 조화와 유대와 사랑을 바라는 본래의 소망이 완전히 비뚤어진 모습으로 실천되고 의사소통된다. 나는 심리치료의 한 방법인 사이코드라마가 전문이기 때문에 이런 경우에는 이중자아 기법을 활용한다. 나는 부모든 아이든 상관없이 빙 둘러앉은 가족 구성원 뒤에 차례차례 서서, 해당 인물이 본래 하고 싶은 말이라고 내가 생각하는 바를 일인칭 형태로 요약해서 진술한다. 내가 잘못 이해했다고 느끼는 사람은 즉각 내 말을 정정해야 한다.

　내가 애정 어린 속마음을 진술하고 그렇게 해서 왜곡된 관계가 약간이나마 드러날 수 있도록 힘쓰면 무척 감동적인 장면이 벌어지곤 한다. 어떤 가족은 일상에서도 이런 종류의 통역사가 지속적으로 필요하다. 이런 통역사 기능은 스스로 떠맡도록 해볼 수도 있다. 그럴 때는 '내 원래 뜻은' '내가 원래 하려던 말은' 또는 '내가 이해한 바로 너는'과 같이 시작하는 문장들이 유용하다. 아이들의 마음속이 어떤지 '언제나처럼' 안다고 생각하지 않고 일인칭 규칙을 지키며 사실적이고 진실하게 자기 말을 하는 것은 좋은 일이다. 부모에서 자식으로 내려오는 불가피한 위계질서는 일단 인정한 채 가족 개개인이 다른 사람을 잘 공감할수록, 교류하는 능력이 서로서로 잘 발전하게 된다.

눈맞춤이 주는 놀라운 힘

이미 언급했듯이 나는 심리치료 분야에서 특히 사이코드라마 쪽이 전문이다. 지그문트 프로이트와 동시대 사람인 야코브 레비 모레노Jacob Levy Moreno가 19세기 빈에서 발전시킨 이 심리치료 방법은 기원적으로 아이들의 즉흥연극을 지향했다. 사이코드라마의 중요한 원칙은 만남이다. 모레노에 따르면, 두 사람이 만날 경우 처음 몇 초 안에 개인에서 개인으로 주요한 메시지들이 오간다. 이것은 찰나의 순간에 이루어진다. 서로 모르는 사람들에게 각자 상대방이 어떤 사람인지 상상하도록 시켜보면 이를 잘 알 수 있다. 그럴 경우 상상과 실제가 놀랍도록 일치한다. 비언어적 의사소통이 작동하는 것이다. 심리치료에서 이것은 무척 중요하다. 왜냐하면 우리는 되도록 많은 정보를 원하고 있으며, 우리 환자들의 무의식을 분석하는 일은 더 많은 이해를 위한 주요 신호들을 전달해주기 때문이다.

일상에서 만남은 중요한 역할을 수행한다. 만남은 모든 관계에서 중심이 된다. 사랑과 증오, 관심과 거부, 기쁨과 회의, 신뢰와 불신 같은 결정적인 충동들, 즉 우리의 인간관계에 속하는 모든 것이 만남에 담겨 있다.

여섯 달 된 유아가 어머니와 눈길을 맞추는 지속시간을 보면 아이가 열 달 뒤 벌일 탐색활동, 즉 아이가 자신의 주변 세계를 탐색하고 조사하고 정찰하는 호기심 활동을 예측할 수 있다. 유아와 어머니를 대상으로 하는 함부르크 소재 주간병원에서 우리는 어머니와 아이 사이의 관계를 비디오로 분석하는 작업부터 수행하곤 한다. 이때 눈맞춤의 질과 지속시간이 양쪽 사이에 동시화(관심의 대상과 맥락을 공유하는 것으로 의사소통이 원활하게 이루어짐을 이야기한다—옮긴이)가 얼마나 잘 이루어졌는지 읽어내는 하나의 기준이 된다. 눈맞춤의 의미는 일생 동안 유지되며 만남의 핵심을 이룬다. 눈맞춤은 아이와 맺는 관계를 조종하고 이 관계가 처음부터 눈높이에서 일어나도록 해주는 좋은 기회다.

이것이 왜 중요할까? 심리적 발달은 허용되는 심리적 공간이 클수록 잘 이루어진다. 부모가 공간을 좁게 형성할수록, 아이를 엄하게 대하고 끊임없이 규율할수록 독립된 인격이 개발되고 발달할 가능성은 줄어든다.

번아웃 키드의 수를 보면 우리 아이들이 스트레스 저항력을 기르고 성과주의와 건설적으로 씨름할 힘을 기르는 일이 절실하게 필요하다는 사실을 알 수 있다. 그래야만 아이들이 주어진 여건에서 건강하게 살아남을 뿐 아니라 어른이 되어 실제로 여건을 변화시킬 수도 있을 것이다. 부모와 자연스럽게 눈높이에서 눈맞추며 자란 아이들은 인생에서 출발점이 다르다.

내 말에 오해가 없었으면 좋겠다. 눈높이 원칙은 아이를 방임하는 차원에서 내버려둔다는 뜻이 아니다. 오히려 눈높이는 서로를 진지하게 대하고, 서로를 지극히 존중하고, 부모로서 아이를 잘 보살피며 이끄는 것을 뜻한다. 우리는 우리의 아이들을 항상 새로이 만나야 한다. 그리고 내가 생각하는 만남이란 이런 눈높이관계를 가족 안에서 자기 아이에게, 또한 친구나 직장 동료에게 실천하는 것을 뜻한다. 자신의 아이들과 이런 의미로 날마다 만난다면, 서로 존중하는 가운데 직관적인 교류가 가능해진다. 내가 번아웃을 다루는 이 책에서 이런 이야기를 쓰는 것도 바로 그 때문이다. 이렇게 지속적인 만남이 이루어지면 아이의 과로 수위가 상승할 때 부모가 좀더 신속히 나서서 조종해줄 수 있다.

그럴 때 중요한 것은 운동이나 음악수업, 체스 동아리 같은 특정한 요구를 단순히 삭제하는 것이 아니라, 아이의 개성을 세심하게 고려해 과로가 줄어들고 아이가 저항력을 잃지 않도록 도와줄 방안을 고민하는 것이다. 이를 위해서는 아이와 달력을 같이 보면서 활동 목록에서 우선순위를 정하는 것이 좋다. 그러니까 어떤 것이

번아웃 키즈

어떤 이유에서 특별히 중요하고 어떤 것은 덜 중요한지 결정하는 것이다. 이때 재미와 기분 전환이라는 요소를 잊어서는 안 된다. 물론 아이가 아주 어릴 때는 부모가 대신해서 일정을 짜주어야 한다. 파울의 사례를 보자면 다음과 같다.

파울의 시간표에는 축구와 클라리넷과 체스가 있다. 축구는 무척 재미있지만 시합에 대한 부담으로 종종 스트레스도 준다. 클라리넷 연주는 아주 좋아하지만 '매일 10분씩 연습'이라는 지침을 지키지 않으면 어머니와 싸움이 벌어지고 짜증이 난다. 체스는 무척 즐겁고, 체스를 할 때면 파울의 기준으로 볼 때 항상 마음이 편안하다. 그렇다면 이제 트레이너와 함께 파울이 계속 축구 시합에서 선수로 뛰어야 하는지 아니면 다른 가능성이 있는지 이야기를 나누어보는 것이 좋다. 불가피한 경우에는 승리보다 놀이가 중심인 다른 클럽도 생각해볼 수 있다.

클라리넷 문제는 이렇게 따져볼 수 있다. 뭐하러 연습 때문에 스트레스를 받아야 할까? 음악 선생님과 일주일에 한 번씩 연습하는 것으로 충분하지 않을까? 전문 연주자가 될 것이 아니라면 말이다. 그리고 체스는 일정에서 빼서는 안 된다. 아마도 파울은 이렇게 짠 일정에 훨씬 만족할 것이다. 그런 다음 심리치료까지 실시할지 아닌지는 파울의 강박질환이 얼마나 심하고 일상에 해가 되는지 정도를 봐서 결정하면 된다.

과도하지 않게 후원하기

❇ 우리 아이들이 인생을 잘 헤쳐나가서 스스로 만족하며 독립적으로 살 수 있도록 후원하는 것은 모든 부모가 원하는 일이다. 그러나 적절한 지원과 과잉 사이의 경계가 한 끗 차이일 때가 많다. 자신의 아이를 잘 관찰하여 부모의 바람대로 아이를 주무르지 않고 실제로 아이가 가진 재능을 발견해서 후원하기란 어려운 일이다. 분명 부모는 그렇게 살지 않았음에도 부모의 바람대로 삶을 실천해야 하는 아이들을 나는 숱하게 겪었다. 얼마나 많은 아이들이 원래는 음악적 재능이 없는데도 그저 두뇌 발달에 유익하다는 사실을 오늘날 우리가 알게 된 탓에 악기를 연주해야 하는가.

세심한 후원은 반드시 필요하다. 아이를 그저 발달'만' 하게 두는 것은 극도의 성과 프로그램을 외부에서 들여와 별 고려 없이 떠미는 것만큼이나 아이에게 부담을 준다.

때때로 부모들은 유전적으로 내재한 아이의 능력이 어쨌든 발휘될 테니, 그저 바깥 틀만 잡아주고 나머지는 '알아서' 발달하도록 놓아두는 것이 가장 좋다고 믿곤 한다. 진실은 틀림없이 그 중간에 있을 것이다. 늑대소년도 살아남지 못하지만, 규격 생산된 부모의 프로그램에 갇혀 이탈의 여지를 박탈당한 아이도 생장이 위축된다. 어쨌든 아이를 제한하고 가두어넣는 것은 해롭다. 이는 부모 스스로 아이가 벗어나지 못할 햄스터 우리를 조립하는 꼴이 될 것이다.

적절한 후원과 요구, 보살핌 사이의 균형잡기

보살핌은 낡은 개념으로 오늘날에는 거의 쓰이지 않는다. 나는 이것을 무척 유감으로 생각한다. 보살핌이란 근본적으로 우리 아이들의 손을 정성껏 잡아주고 세상을 설명해주되, 세상으로 들어가는 입구가 하나뿐이 아니라는 것을 아이 스스로 이해하고 자신만의 태도를 발견하여 자유로이 발달하게끔 격려해주는 것이기 때문이다. 이를 위한 법적인 배경을 괜히 '부모의 돌봄권(우리말로 친권에 해당된다—옮긴이)'이라 부르는 것이 아니다. 이때 돌봄이란 고통스러운 생각이라는 뜻의 염려를 말하는 것이 아니라(독일어 sorge는 돌봄이라는 뜻과 동시에 염려라는 뜻이 있다—옮긴이), 앞날을 내다보며 아이의 삶에 관여하고 아이의 번영을 위해 애쓰는 것을 뜻한다.

독일에서는 부모가 자기 아이를 돌볼 권리를 빼앗길 수도 있는데, 이것은 이상한 일이다. 부모라는 지위는 평생 이어지기 때문이다. 이런 이유로 어떤 나라들은 양육권 박탈이 법적으로 불가능하다. 물론 부모에 따라서 자녀 양육에 부담을 갖기도 하고, 양육하고 관계하는 능력이 떨어져서 아이를 제대로 돌보지 못하기도 한다. 이런 경우 우리 아동청소년정신과 병원에서는 아이를 집에 두지 않고 치료교육학 차원에서 다른 곳에 위탁하도록 조처한다. 이때 종종 부모의 돌봄권이 박탈되기도 한다. 하지만 우리는 아이들이 다른 곳에서 머무르되, 부모의 돌봄권이 자동적으로 면제될 필요는 없는 쪽이 훨씬 좋다고 생각한다. 양육권 박탈은 부모에게 금치산 선고일 뿐 아니라 아이들에게도 커다란 모욕이 된다. 양쪽 또는 한쪽 부모가 자신을 돌봐주고 충분히 사랑해줄 능력이 모자라다는 것을 공표하는 것이기 때문이다. 부모의 돌봄권이 유지되면서 전문적인 도움이 가능하다면 좋을 것이다.

후원이 과부하로 돌변할 수 있는 만큼 보살핌도 언제든지 과잉보호로 변질될 수 있다. 우리가 성과주의을 변화시키고자 한다면, 우리 아이들을 성과주의에 완전히 내맡기지 않고 성과 지향 사회의 소용돌이에 맞설 힘을 키워주고자 한다면, 우리는 적절한 후원과 요구, 세심한 보살핌 사이에서 균형을 잘 잡아야 한다. 후원을 전혀 받지 못하는 아이는 가능성을 다 발휘하지 못한다. 지나친 요구로 과부하를 받는 아이도 마찬가지로 가능성을 꽃피우지 못하거나 번아웃으로 들어가는 입장권인 과부하 증후군을 발전시킨다.

하지만 오늘날 아이들을 양육하는 것은 부모만이 아니다. 유치원 교사, 학교 교사, 음악 교사, 운동 교사, 보습 교사, 학습치료사 같은 전문적인 협력자들로 이루어진 무적함대가 부모와 함께 정성스럽게 후원하며 과부하를 막도록 힘을 보탤 수 있다. 성과주의가 우리 아이들에게 스며든 것은 모두의 책임이다. 그 때문에 이 문제를 폭넓게 토론하는 것이 지금에라도 시급히 필요하다. 그래야만 개인은 자신감을 가지고 아이들을 돌보고 염려하면서 과잉보호를 피할 수 있을 것이다. 또한 그래야만 과부하를 느끼는 아이들도 그런 느낌을 부모나 다른 후원자에게 거리낌 없이 알릴 수 있을 것이다.

검사대에 오른 성과

❊　　　　　　　　　경제는 지속적인 성장이 뒷받침되어
야만 제대로 돌아간다. 어느새 우리는 이러한 신고전학파의 경제
성장론을 모두 내면화했다. 기업의 연간 수익이나 임원진과 프로
운동선수의 수입을 놓고 왈가왈부 토론이 벌어지고 있지만, 그것
은 우리가 성과주의를 해로운 것으로 인식하고 비난하려고 그러
는 것이 아니다. 거기에는 오히려 집단적 질투가 표현되어 있다.
그런 질투는 돈(＝인정)을 향한 우리의 굶주림을 양분 삼아 물 흐
르듯 자연스럽게 탐욕으로 넘어간다.

　안타깝게도 우리는 인정을 돈으로 치환한다. 그런 경향은 오히
려 증가해서 이제는 거의 자동증自動症이 돼버렸다. 그 때문에 훌륭
한 아비투어 성적을 바라는 부모의 염려는 삶에 대한 불안함의 표
현으로 변질된다. 이것은 두말할 것 없이 번아웃의 기폭제가 된다.

문제는 좋은 교육을 바라는 염려가 미래에 대한 불안으로, 장래 소득에 대한 심각한 염려로 고조되면서 만족과 행복 같은 가치들이 자동적으로 멀리 뒷전으로 밀려난다는 것이다.

탐욕이라고 하면 부정적으로 들린다. 아마도 우리 대부분은 자신이 절대로 탐욕스럽지 않다고 주장할 것이다. 하지만 탐욕은 개인의 차원이 아니라 집단적인 현상과 관계가 있다. 탐욕은 인간이 지닌 기본 속성이기도 하지만, 우리 아이들이 자신의 탐욕을 다루는 법을 어떻게 배우는지는 전적으로 우리 손에 달려 있다. 일반적으로 아이들은 음식을 충분히 먹으면 본능적으로 만족한다. 배고프지 않은데도 먹는 것은 음식이 다른 것에 대한 보상일 때 혹은 그릇된 모범을 보고서 잘못된 섭취를 배웠을 때뿐이다. 이것은 삶의 다른 영역에서도 마찬가지다.

우리의 과제는 아이들에게 '굶지' 않으면서 자제하는 법을 실천으로 보여주는 것이다. 인위적으로 과장하지 않고 포기하는 법, 한편으로는 자신의 탐욕에게 '먹이를 주어' 항상 조금씩 배를 채워주면서도 다른 한편으로는 고삐를 틀어쥐고 끊임없이 물질적 충족을 바라는 힘을 통제하는 법을 말이다.

성장을 추구하는 모터가 끊임없이 돌아가지 않으면 언젠가는 바퀴가 멈춘다고 경제학자들은 우리에게 말한다. 동시에 그들은 성장의 한계에 어떻게 대처할 수 있을지, 분배sharing라는 구상을 어떻게 경제 원칙으로 삼을 수 있을지 고민한다. 이미 오래전부터 흥미로운 프로젝트와 연구와 이론 들이 단순히 성장만을 동력으로 삼지 않는 창의적이고 유연한 인센티브제를 모색하고 있다.

우리 모두는 우리 아이들이 살 만한 미래, 성과주의가 사회적 삶에서 유일하고 가장 강력한 원칙이 아닌 미래를 만들기 위해 전력을 다해야 한다. 다양한 가치가 존중받을 수 있다면 정신건강에 전체적으로 좋을 뿐 아니라 번아웃될 위험이 줄어들 것이다. '메이커 옷에 탐욕을 부리는' 아이에게 단순히 메이커 옷을 사주지 않는 것으로는 탐욕을 억제하지 못한다. 아이와 함께 대안을 찾으며 아이가 자신만의 스타일을 만들도록 지원해주어야 탐욕의 자리에 만족이 쉽게 들어서고 (다음 '발병' 때까지는) 메이커 중독이 해결될 수 있다. 충족되지 못한 탐욕은 스트레스를 일으키고 쳇바퀴 속도를 높이며, 자아에 결핍감을 주어 과로해야 한다는 감정을 고조시킨다. 탐욕적인 사람들과 최고 성적을 갈망하는 학생들은 자신의 재능에 맞게 인생을 만들어가는 것이 허락된 아이들보다 빨리 소진된다. 그리고 성공과 돈, 인정을 좇는 탐욕이 가족 안에서 어떻게 자리잡는지는 우리 부모의 손에 달려 있다.

함께하는 시간의 질과 강도

나는 아이들의 가족을 만날 때 누가 언제 집에 있으며 어떤 일을 함께하는지 이야기를 시켜보곤 한다. 많은 가족들이 다른 활동은 고사하고 식사조차 함께하지 않는다. 여기서 활동이란 꼭 무슨 큰일을 함께 벌이는 것을 뜻하지는 않는다. 때로 작은 것이 큰 효과를 낼 수도 있다고 나는 가족들에게 말하곤 한다. 함께 멀리 여행을 떠나는 것이 결코 능사가 아니라, 거실에서 만나 그저 나란히 있는 것만으로도 충분하다. 연령에 따라서 아이들은 함께 놀기를 기대하는데, 그럴 경우 실내 게임이 가족이 일상적으로 함께할 수 있는 한 가지 활동이 된다. 아이들이 더 나이가 들면 대화를 강요해선 안 된다. 나란히 앉아 책을 읽거나 차를 마시는 것으로 충분히 함께할 수 있다.

가족 구성원의 관심이 어디에서 교집합을 형성하는지 부모가 잘 주의해서 가족 전체나 일부가 그 교집합을 실천할 수 있다면, 함께하는 시간이 많으냐 적으냐는 중요하지 않다. 중요한 것은 공동생활의 질과 강도다. 부모가 이혼한 어떤 아이들은 부모의 이혼이 무척 고통스럽지만 아버지와 규칙적으로 만나 시간을 보내게 된 새로운 상황이 즐겁다고 내게 이야기하곤 한다. 아버지가 처음으로 든든하고 자기만의 사람이 된 듯한 기분이 든다는 것이다.

함께하는 시간이 만족스럽게 실천되는 가족은 안전함의 장소이며 번아웃을 막아주는 예방약이 된다. 신뢰로 다져진 관계는 곧 '마법 주문'이다. 굳건한 신뢰 속에서 강도 높게 만남이 일어난다면 때로는 작은 것이 큰 결과를 낳을 수 있다.

완전히 실패한 휴가

휴가는 많은 가족들에게 한 해의 하이라이트이지만, 그런 만큼 번번이 극단적인 갈등과 실망이 축적되는 시점이 되기도 한다. 가족끼리 함께 화목한 시간을 보내리란 커다란 희망이 가족 구성원 개개인의 서로 다른 기대들과 충돌할 수 있기 때문이다. 그렇게 모두들 완전히 진이 빠져서 출발하면 기대가 반대로 이루어질 위험성이 커진다. 그러면 실망에 이어 싸움이 뒤따라오고, 모두들 다시 잿빛 일상으로 달아나기만 고대하게 된다. 부모들이 휴가의 방식과 장소를 고를 때 아이들의 바람과 욕구를 잘 예측하지 못하는 경우가 많다. 휴가 계획을 짜는 일은 그 가족이 실제로 공동의 섬을 만들어내는 능력이 어떤지 보여주는 좋은 은유다. 물론 사춘기가 되면 언젠가는 공동의 섬이 더는 이런 형태로 존재하지 않는다는 사실을 인정할 때가 온다.

라우라의 부모가 내게 온 것은 카나리아제도로 함께 떠났던 휴가가 그들의 표현대로 '완전히 실패한' 다음이었다. 라우라는 네 살에서 열두 살 사이인 네 자녀(아들 둘, 딸 둘) 가운데 막내다. 라우라는 진작부터 '변덕스럽고' 예민했지만, 이번 휴가에서는 기어이 모두의 기분을 잡치고 화를 돋우고 말았다. 호텔에서 보내는 일상생활을 이것저것 망쳐놓았기 때문이다. 라우라에게는 입에 맞는 음식이 전혀 없었고, 선밀크로션이 잘못 발라졌고, 수영장 물이 너무 차가웠고, 트렁크 짐이 잘못된 순서로 싸였고…… 제대로 된 것이 하나도 없었다. 그러더니 라우라는 기분이 나쁜 것을 넘어 불만과 소란으로 모두에게 스트레스를 퍼뜨렸다. 무엇보다 문제는 아무것도 소용이 없었다는 것이다! 언니 오빠들은 곧 심술난 여동생을 외면하고 호텔 안에서 되도록 멀리 도망갔다. 부모는 과로로 지쳤고, 라우라를 어떻게 길러야 할지를 놓고 서로 싸웠다. 다른 아이들과 곧 다른 손님들까지도 라우라가 정말 버릇이 없다고 부모에게 한소리를 했다. 얼마 못 가서 더 참을 수 없게 되자 온 가족은 짜증이 난 채 다시 돌아왔다.

라우라는 앞서 여러 번 언급한 정서조절장애*를 앓고 있다.

정서조절장애*

어떤 아이들은 (때로는 태어날 때부터) 기분(감정)을 잘 조종하지 못한다. 이것은 유아 연령에서는 아이가 이른바 조절장애나 영아산통이나 급식장애를 앓는 것으로 표현될 수 있다. 아이가 더 나이가 들면 이 질환은 예컨대 (잠옷에서 청바지로, 안에서 밖으로. 집에서 학교로 등의) 전환 상황이나 일반적인 요구들에 극도로 예민하게 반응하는 형태로 표현된다. 그럴 때 아이는 분노가 끊임없이 폭발하거나 반항하는 것처럼 보인다. 하지만 그런 모습 뒤에 숨어 있는 것은 좌절, 기쁨, 실망 등 정상적인 기분을 제대로 다루지 못하는 무능력함이다.

라우라 가족의 경우는 라우라나 부모나 어쩔 도리가 없고, 특별히 세심한 보살핌만이 라우라를 도와줄 수 있다. 이 경우에는 휴가를 다른 식으로 계획하는 쪽이 좋았을 것이다. 어쩌면 멀리 떠나는 방식의 휴가를 아예 계획하지 않는 것이 더 좋았을지도 모른다.

분명 라우라 가족의 이야기는 극단적인 예다. 그리고 예민하다고 해서 모든 아이가 당장 정서조절장애라는 진단을 받는 것은 아니다. 라우라 가족의 예에서 중요한 것은 공동의 섬이라는 문제로, 이러한 섬은 함께함이 진정으로 실현될 때에만 긍정적으로 작용한다는 것을 보여준다. 즉 부모는 아이들의 바람과 필요를 예측하고 아이들에게 무엇이 좋은지 세심하게 알아내야 한다는 뜻이다. 또한 그것이 휴양을 바라는 자신의 소망과도 들어맞는지 자문해보아야 한다.

공동의 섬은 휴가에서보다 일상에서 더욱 중요하다. 함께 여행을 떠나는 것은 그 자체만으로도 이미 휴양의 가치가 있다. 반면 일상에서 어떤 형태로 공동을 실현할지 알아내기란 훨씬 어렵다. 모두들 자신의 일과 학교에 전념하느라 바쁘기 때문이다. 이때 공동이란 요소가 꼭 여가활동과 관련될 필요는 없다. 아이들은 어차피 일과 여가를 어른들처럼 구분하지 않는다. 정원이나 부엌에서 함께 일하는 것으로도 함께 노는 것과 똑같은 효과를 볼 수 있다. 물론 그것이 억지로 명령된 일이 아니라 모두가 자발적으로 흥미를 가지고 하는 활동이라면 말이다.

    가족의 일상에서 공동의 섬을 만들어내는 데 성공한다면, 모두에게 휴식과 재미를 가져다주는 순간들이 생겨난다. 그것은 자동적으로 모든 형태의 소진을 막아주는 예방조처가 된다. 부모와 함께 이런 식으로 충만한 시간을 보내고 돌봄을 받는 것은 스트레스와 탈진에 예방이 된다. 재미와 즐거움은 번아웃을 막아주는 비타민 주사다.

포기하는 능력

부정적인 연상만 떠오르는 단어를 또 소개해야겠다. 정신분석학자 멜라니 클라인Melanie Klein, 1882~1960의 이론에 근거한 '우울적 자리depressive position'가 그것인데, 간단히 설명해보자면 이렇다. 아이는 발달이 진행되면서 여러 단계를 거치는데, 우울적 자리는 그 가운데서 가장 성숙한 단계다. 이 자리에 이르면 아이는 자신의 한계를 인정하고 모든 것이 다 가능하지는 않다는 사실을 감수할 수 있게 된다. 물론 적응과정은 삶이 진행되면서 끊임없이 일어나는 것으로, 성인들 가운데서도 자아도취적 발달로 미성숙한 단계에 정체되어 있는 사람들이 있다. 그런 사람들은 일반적으로 자신을 과대평가하고, 외부로부터 인정받는 것에 강하게 집착하며 포기할 줄 모른다.

이것은 여전히 무척 중요한 개념이기 때문에 좀더 상세히 설명하자면, 인간의 삶에서 중요한 특징은 한계 설정이다. 아이가 성장해가다보면 자신이 할 수 있는 일이 점점 많아진다는 것을 경험하게 되지만, 동시에 포기해야 하는 것도 갈수록 늘어난다. 자기결정 능력을 얻으려면 그 대가로 돌봄받기를 포기해야 한다. 그러니까 어른이 된다는 것은 프랑스 정신분석학자 자크 라캉Jacques Lacan, 1901~1981이 이름 붙인 대로 'manque à être', 즉 '존재의 결핍'을 느끼는 것을 뜻한다. 새로이 습득되는 능력은 모두 돌봄받기를 포기하는 것과 연관이 있다는 것이다. 포기는 인간의 중요한 능력으로 탐욕에 맞설 수단이다.

사람들이 포기라는 문제와 특히 강하게 맞닥뜨리는 경우는 아이를 낳으려 할 때다. 아이를 갖는다는 것은 곧 포기를 뜻한다. 이때 포기해야 하는 것으로는 구체적으로 친구들과의 연락과 만남, 수면, 자유로운 저녁시간 등도 있지만, 비물질적인 것으로 일반적인 자신의 욕구도 포함된다.

포기를 감수하면서도 아이들에게 포기가 얼마나 어렵고 힘든 일인지 느끼지 않도록 하기란 부모로서 쉽지 않다. 하지만 자신이 포기한 것으로 인해 아이들에게서 되돌려받는 보상이 얼마나 큰지 금방 배우게 된다.

아이들은 커가면서 결코 모든 것을 할 수 없다는 사실로 인해 포기하는 상황을 맞는다. 아이가 자신을 다른 아이와 비교해보면(이것은 어린아이 때부터 시작되지만 학교에 들어가서는 훨씬 계량적인 형태로 일어난다) 자신의 가능성과 능력이 어느 정도이며 어떤 성과를 포기해야 할지 끊임없이 자각하게 된다.

이런 식의 비물질적인 포기는 종종 메이커 옷처럼 외적인 것을 포기해야 할 때보다 훨씬 큰 상처를 남긴다. 따라서 아이들에게 포기를 끊임없이 종용하는 것은 도움이 되지도 않고 의미도 없다.

깊은 애정과 배려로 자신의 요구가 수용되는 것을 경험하는 아이들은 끊임없이 떼쓰며 새로운 요구를 제기할 필요가 없다. 돌봄을 잘 받은 아이, 그러니까 정신적 요구가 배불리 충족된 아이는 과한 굶주림을 모른다. 하지만 원하는 게 너무 많으니 이제 그만 자제해야 한다고 거듭해서 지적받는 아이는 제대로 돌봄받지 못한다는 감정으로 인해서 끊임없이 끈덕지게 새로운 요구를 제기하고, 결국 계속 허덕인다.

그렇게 아이들이 정신없이 '더 많은 것'을 원하게 되면 아이 주변 사람들은 과로로 지친다. 심리적 행위로서 포기해야 하는 순간을 받아들인 사람은, 그리고 자신의 한계를 긋는 일이 때로는 마음이 아프더라도 쳇바퀴에서 벗어나 긴장을 풀고 즐기도록 도와준다는 점을 아이에게 가르칠 수 있는 사람은 아이에게 더 많은 자신감과 스트레스 저항력을 키워준다. 반면에 모든 일에서 완벽해야 한다는 태도를 아이에게 보이는 부모는 쳇바퀴를 굴리고 지속적으로 속도를 높인다. 자신이 하는 일에 결코 만족하지 않은 까닭이다. 그 결과 자신에게도 아이에게도 스트레스 민감성을, 그러니까 저항력 대신 감염 취약성을 만들어낸다.

긴장을 푸는 법

❈　　　　　　　"긴장을 풀어봐!"라고 말하기는 쉽지만 일상에서 실행하기란 쉽지 않다. 그래도 요가, 자율훈련법, 점진적 근육이완법 등과 같은 이완 기법은 아이들에게도 도움이 된다. 이때 중요한 것은 이를 위한 일정 자체가 다시 스트레스를 유발하지 않도록 주의하는 것이다. 일단 능숙해지면 집에서도 마음 편히 연습할 수 있다. 안타깝게도 많은 어른들이 아이들은 본래 경직 따위와는 상관없다고 여기는 탓에 마사지 같은 요법을 완전히 제외하거나 뒤늦게야 처방한다.

저녁에 시간을 내어 아이들이 잠들 때 곁을 지켜준다면 긴장이 완화될 수 있다. 어린아이에게는 책을 읽어주고 좀더 큰 아이와는 대화를 나눌 수 있다. 잠자리에서는 분위기가 저절로 더 편해지기 때문에 낮에는 하기 힘든 대화도 가능해진다.

아이를 위해 아이와 함께 이완전략을 고민하고 이를 실천하는 것은 유익한 일이다. 하지만 안타깝게도 그런 계획들은 얼마 안 가서 다시 망각에 빠지곤 한다. 따라서 되도록 견고한 의식이나 일정을 만들어 모두에게 구속력을 갖도록 하는 것이 좋다. 그리고 더없이 중요한 것은 이완을 애써 쥐어짜내선 안 된다는 것이다. 모든 방법이 모든 아이에게 적합한 것은 아니다. 때로는 (휴가에서처럼) 이완된 태도가 처방된 이완요법보다 훨씬 효과적이다. 가장 좋은 것은 스트레스를 줄일 수 있는 방법을 가족이 잘 찾아내는 것이다. 물론 스트레스를 완전히 거부하는 태도 또한 다시 스트레스 감정을 불러일으킬 수 있다. 그 때문에 해결책은 언제나 개인에 따라서 찾아야만 한다.

번아웃, 성과주의 그리고 우리의 책임

아이들에게 번아웃이 증가하고 있음은 의심할 여지가 없다. 그리고 이 질환은 우리 사회의 원칙으로 각 개인이 실천하고 있는 성과주의와 직접 연관이 있다. 나는 아이들에게서 나타나는 이런 심리 징후를 어른들이 책임져야 한다고 생각한다. 우리는 아이들의 번아웃을 제때 인식하고 치료해야 한다. 번아웃이 덜 일어나는 환경을 만들기 위해 싸워야 한다. 모든 가족마다 번아웃을 예방하는 생활 환경을 세심히 만들어내도록 힘써야 한다.

유념해야 할 몇몇 규칙을 구체적으로 들어보자. 첫번째 규칙은 아이가 나타내는 탈진이나 탈진우울증의 증상을 간과해서는 안 된다는 것이다. 망설이지 말고 제때 전문의나 심리치료사를 찾아가 도움을 받아야 한다. 자기 아이에 대한 전문가(!)인 어머니의 눈에 감지되는 증상을 진지하게 받아들여야 한다. "자라면서 괜찮아지겠지"나 "아이가 과민하네요" 같은 말에 현혹되어서는 안 된다. 찬찬히, 되도록 상세하게 아이에게 물어보고 살펴보아야 한다. 불안해하지 말고 아이에게 공인된 아동정신과 의사가 처방한 약을 주어야 한다. 물론 정규교육을 받지 못한 의술가에게서 '진정시키는' 약을 구하는 것은 금물이다.

두번째 규칙은 자기 자신과 온 가족을 잘 살펴야 한다는 것이다. 자신의 행동방식을 분석하고 어떤 모범을 보이고 있는지 주의해야 한다. 어떤 가치를 아이에게 전달하고 있으며, 어떤 가치를 전달하길 원하는지 자각해야 한다. 아이가 어떤 방향으로 발달하길 원하고 있는가? 그것이 실제로 아이와 잘 맞을까? 고민해야 한다.

세번째 규칙은 아이의 주위 사람들을 진지하게 여겨야 한다는 것이다. 당신의 위임으로 당신의 아이를 맡은 모든 전문가들에게 아이를 존중과 주의로 돌보도록 기대하고 요구해야 한다. 당신 자신이 아이를 대하는 방식대로, 또한 어른들이 일반적으로 서로서로를 대하는 방식대로 말이다. 교사, 트레이너, 의사, 심리치료사와 대화를 꺼려서는 안 된다. 아이를 위해 싸워야 한다! 보살핌이란 개념을 몸소 생생히 실천해야 한다.

마지막으로는 충분한 자극과 이완, 재미와 즐거움, 신중함과 무모함, 성적과 배우는 즐거움을 도모해야 한다. 삶은 변화와 대조라는 리듬이 있어야 생기를 띤다.

하지만 아이가 벌써 소진되었을 때는 어떻게 해야 할까?

소진된 아이들은 관대하게 돌봐주어야 한다. 회복될 때까지 오로지 이해와 배려로 함께해주어야 한다. 아이들이 일단 원기를 회복하고 확신을 새로이 찾아야만 '마침내 붕대를 풀고' 공기와 햇빛 같은 자연환경에 나머지 상처 치료를 맡길 수 있다. 눈에 보이는 신체적 상해에 대해서 우리 사회는 훨씬 너그럽다. 나는 우리가 골절 치료에 들이는 시간을 정신적 치유에도 허락하는 모습을 보았으면 좋겠다. 그리고 우리가 골절 뒤에 걷기를 다시 배우듯이, 번아웃을 치료하고 나서는 각 아이마다 그 특성에 맞게 어떤 요구를 하고 어떻게 지원해야 좋을지 새로이 모색해야 한다.

우리가 이런 뜻에서 우리 아이들을 잘 보살피며 책임지는 데 성공한다면, 아이들은 놀라운 존재로서 우리에게 보답할 것이다. 그리고 세상에 아직 다른 길이 있음을 우리에게 보여줄 것이다. 지금보다 만족하고 스트레스는 덜 받는 아이들을 배출하는 세상이 오기까지는 시간이 걸리겠지만, 변화를 촉구하고 스스로 실천하는 것은 그럴 만한 가치가 있다. 우리의 후손을 위해서 말이다.

아메리카 원주민의 속담에 이런 말이 있다. "우리는 세상을 우리 아이들에게서 빌렸을 뿐이다." 얼마나 현명한 문장인지 나는 번번이 감명받는다. 이 문장은 (아마 우리 가운데 많은 이들이 그러듯) 우리가 아이들에게 세상을 마련해주는 것이라고, 으스대며 세상의 문을 열어주는 것이라고 전제하지 않고, 우리는 이 세상에서 지낼 시간이 아이들보다 적게 남았으니 '차용인'으로서 빌린 재화를 망가뜨리지 않고 잘 손질해서 되돌려줄 직접적인 책임이 있다고 전제하기 때문이다. 우리가 세상의 가치를 우리 아이들이 행복하게 사는 데 필요한 것에 맞추어놓을 수 있다면, 틀림없이 여러 변화를 가져올 것이다. 어떤 경우에도 이 아이들을 소진되게 놓아두고 번아웃으로 몰아서는 안 된다. 그래야 우리 아이들도 새로운 미래의 생명들을 낳아 기를 것이다. 이 손자 손녀들을 우리가 기쁜 마음으로 기다릴 수 있는 세상이 되어야 한다.

맺는말

번아웃은 우리 시대의 심각한 질병이다. 성인들에게만 나타났던 이 문제가 이제는 우리 아이들에게까지 당도했다. 더이상 번아웃 키드를 간과할 수 없다.

"더는 못 견디겠어요!" "어떻게 해야 좋을지 모르겠어요." "완전히 지쳤고 슬퍼요. 사는 의미가 없어졌어요." 외래진료소에서 내가 아이들과 청소년들에게서 듣는 말이다. 아이들은 절망적인 상황에 빠져 헤어날 길을 잃었다. 그리고 부모들도 마찬가지다. 아직 환자군이 많지는 않지만, 점점 늘어나는 것은 분명하다. 반드시 이를 막아야 한다.

번아웃이 아동기와 청소년기로 뚜렷이 전진하고 있음을 모든 징후들이 말해주고 있다. 그 책임은 우리 어른들의 몫이다.

원인은 단 한 가지가 아니다. 우리는 우리의 가까운 과거를 되돌아보아야 한다. 우리의 현대사는 제2차세계대전의 결과와 재건이라는 사회적 구조에 아직 그 뿌리를 두고 있다. (증)조부모들로 대변되는 이 시대는 죄와 부정否定이 특징이다. 국가사회주의로 여러 나라들을 파괴하고 수많은 사람들을 살해함으로써 생긴 죄와, 재건과 부채의 축적과정에서 생긴 부정, 부채는 현세대와 다음세대의 어깨에 여전히 얹혀 있다. 죄와 부정은 집단적인 현상일 뿐 아니라 가족 내 역학에서도 드러나서 과로와 쫓김이라는 감정이 되어 부모세대를 거쳐 손자 손녀들에게 전달된다. 아이들은 겉보기에 별 이유도 없이 스트레스를 받고 소진되어 결국 탈진우울증에 이르고 만다. 번아웃이 가족의 유산이 되어 세대에서 세대로 전이되는 것이다. 조부모들은 자기도 모르게 자신의 유산을 미래세대에게 넘겨주었다.

역사적 토대에 다양한 현재적 원인들이 힘을 더한다. 우리의 현재는 철저하게 경제화된 세계가 특징인데, 이 세계에서는 소비와 금전적 가치의 극대화가 중요하다. 가족들은 경제성의 덫에 빠져 질과 의미 대신 언제나 '더 많은 성과'에 허덕인다. 빈곤에 허덕이는 곳이든 부유한 곳이든 상관없이 경제성이 모든 것을 결정한다. 그리고도 우리는 아이들이 외적인 것, 예컨대 디자이너 브랜드의 값비싼 청바지를 좇는 모습을 보고 의아해한다. 최신 유행하는 옷이라는 형태로 '가치'를 좇는 사냥이자 결승점 없는 마라톤은 끝날 줄 모른다.

그렇게 해서 청소년 쇼핑퀸은 탈진한 모델이 되어 디지털로 반주된 캣워크 위를 매일같이 걷는다. 그리고 헛되이 의미와 가치를 좇다가 결국 탈진과 우울에 빠져 더이상 나아가지 못하게 된다. 원인은 공급이 아니라 아이들의 수요에 있다. 그애들에게 어떻게 하면 다른 가치가 생겨날 수 있는지 우리가 모범을 보이지 못하고 있는 것이다. 그 대신 우리는 물러나 앉아 아이들이 번아웃에 빠지는 모습을 가만히 지켜보고 있다. 우리는 바꿔야 한다!

오늘날 가족은 기업과 같아서 그 안에서 모든 것이 효율적으로 돌아가길 기대한다. 최적의 조직화가 모토이며, 누군가 빠진다면 재앙이 벌어진다. 때문에 부모는 과로로 힘들어하면서도 자식에게 최고의 여건을 만들어주려 최대한 애쓴다. 아이가 생기면서 자연스레 따라오는 부모 개인의 삶에 대한 포기는 자기 자신과 아이에 대한 높은 기대로 보상된다. 범람하는 조언 서적들은 전문지식을 늘려주지 못하고 오히려 서로 모순되는 대량의 정보들을 쏟아내며 혼란스러움을 가중한다. 이런 혼란스러움은 부모와 미디어를 통해 아이들에게 직접 전달된다. 혼란스러움은 스트레스에 대한 저항력을 키우고자 할 때 좋은 동반자가 되지 못한다.

우리는 아이들에게 분열된 세계를 보여주고 있다. 한쪽에서는 아이들의 안녕과 민주주의와 평화를 위해 최대한 노력을 기울이는 반면, 다른 쪽에서는 종교를 내세운 믿기 힘든 파괴와 재점화된 냉전이 진행되고 있다. 마치 우리에게는 평화능력이 없다는 사실을 최종 증명이라도 하려는 듯 보인다. 이것은 우리 아이들에게도 영향을 끼친다. 우리는 아이들에게 세계적인 불안과 트라우마를 심어주고, 아무리 과로하며 애를 써도 다 부질없으리라는 절망감을 가르치고 있다. 과로와 절망감은 번아웃의 토대가 된다.

우리의 주변 환경에서는 어머니들이 모든 것을 잘 통합시키려 과로하고 있다. 자신의 경력과 직업, 부업, 게다가 아이의 능력과 재능을 최대한 끌어내기 위한 조기교육의 과제까지도 말이다. 어머니들의 이런 병참업무는 무엇보다 셔틀업무와 독보적인 보충수업에서 발현된다. 어머니들의 이처럼 놀라운 업적은 비록 우리 사회로부터 걸맞은 경의를 못 받고 있지만(어머니들의 이런 좌절도 아이들에게 전해진다) 이것이 없으면 '아이들 문제에서' 아무것도 해결될 수 없을 것이다.

어머니들은 자신의 번아웃을 막느라 바쁘다. 때문에 별다른 도리 없이 아이들에게 탈진한 모습을 본보기로 보여준다. 이런 어머니들이 느끼는 지속적인 죄책감은 악순환을 강화해 아이들의 머릿속에서 쳇바퀴를 굴려댄다.

부모들과 아이들을 둘러싼 디지털 세계도 번아웃의 또다른 요인이 된다. 극단적인 자아도취의 속성을 지닌 디지털 세계에서 우리 아이들은 메시지 하나라도 놓치지 않으려 하고, 수많은 셀카로 자신의 존재를, 자신이 중요하고 멋있는 존재임을 증명하려 한다. 디지털미디어는 우둔함도 고립도 그냥 두지 않는다. 어른들이 만들어 낸 디지털화는 이제 우리 아이들을 둘러싼 환경이며, 우리는 이를 다시 없애버릴 수는 없다. 무엇보다 우리 자신이 디지털미디어를 집중적으로 이용하기 때문이다. 하지만 우리는 디지털미디어를 건전하게 이용하는 모범을 보일 필요가 있다. 금지라는 손쉬운 길로 가서는 안 된다. 우리 스스로도 그렇게 제한할 수 없기 때문이다.

이러니저러니 해도 가정은 우리 시대에도 여전히 안전하게 보살펴주고 서로 사랑을 주고받는 장소다. 전쟁으로 인한 파괴와 트라우마의 위험에 맞서는 요새 같은 존재다. 하지만 이러한 안전함은 깨지기가 쉽다. 점점 많은 부모들이 소진되어 탈진에 빠지고, 그것을 아이들에게 넘겨주고 있기 때문이다.

아동기는 학교를 빼고는 생각할 수 없다. 학교는 의욕과 호기심과 만족이 가득한 학습의 장이어야 한다. 하지만 우리는 거기서 너무 동떨어져 있다. 우리 아이들의 학습 상태를 보면(지식 상태가 아니라) 학교 시스템은 파산 선고를 맞을 지경이다. 실망과 의욕 상실과 비관에 빠진 아이들이 날마다 나를 찾아와 학업 성과에 대한 모든 책임을 오로지 자신에게만 전가하는 교사들, 특히 김나지움 교사들에 대해 이야기한다. 그러다가 상급반에 진학할 때쯤이면 아비투어에 대한 부담이 커진다. 아이들은 평점 1.5점을 못 넘기면 실패라고 굳게 믿게 된다. 압박이 엄청나게 커지지만 엄마를 제외하고는 도와줄 사람이 없다. 5년 전 처음으로 내 외래진료소에 나타난 번아웃 키드들이 그런 아이들이었다. 아비투어에서 좋은 성적을 내려고 일주일에 50시간씩 공부하다가 탈진과 우울에 빠진 청소년들 말이다.

지금은 환자들이 갈수록 어려져서, 초등학교를 졸업할 무렵 벌써 무조건 김나지움으로 진학하길 '원하느라' 스트레스에 빠진 아이들을 만난다. 상위 학교로 진학할 때 보조를 잘 받지 못하면 학습 충격이 올 수 있다. 아이들은 여기서 한 가지를 배운다. 우리 사회가 원하는 삶, 완벽한 모습을 위해 분투하는 과정에서 속수무책으로 내버려진 감정을, 고독감을 배운다. 그리고 교사들에게선 아무리 노력해도 좀체 칭찬받기 어렵고, 엄청난 학업 성과를 올려도 존중이나 인정을 받지 못한다. 늦어도 이때부터 아이들은 아무리 과로를 하더라도 결코 충분하지 못하다는 인식을 품게 된다. 우리의 교육학은 의욕 박탈과 실망, 자의식 파괴의 교육학으로서 아이들이 소진되는 데 결정적으로 기여하고 있다. (나는 일부러 '우리'라는 단어를 골랐는데, 우리가 성인사회의 일원으로서 하는 일 없이 구경만 하고 있기 때문이다.)

요약하자면 바로 성과주의가 극대화된 경제화를 가정으로 밀어넣고 잘못된 가치를 전달함으로써 (중세시대 교육학의 보필을 받아서) 번아웃을 우리 시대의 현상으로 만들었다. 결과적으로 이러한 감정이 아이들에게 전염되는 것은 놀랄 일이 아니다.

물론 사회적 환경이 당장 변할 수 있는 것은 아니다. 하지만 우리는 우리 자신의 상황과 우리의 가족과 아이들을 스스로 살펴보아야 한다. 가족이 어떤 상황에 놓여 있는지 확인해야 한다. 우리는 실제로 어떤 가치를 전달하고 있는가, 가족에서 누가 무엇을 필요로 하는가 등등을. 진실하고 애정 어린 만남의 가능성을 만들고 이것을 중요한 요소로 삼아야 한다. 가족 안에서 대화를 키워나가야 한다. 이것은 아이뿐 아니라 부모에게도 도움이 된다. 긴장 완화와 좋은 스트레스와 배우는 즐거움을 도모해야 한다. 아이들을 위해 학교에서 싸워야 한다. 교사들과 건설적인 대화를 나누도록 애써야 한다. 우리가 소중하게 여기는 바를 요구해야 한다.

또한 아이에게서 번아웃 징후가 보이면 두려워 말고 제때 인정해야 한다. 부모는 아이에 대한 전문가라는 사실을 믿어야 한다. 아동청소년정신과 전문의든 심리치료사든 제때 전문적인 도움을 찾아야 한다. 그리고 꼭 필요하다면 아이의 약물치료를 주저하지 말아야 한다.

어떤 능력 계발이 실제로 도움이 되는지, 달력에 어떤 일정이 적혀 있어야 하고 또 어떤 일정은 안 되는지 아이가 알아낼 수 있도록 지원해주어야 한다. 공동의 섬을 만들어내야 한다. 아이를 잘 보살피되 자기 자신과 나머지 가족도 잊지 말아야 한다. 번아웃 키드를 막아야 한다.

우리 아이들은 놀랍다. 지난 30년간 자부심 있고, 생각이 깊고, 굉장히 사랑스러운 아이들과 청소년들로 발전했다. 이 아이들은 매우 감동적인 모습으로 인생의 길을 힘겹게 만들어나가며 극도로 과로하고 있다. 아이들은 학교에서 뛰어난 학생이 됨으로써 우리에게 선물이 되고 싶어한다. 하지만 학교는 아이들을 소진시켜 완전히 지친 모습으로 외래진료소를 찾아와 치료를 받도록 한몫 거들었다. 우리는 정작 우리 자신은 벗어나고 싶어하는 물레방아에 아이들을 던져넣고 있다. 물레방아는 아이들의 영혼을 가루로 빻아서 창백하고 과로로 지치고 끝내 소진된 아이들을 만들어낸다. 이것은 우리 모두의 책임이다.

우리는 싸워야 한다. 우리 아이들을 위해서. 그러기 위해서는 가치 토론이 시급하다. 우리는 어떤 가치를 전달하길 원하는가? 아이들에게 필요한 교사와 교육적 이념은 어떤 모습인가? 우리는 현재 우리가 아이들에게, 또 우리 자신에게 들이미는 성과주의를 이 모습 그대로 원하는가? 어떻게 해야 배움을 열망하는, 만족한 아이들이 자라나는가? 어떻게 하면 우리가 사회 차원에서도 번아웃 키드들을 막을 수 있는가?

이 책에는 기초적인 대답만 있다. 하지만 나는 훨씬 많은 것을 원한다. 사람들의 의식을 자극하고 일깨워서 이 문제를 둘러싼 토론이 이어지길 원한다. 우리 아이들은 좋은 보살핌을 받아야 한다. 스트레스 저항력을 갖추고 어떤 일이 감당하기 벅찰 때는 제때 신호를 보낼 수 있어야 한다. 모든 성과 요구를 이의 없이 따르는 아이들은 세상의 비판적인 창조자가 되지 못한다. 우리 아이들은 학교에 가고 배우는 것을 좋아해야 한다. 수상쩍은 가치들을 숨가쁘게 뒤쫓지 않고 한 장애물을 넘으면 다음 장애물을 넘어야 한다고 몰아붙이지 않는 세상에서 말이다.

번아웃 키드의 발생을 막는 것은 우리의 과제다. 이 아이들은 우리의 템포가 너무 빠르다는 것을, 너무 과열되었다는 것을 알려주는 온도계다. 우리는 열을 내려야 한다. 물수건은 이제 소용이 없다. 번아웃이 우리 아이들에게 당도했다는 소견은 부모든 아니든 우리 모두를 흔들어 깨워야 한다. 과민한 성향의 아이들이 우리 현실의 요구에 좌절하고 있는 것이 아니다. 우리의 책임인 생활 환경과 학습 환경이 결과를 드러내고 있는 것이다.

이 책은 첫 서브를 넣는 데 의미가 있다. 책에 담긴 사고와 분석은 미완성이며 더 많은 생각으로 이어져야 한다. 최선의 길을 놓고 우리 모두가 싸워야 한다. 그에 반해 소견은 논란의 여지가 없다. 우리 아이들이 우리를 얼마나 필요로 하는지 명백히 보여준다. 아이들은 아동에게 나타나는 번아웃 진단을 진지하게 받아들이는 부모와 어른들을 필요로 한다. 우리는 대화를 만들어내야 한다. 토론과 건설적인 싸움을 꺼리지 않는 대화를. 그리고 번아웃 키드가 돌봄과 치료를 받도록 도와줄 대화를. 많은 전문가들의 의견이 서로 옳다고 큰소리를 친다. 하지만 독선보다 훨씬 중요한 것은 우리가 사회 차원에서 스스로를 되돌아보는 것이다. 우리 아이들의 미래를 위해서 함께 싸워야 한다.

감사의 말

디 차이트(독일의 일간신문 ― 옮긴이)에 실린 저의 인터뷰를 꼼꼼하게 읽어준 카롤리네 드레거 박사께 감사를 표합니다. 그러지 않았다면 이 책은 없었을 것입니다. 끈기를 가지고 자세하게 교정해주고, 창의적으로 이끌어주고, 친절하게 가르쳐준 것에 감사드립니다.

오랜 시간 애정 어린 지원과 인내를 보내준 엘리자베트에게 감사를 전합니다.

어깨를 다독여준 빈첸츠에게도 감사를.

숙제를 같이 하는 안토니아에게도 감사를.

나로 하여금 삶을 들여다보게 번번이 허락해주고, 나를 믿어주고, 나를 참여시켜주고, 나에게 생각과 감정을 이야기해주는 수많은 아이들과 청소년들에게 감사를 전합니다.

동료들의 믿음과 신뢰에도 감사를 전합니다. 전문적인 지원을 베풀어준 파틀로흐 출판사에도 감사드립니다.

역자 정지현
서울대학교 독어교육과를 졸업했고, 동 대학원에서 석사학위를 받았다. 청소년들이 공감할 수
있는 독일어권 청소년 문학작품을 소개해왔다. 옮긴 책으로는 『씁쓸한 초콜릿』 『11월의 고양
이』 『메이드 인 베트남』 등이 있다.

번아웃 키즈

초판 인쇄 2016년 6월 16일
초판 발행 2016년 6월 23일

지은이 미하엘 슐테-마르크보르트 | **옮긴이** 정지현 | **펴낸이** 염현숙

기획 책임편집 김소영 | **편집** 방재숙 이경록
디자인 최정윤 | **저작권** 한문숙 박혜연 김지영
마케팅 정민호 이연실 정현민 김도윤 양서연 | **홍보** 김희숙 김상만 이천희
제작 강신은 김동욱 임현식 | **제작처** 영신사

펴낸곳 (주)문학동네
출판등록 1993년 10월 22일 제406-2003-000045호
주소 10881 경기도 파주시 회동길 210
전자우편 editor@munhak.com | **대표전화** 031)955-8888 | **팩스** 031)955-8855
문의전화 031)955-1933(마케팅) 031)955-8870(편집)
문학동네카페 http://cafe.naver.com/mhdn | **트위터** http://twitter.com/munhakdongne

ISBN 978-89-546-4149-4 03370

www.munhak.com